陈染文集　短篇小说卷

沉默的左乳

陈　染　著

百花洲文艺出版社
BAIHUAZHOU LITERATURE AND ART PRESS

写在前面的话

陈　染

我现在的心理状态,和我曾经出版的那些作品已经不尽相同了,我现在每一天的日子都过得很平常,不压迫自己,更不难为别人。其实,这辈子没人能压迫自己,除了自己!

但是,回头去看自己以前的那些文字,仍然如遇故人。那些激情与绝望,那些冰冷与热烈,那些傲慢与反骨,那些清冷与孤寂,那些痛苦的幸福以及那些义无反顾的决然,都是成长时期的人生课题。我想,这些课题直到今天也没有完全解完。

今天,岁月已使我朝着沉着释然、气定神闲的方向迈近了一些。我要感谢时间,感谢人间所有的温暖,感谢书籍,更要感谢那些精神上曾经的挣扎、痛苦和心碎,感谢冷漠、轻视甚至感谢恶毒,它们使我成长,而且继续成长!

记得《英国病人》中女主人公说过这样一段话:在我生命的50%时间里,觉得没有你简直就活不下去;在另外的

50%时间里，觉得没有你也没有什么……

对现在的我来说，倘若把这个"你"比作文学、比作一切身外之物的话，我已进入了后一个50%！

现在，我愿意用古人的话自勉：大道至简，大医至爱，适者有寿，仁者无敌。

谨以此书怀念我最心爱的爱犬三三！

2013年4月7日 修定

目　录

空的窗

　　孤独的人最常光顾的地方是邮局。老人是在两年前的黄昏时分得出这一结论的。无论你相信抑或不相信，他都对自己的发现表现出坚定不移的信念。

　　两年前的一个沉闷而阴郁的下午，绵绵的雨雾终于在咝咝啦啦纠缠了七天七夜之后打住，太阳灼热的光线像一把寒光凛凛的匕首，从太阳应该消失的西天角斜逼出来，横亘在鼠街的中央地带，这时已是迟暮时分。老人正站在街边观望着什么，他发现自己有一半脸颊亮在阳光里，另一半脸颊埋在阴影里，于是，他把自己的脸完全拉进街角的一级高台阶上面的阴影里边去。

　　这举动与他的心境有关。比如，有一天夜晚，我送两个朋友去车站，一个男一个女，这男人和女人本身并无故事，他们都是我的好朋友，一个天南一个地北，在来我家做客之前并不相识。我要说的是在我送别他们的时候，那场景所给予我的对人生的一点小感悟。

　　那女人外观艳丽且凄凉，黑黑的长发披散着被夜风抚弄得时起时落，飘飘扬扬，像一面柔软的黑色缎旗，眼睛大大地洞张着，里边盛满忧郁，在黑夜中闪闪烁烁，楚楚动人。作为女人，我对拥有这种眼睛和神韵的同类，会从心灵里某个深深的部位产生一种疼痛感，这个格调总与我自己的生活经历相投合。她刚刚离了婚，从遥远的北方城市逃到我生活的这个城市。当时，夜色已经很浓稠，车站正好有一盏路灯突兀地亮着，在四际茫茫的黑暗中，这灯光给人以突然的暴露感。我们三个人在站牌下站定后我所看到的第一个动作就是那女人向后退了一步，把自己的脸躲进身后一条电线杆的瘦长的阴影里。随即，我发现我自己也闪了一下身，躲开那令人暴露的灯光，和她并排而立，脚下踏着那条横卧在鼠街车站的电线杆的影子，我们俩从头到脚被电线杆的影子保护起来。

我们的对面，在光秃秃四处无藏的光亮里，那男人（我当时在自己心里把他塑造得完美无缺，我热恋着我自己想象而成的男人，而这男人其实与他关系不大）乐呵呵迎视而站，眼睛安然地裸露在光芒之下。他是从一个边远的南方小城过五关斩六将杀进我生活的这个文化氛围很浓的城市里工作的，并且很快又将离开我到一个遥远的国度去学习，因此，他心中充满信心和希望，并不因离开我而觉失去什么。我的这个对于人生的一点小感悟就是在此时产生的：倘若你在任何一种光芒里——比如目光、阳光、灯光——看到两个或三个或四个人聚在一起，他们每个人对于光芒的或迎视或背立的选择，绝不只是一种偶然为之的空间位置，那绝对与心境有关，似乎是很随意的站立位置，但那却是一种必然的结局。

两年来，种种回忆使我一直在思索黑暗与光亮这个既相悖又贯通的生命问题。这个问题与我下面的故事有关。

那一天，在阴雨初晴的黄昏时分，老人被忽然绽开的阳光逼到鼠街东侧的高台阶上边的阴影里边去。高台阶的上边正好是一家小邮局。七天七夜的绵雨过后，邮局里显得格外繁忙。孤独的老人，忽然发现在死寂的生活中有一块角落与全世界相连，人们在这里与远在太平洋那一边的亲人爱友清晰地说着话。一个女孩在走出电话间时，神采飞扬地说，她刚刚听到了纽约清晨清扫街道的洒水车的声音。老人心中莫名地激动起来，这里还是疲倦的黄昏，而太平洋的那一边已是阳光初照的清晨了，哦，世界有这样大！老人兴味十足地在邮局里观看起来。有人风风火火排队寄发邮政快件，有人慢吞吞把信封投进四平八稳的信箱，还有人四处借着钢笔或圆珠笔，以便填写电报内容。有个面色苍白得好像没有温度的年轻女人，握着电话筒，光流泪出不了声。这个女人给他留下很深的印象。几天后，他在另外一个地方又见到了这个年轻女人。

老人连续好多天在邮局里进进出出四处张望。有一天，他正在被这个繁忙的孤独世界所感动，想着自己的这一生似乎没有收到过什么人的信，并考虑着给什么人写封信的时候，忽然他听到一个很年轻的声音从身边掠过："有病，有病，肯定这人有病。"老人的目光追随着那声音，那声音是一位身穿墨绿色邮电部门工作服的小伙子发出的，他走到柜台里，和一位穿同样服装的姑娘指指点点。老人凑过去，看到他们正嘲笑地议论一封信的信封。老人戴起老花镜，看到那信封上写：北京八宝山老山骨灰堂第五区第一百零五号收。老人的心像被什么东西攥了一下，他立刻想起两天前在老伴儿去世后的她的第一个生辰日。那一天，他熄灭了房间里所有的电灯，燃起三支蜡烛，在昏黄的烛光下，他笨手笨脚包了五十九个一寸大小的饺子。老伴儿去世时正好五十九岁。然后，他把这五十九个小饺子抛撒在鼠街西头的一条通往远处的污水河里。河水像一只庞大的铁锅里的沸水，跌宕跳跃，小饺子落到河水里犹若水耗子一般上下蹿起，最后被河水跳着舞带走了。可是，忽然，老人望着那远去的河水哭泣起来，说饺子忘记煮了，还是生的。

那一天，正是晚饭前，太阳的余晖把河水涂染成让人心疼的血红，我正好站在河边，便走上去安慰老人说：阴间的吃法与我们阳间的吃法不同，饺子煮熟再吃是我们阳间的吃法，若按阳间的吃法把煮熟的饺子抛撒河中，你的老伴儿肯定在阴间无法收到。老人抬起头望望我，似乎得到安慰。他说他好像见过我，在邮局里，我举着话筒光流泪不出声。然后他就走了。我就是在那一天认识的老人。那时，我还可以像正常人一样走路交谈，像正常人一样看到光明或逃开光明。

还是先把我放在一边，继续说老人的故事。我与这个故事的关系，到最后你便可以发现。

那一天，老人回到家，给老伴儿写封信的欲望撞击着他，他在房间里走过来走过去，坐不下去站不起来，最后终于没有写。没有写的原因很简单，他要诉说的太多太多，以至无法落笔，无法开头和结尾，只好选择沉默。正像我们太亲太近的人，你无法描写他一样。你能够诉说或描写的对象，必须具备一个条件，那就是与你的距离，没有距离，也就无法存在诉说和描写。

老人把神思拉回到邮局里，望望眼前那封投寄"北京八宝山老山骨灰堂第五区第一百零五号收"的信出了声。

"年轻人，我要找你们邮局的局长。"他说。

那个穿邮局制服的青年抬起头，看着老人庄严的面孔。拥有这种面孔的人肯定是有非见局长不可的事，是糊弄不走拒绝不了的。青年人朝着一个什么方向都不是的空中一指：那儿。老人楼上楼下左边右边花了十七八分钟时间，在第七与第八之间没有房号的房间里的第七十八号茶杯前终于找到邮局局长，在这个不大的邮局里。老人气喘吁吁掏出自己的证件，自我介绍说他是鼠街中心小学的退休教师，退休的时候正好老伴儿又去世了，他活着没有了希望，没有人再需要他，他希望局长能给他一份工作，他不要钱只是义务劳动。

局长先是漫不经心地听着，后来他被老人眼角里混浊的水花以及他那种为别人所掌握的悬而未定的希望感所造成的抽搐的嘴角所感动，"那么你能做什么呢？"

老人立刻来了精神，说："我可以投送那些无法送达的死信。"

局长很是痛快，"好了，就这样吧，每月我们发给你四十元就算补助费。"

"谢谢，谢谢！"老人一下子充实起来，轻盈起来，光亮起来。步伐铿铿然，螺旋下楼。手里攥着第一封将要去送的死信。

这是两年前一个很晴朗的午日所发生的事。就在那天，忽然之间，老人那无所依恃于世界又无人需要于他的孤独感，在那个午日的矮矮的两层楼梯的旋转中消失殆尽。

生命又回到老人的躯体上，他觉得自己又活得充实而有意义起来，像他当年在鼠街中心小学与孩子们在一起时一样，尽管"b、p、m""人与入字的不同"，他讲了四十二年之久，但他从没有重复感，每一次讲都如第一次。就像一个爱着一个女人的男人看见太阳每天都是新的一样，就像热爱生命的老赫尔曼·黑塞认为我们的生命永远是出生后的第一天一样。

可是，又在忽然之间，黑暗降临了。就是现在。老人正坐在两年前他在第七与第八之间没有房号的房间里的第七十八号茶杯前找到的邮局局长面前。

"你应该在家里休息，人应该服老，腿脚怎么也是不如年轻时候。"局长表情沉痛，咬着牙说出了这几句话，他知道这个决定对老人意味着什么。

老人把头低埋在两腿上，腰骨弯塌下来，一动不动，像一只风干了的人形标本。一行混浊的老泪在他那被皱纹纵横切割的脸颊上左右徘徊，绵延而下，终于掉在老人肥肥的裤脚上。

半个月前，老人在邮局门外的高台阶上摔了一跤，右膝擦破了皮肉，浓黯的血滴顺着小腿爬到脚面上。换在年轻人身上，这点伤本不算什么，可是老人的右膝却一日日鼓胀起来，髌骨浮肿起来。医生说是软组织损伤所造成的积液，需卧床十天。

"请你能理解我们，我们必须对你负责任。"邮局局长接着说。他看了看老人，从抽屉里取出一个口袋，"两年来你为我们工作，我们非常感激！这是给你的一点心意。"

老人头也没抬，生命的意义都没有了，心意还算什么呢。

局长重重叹了一声，又从抽屉里取出一样东西，"这是最后一封死信。"

老人抬了头，看了看那牛皮纸信封上写的字：

北京鼠街每天太阳初升时分开窗眺望的女人收

他的眼睛亮了一下，随即又淹没在盛满绝望的眼眶里。

这时候，我并没有无端消失。这两年中，在老人从送达死信的重任中重新找回生命的意义的时候，有一天，我失去了我生命中最为珍贵的东西。那是一个普通得令人无法回忆出任何天气特征的下午，我等待了很久很久的一个人忽然站在我面前，这久别而去的人（就是那位被我想象加工而成的令我迷恋的男人）终于从一个遥远的国度回到我身边，我激动又委屈地流着泪，一句话也说不出来。他轻轻抚摸着我瘦削的肩，脸颊埋在我的长发和肩胛骨里蹭来蹭去，像是从未离开过我、也从未遗忘过我一样。我便把脊背像猫一样弓起来，低低呻吟一声。我知道他永远不会完全属于我一个人，正像我的精神不能完全属于他一样。无论世人承认抑或不承认，我们无法做到一生只爱一个男人或女人，而那些爱的确是真诚的，只要能够称作爱。这是事实。性关系并不是爱的全部关系。即使这样，我仍然为他付出了巨大代价。就在这天，他的到来，使那潜藏在我身体里的旷日持久的障碍，终于彻底形成了。我失去了同得到的一样珍贵的东西。这世界总是很公平。后边你将会知道这一切。

还是先把我放下，继续讲老人的故事。

老人那天蹒跚地走出邮局不大的大门，手里攥着那封死信。他心里郁郁地盘算起来，最后一封死信！果真到了最后的时刻吗？他想起曾经在一份报纸上看到的一幅漫画，画面上一个活得非常带劲的男人说："我有太多需要活下去的理由，要付房子的贷款，车子的贷款，录像机的贷款……"当时，老人立刻就把这个问题摆在自己面前让自己回答：我有太多需要活下去的理由，我每天或每两天就会得到一封死信，然后要设法把它送到稀奇古怪的死信的主人手里；有一天也许我自己也会得到一封什么人寄来的死信。老人觉得无论去送达陌生人的死信，还是等待一封寄给自己的未知的死信，都是活下去的伟大理由。而现在，这个理由终于到达了存在的边缘，送完这封死信，理由就不复存在了。

最后的时刻到了。最后的时刻果真到了。

老人打开家门，闷了一天的房子有一股霉味，墙壁由于连日阴雨而浮了一层绿茸茸的东西。在他进屋的一瞬间，啪啦一声重重的脆响溅在地上，一堆细细碎碎的白玻璃在响声里摊在地上。老人迟缓地把目光落在那堆碎玻璃上时，是在事情已经发生半分钟之后。老伴儿的遗像埋没在碎玻璃里挣扎着朝他微笑，长长的奇怪的笑容从刚才那一声爆破声里扭曲地绽出，在多种角度的碎玻璃的折光里变了形。墙壁的潮湿使挂着镜框的贴钩连着一层白白的灰皮一同脱落下来。老人弯下身，受伤的右膝发出铁器生锈一般吱吱的叫声，他抚去那笑容上闪闪烁烁的白玻璃，但是，那长长的穿越了两年多岁月的微笑终于在破碎声中折断。他把划破的老伴儿遗像拾起来，平放在床上，不知所措。

他在房间里转了几圈，然后便开始像往常那样找东西。找什么他自己并不清楚，反正他找了起来。两年来，老人的家什凌乱不堪，找什么什么准找不到，而不找什么什么准在那儿等着人去拿。所以老人已经习惯了当想找什么时就不想找到什么的思维方式，那样一来，不想找到什么什么兴许反倒自己跳出来。可是，这会儿老人脑子里却一片空白，不知道自己要找什么，但还是顽强地找起来。他先是在堆放铁钉、改锥、瓶盖起子一类小东西的抽屉里翻到一根麻绳，他犹豫着打了个死结，套了床翅上试试，结果一拉，那绳子就断了。老人失望地把它丢在一边，又去找。他走到卫生间，卫生间里有点昏暗，他看看悬在墙角半空的角柜，角柜上堆满雪花膏、梳子、刷子之类的小用品，老伴儿活着的时候，那些小用品曾经非常有活气儿，晶亮着绚丽着呼唤主人。现在，它们覆盖在一层灰蒙蒙的尘埃之下黯然失色。他打开一瓶雪花膏，那膏状物已经干枯发黄，他嗅了嗅，隐约还有一丝香味。一种想把这个干枯发黄的东西吃下去的欲望占领了他，他犹豫着，想着自己到底在做什么。忽然，一件小东西撞入他的眼帘，那是一个薄薄的刮胡子的刀片。他恐惧地颤抖起来，一个场面随之而生：淋淋鲜血在刀片的细微的切割声里从动脉血管中喷射出来，房顶、墙壁一时间爆满血花，如注的血浆像紫罗兰猛然绽开一般挂满雪白的房间。老人又想起几年前曾在报刊上看到的一段描述："刀片划破眼球，流出紫色的浆汁，舌尖上品尝汽油的味道……"他当时想，这残忍的刺激性的故事准是一个情感脆弱而又带有一点自虐心理的女人想象的，她在生活中准是无力自卫才转头在故事里施放残忍与恐怖。从那时开始，他就害怕刀片，每每总是把它埋在什么东西下边，使刀片后面的故事不至于裸露出来。现在，他的神经再也承受不住这小小的薄薄的满身鬼气的小东西所带给他的想象了，他把它颤抖地丢进马桶，哗一下就把它冲走了。老人又回到卧房里，定定神，然后给自己冲了一杯淡茶，安静下来。

"不找了，不找了。"他对自己说。

这时，就在他放着茶杯的茶几上放着一小瓶东西，那东西忽然光芒四射起来，老人的眼睛一下子被它抓住了。这是一小瓶阿普唑仑片（甲基三唑安定片），他牢牢地把它攥在手里。

老人恐惧着悬了半天的心莫名其妙地踏实下来。他终于完成了一项重大的使命——选择。心理上的平衡，使他安安稳稳睡了一大觉。

第二天老人醒来的时候，天已大亮，玫瑰色的阳光已在他的床上绵延，轻柔地波动。他急忙爬起来，抓起桌上那封牛皮纸的死信就出了屋。鼠街上人来人往全像急匆匆上班赶路，一脸的不情愿，男女老幼都把自行车骑得像杂技演员似的。这真是一个奇特的国度，全中国都会演杂技。老人神色紧张地想着，躲着身前身后鱼儿一般蹿动跳跃的自行车，心里发着慌。这时，他想起自己出门前忘记了吃药。几年来，老人每天三次每次三片地服用复方丹参片，这是一种活血化淤、理气止疼的用于胸中憋闷的中药。老人并没有心脏病，他只是听说此药有益于健康和长寿。他每每总是感谢政府给予他的公费医疗。总是想，尽管不能吃上很好的补品食物，但总能吃上不错的补药，若是在美国，连补药也吃不上。他的手在裤兜里搜寻起房门钥匙，准备返回去吃药。这才发现，出来时连房门也忘记锁了，老人重重地叹了一声"老了老了"。他并不怕有人进他的屋，老伴儿生病时，她没有公费医疗，他把家里值钱的东西全拿出去卖光了。现在，即使有小偷光临，也不会对他穷得叮当响的家感兴趣。若正好是一个性情温良的小偷，说不定还会同情地在他的茶几上留下几元钱。老人担心的是猫、耗子还有毒蜘蛛这类东西。老伴儿死于莫名其妙的肠胃病，死前精神也错乱了，拉着老人的手一个劲儿叫着"大兄弟大兄弟"；长一声短一声地对着隔壁邻居小张他爹叫着"李大哥李大哥"，直叫得连老人自己也对着小张他爹喊起李大哥李大哥来，弄得小张他爹张大哥惊愕不已。后来，老人想，兴许就是因为吃了野猫、耗子、毒蜘蛛这类小东西啃噬过的食物。所以，老伴儿去世后他养成一种洁癖，食物、茶杯等等凡入口的东西都用干净的布罩上。昨天，老人喝茶的杯子忘在茶几上，没有罩。他被自己这一连串的忘记，搞得懊丧起来。他的手仍在兜里搜寻。无意间，一样东西触摸到他的手指，他感到一股寒冷从指尖传递到全身，兜里装的那小瓶阿普唑仑片。于是，老人又为自己刚才居然产生懊丧情绪而懊丧起来，为自己的惜命态度而惭愧起来。

"你这个自相矛盾的老家伙，不是已经选择了吗？"他在心里说。

他坚毅地向前走去。手里提着的那封死信，很重，像是全人类覆灭之前写给上帝的最后一封信。他从鼠街西头的那条污水河开始，沿着街道向东走去。他仰着头，留心查看着每一扇窗子。活了大半辈子，他生平还是第一次感悟到那些千奇百怪的窗子比过往行人的脸孔更富于表情，更富于故事，它们生动地向你敞开着心扉，各种色彩情调的窗帘，或从晨风里徐徐漫出，像是要伸出手抚摸你的脸孔；或是羞答答半掩面、欲言又止地曼声而歌。老人仰着头，一路向东走下去。他盼望着看到哪个窗子前面有一个开窗眺望的女人，他好把那封信交给她，也就完成了最后一桩心事。他一直走到鼠街东头，也没看到一张女人的脸在窗前眺望。于是，他想，今天已经过了"太阳初升时分"了。

接下来的几天，老人都早早地就来到鼠街，从太阳刚一跳出地平线开始，他沿鼠街一路向东走去，太阳像新生儿，把嫩嫩的肉红色洒在刚刚被行人踏醒而显得冷清凄凉的街道上。他仰头张望每一扇窗口，想象着有一个女人正在等待他手里的信，他想象她很美丽，年轻而有生命力，她的眼睛像梦幻一样迷蒙闪烁，嘴巴微微张着，呼吸着太阳初升时分的阳光。有一天，一个年轻的男人从她的窗前走过，他感到她的目光比太阳的照耀更令他心情激荡。后来他就到远方去了，也许他是一个海员，面对着茫茫大海，一片灰蓝色压迫着他的眼睛，他想起了她。他写了一封信给她，但他不知道她的门牌号码和姓名。老人这样想着。他为自己一生的最后一件有意义的事情是为着这样一个女人而做，感到欣慰，感到辉煌。

终于有一天，奇迹发生了。

当晨光把第一抹红晕撒在鼠街西头的时候，污水河旁边的一幢四层小楼的窗口站立着一个女人。也许她每天这时都站在那儿，只是他没有看见。她站着好像在眺望被阳光涂染成金黄色的尘埃旋转着上升，又像在静心倾听污水河慢吞吞掀出的一两声悠长而古怪的歌声，神情专注、恬淡。老人先看到的是她飘扬的黑发，确切地说，他先是以为那是一扇柔软的黑绸窗帘在晨风里荡漾徐拂；要不是那团黑色中央的过于苍白的脸所形成的反差，老人无法相信那团燃烧的晴空里的黑颜色是一个女人的长发。他定了定神。那是一张与他的想象迥然相异的苍白得好像没有温度的脸，那面孔他觉得好像在哪儿见过。她的眼睛大而干枯，目光缥缈而且没有光泽。她全身的生命似乎只流动在飞舞的长发里。这样的面孔很难使老人想到幸福这个词，那是一种茫然而无力自卫的神情。老人向女人挥挥手，又喂喂了几声，但那女人在四层楼的窗口只是专注地眺望远方。

老人判断了一下房间的方位就上了楼。房门并没有锁，他一敲，那房门就闪开了一道缝。

老人说："我可以进来吗？我找一个人。"

那女人转过身来，神态安详、宁和。她穿着一条月白色长裙，窗口的风使那柔软的长裙在她的过于瘦削的肢体上鼓荡翻飞，使她看上去幽灵一般哀婉动人。

"您是找我吗？"她出了声。

老人有点吃惊，这种面孔的女人怎么能发出这样柔和而平稳的声音呢？

"你每天都在清晨开窗眺望吗？"

这时候，女人已经知道他是谁了，他曾经在两年前一个黄昏时分，在污水河边哭泣。

"是的。但我不一定认识你要找的人。"她仍然微笑。

"那么，也许我就是找你。"

"怎么是也许呢？"

那女人临窗而立，头发在窗口绽开。室内正弥散着轻轻的音乐，那乐声柔和、亲切，含着淡淡的忧伤，水一样裹在老人的肢体上。他在离房门最近的一把椅子上坐下来。

他开始讲述自己，说了自己的来龙去脉，从两年前由鼠街中心小学退休到老伴去世，从在邮局帮助送达死信到现在失去了任何生活的意义。他不知道为什么要说这些，但他说了，说了许多。然后他把那封牛皮纸的信交到女人手里。

最后他说："完成了最后这一桩事，我也该结束了。"

那女人并不急于拆信，她专注地倾听着老人的话。

老人准备走了，站起身。忽然又问："你每天清晨都在窗口眺望什么呢？"

女人说："那是一幅画。"

然后她转过身去，面向窗外。室内的乐声便填满了她身后的空间。

"这幅画的背景是用蜡笔涂成的顶天立地的赭石色冰河，"女人说起来，"你从窗子望出去正好可以看到。在河流的一角站立着一个鲜艳夺目的用黑色勾勒的女人，她的头发垂到腰间，闪耀着发蓝发绿的亮光。她的面部也是用蜡笔涂成，眼睛黑洞洞睁得很大，嘴角绽开浅绿色的微笑。她的没有年龄的裸体用阴影烘托出来。她正专注地看一枚疼痛的太阳从血红色的冰河里鲜活地跳跃出来，看金翅鱼和雪白的鸟儿以及浓荫招展的一株什么树在冰河背景里共同狂舞。那女人哼着一首人们听不见的歌，静静地与一切追求生命的灵物交谈，她不是用声音，不是用性别，也不是用心灵，而是用生命。"

老人似懂非懂听着她把长长的句子说完。停了一会儿，老人干涩地笑了一下，然后又笑了一下，说："你真是睁着眼睛说瞎话。窗外那条污水河是土灰色的，这一点连瞎子也知道。"

"是的，"女人转过身来，顿了半天，说，"您说得对，我当然知道。"

"你当然应该……"老人忽然停住了。他这才发现女人的眼睛洞开着却没有眼睛，那儿只是两个凝固不动的黑洞，像两只燃烧成灰烬的黑炭。它呆滞而僵硬地守在理应射出光芒的地方却没有射出光芒。

老人一下子震惊了。

"对，我是个瞎子。"

"喔，老天爷。对不起。"

女人又微笑起来，"不，一切都很正常。"

然后，她走到老人跟前，把那封牛皮纸的信还给老人。"您看我是个瞎子，我无法眺望什么，所以这信不是我的。您去找吧，也许很久才能找到她，也许永远也找不到，但您要找下去。"

老人几乎要哭了，他望着她那光洁的脸孔，一句话也说不出来。

他把信接过来，转身又悄悄放在桌子上，就走了。

"再见。"

"再见。"

这些天来老人一直闷闷不乐，绝望已极，在苍凉与昏暗的心境中寻找一位每天太阳初升时分开窗眺望的女人，这心境持续到他终于看到这个女人终日被吞没在漫无边际的黑暗里。

老人走下那女人楼梯的时候，渐渐重现了两年前从邮局局长手里接过第一封死信时的情景，他又充实起来，轻盈起来，光亮起来，步伐铿铿然，螺旋下楼。只是手里没有了要去送达的死信。

在故事即将讲完的时候，我必须告诉你一件事，就是在那个普通得令人无法回忆出任何天气特征的下午，我所失去的最珍贵的东西是什么。那是我的光明的世界。每天清晨，是我站在故事里那个在太阳初升时分开窗眺望的女人的位置上。我已经习惯了黑暗。

几年前，当我还看得见光亮的时候，我曾经让自己躲到车站电线杆的阴影里；现在，当世界真的永远交付给我一片茫茫黑暗的时候，我用心灵寻找着光亮。我不能说我已经完成了黑暗与光亮这个既相悖又贯通的生命过程，但我的的确确领悟到这是生命存在的两个层次。

每天下午四时半，我便迈着伦敦一般古老而沉稳的脚步，走到鼠街邮局买一份盲人日报，然后微笑着走进白天的黑暗中。那是阳光的脚步。我无所谓白天与黑夜，亮度于我不存在意义。我的生命每天从下午四时半开始，而在太阳初升后结束。接近黄昏时分，我从黑色的阳光里买回那份盲人日报，然后泡上一杯色泽清淡、口味醇香的清茶，坐在工作桌前开始思索和工作。我的工作单调又创新，我用文字和思想把我心灵看到的东西设计成一幅幅画面，然后交给画家们去画。每日如此。世界上有一种职业叫作家，我的"坐家"职业差一点与那个职业相同。但我并不等于真的终日在家坐着。我常常在夜深人静的夏夜游摸在街头，我看到金色的阳光像瀑布倾洒在苍茫大地，照耀着浓浓的黑夜。在如洗的光束下，鼠街两侧的梧桐叶如一团团银白色的大花朵凌空开放，与高远的天空遥相对应。我裹满一身阳光走进一个老朋友家里，于是，他或她便会很高兴地为了我临时改变一下黑夜与白天的生物习惯，然后沏上两杯清香的茶。我告诉他或她世界吞没在黑夜里的事情，他或她告诉我世界翻腾在白天里的事情。

有一天深夜，我怀念起我的一位远在雾都生活的会唱歌、会把看不见的钢琴弹奏出美妙音乐又会写小说的旧友，她由于终日生活在大雾里，所以我觉得她和我一样总要用心灵辨别方向而不是用眼睛。我记不清她是否就是那个早年曾经和我一同站在我迷恋的那男人的对面，而躲进鼠街车站电线杆阴影里边去的女人，总之是那一类即使我永远也看不到她，也不会忘记的朋友。我给她写了一封信，我说：连绝望这件事存在的本身也不要绝望，我和你同在。

我记不清是不是在我失去光明之前从什么先人的书里看到过这句话。从前我已遗忘。盲文里没有这些。

另一次，也是在深夜，孤独的冷月照在我的身体上，皎洁的肌肤光滑如鱼。走，离开，这几个大字在我的血液里涌动，使我无法安睡。我不知道去哪儿，哪儿都可以，只要是离开，只是走出惯性。

我想，我将开始茫茫黑夜漫游了。那一天，我将仔仔细细把心灵一般破损的窗棂审视一番，敞开着离去，让那首痴情的《在这里等你》的歌永远重复地从我的窗子里流出，然后，我将走进没有边际的时间与空间的黑暗里。我会拾到许多光明的故事，用盲文写给我的同类。

我相信，鼠街老人会在我离开的空窗子前看到我。

嘴唇里的阳光

0　另一种规则

我是一个年轻女子，做着一份很刻板的工作，刻板得如同钟表的时针，永远以相同的半径朝着一个方向运行圆周，如同一辆疲倦的货车，永远沿着既定的轨道行驶。平时，我在阅读单位发的学习材料时，特别是在那些与斗争新动向有关的文章，即使我把同一条消息读上十遍，也无法记住伊拉克与科威特到底是谁吞灭谁，飞毛腿与爱国者到底是谁阻截谁。但是，我会把那上边所有的印刷错误，比如一句话后边右下角的"，"错印成"'"等等，牢记于心。这就是我干校对这一职业的后果。

我庆幸这一单纯的工作使我那混乱的头脑免于许多错误。因为在许多领域我是一个惯于想入非非而无法遵守规则的人。比如，一个凶猛残暴的杀手，他的性格孱弱的儿子在一次失误中弄死了一个人，当死刑无法逃脱地落到他的恐惧惊慌的儿子身上时，这个幽灵一般神出鬼没永远能脱身法律之网的父亲，主动承担了儿子的死罪。这举动应该说是对法律的一种嘲弄和欺骗，但我会被这样一个杀人不见血的残暴父亲的舐犊之情感动得泪流满面，甚而生起一种敬仰的情愫。当我看到一个技术高超的外科医生，面对一个受了重伤、苦痛难耐、企求帮助的阶级敌人的妻子而不予抢救医治的时候，我便会对这个医生产生恶感。这一立场问题以及不合规则的思路，使我无法成为一名合格的法官或医生。

据说，要成为一个作家必须要遵守更多的规则。我自知奇异的思维与混乱的脉络同样使我无法合乎规则。好在我懂得自己的症结，也从不期待或奢望成为什么。

但也许有另外一种可能，比如你正好与我拥有同样的思维方式，你会把我误入歧途的思维理解成另外一种规则，也说不准。

1　对针头的恐惧

牙科医生总使黛二小姐充满奇异的想象。这种奇异之想从她刚刚走近牙科诊室听到那种钻洗牙齿的吱吱声便开始。走进诊室后，那声音便在她全身每一个细小的神经周围弥漫。与此同时，在她目光所及的空间里，无数颗牙齿便像雪片一样在她身前身后舞荡翻飞，纷纷扬扬，散发一股梨树花飘落的清香。

这会儿，黛二小姐坐在第一〇三医院牙科诊室第一〇三号孔森医生的诊椅上想入非非。黛二二十二岁，且带有一股病态的柔媚与忧郁。智齿阻生的痛苦把她带到这里。她仔细查看了她的四周：左侧扶手部位有一个冲盂和水杯。右上方是一套可以推拉旋转的器械和一只小电风扇。头部正上方是一个很大的聚光灯，它像一枚金色的向日葵，围绕着牙病患者的口腔转动。右侧扶手旁边放着另外一只带轱辘的转椅，年轻的牙医就坐在上边。

这是一个沉默寡言的年轻医生。他个子很高，但敦实稳重。眼神专注而清澈（他的眼神使黛二小姐终生难忘，在未来的岁月中，她凭借着这样一双眼睛把他从茫茫人海里找寻出来）。他的鼻子和嘴全部遮在雪白的大口罩里面，这遮挡起来的部分赋予她一种想象的空间，一种神秘莫测之感。假若你仰身靠在诊椅上，聚光灯雪亮地射在你的嘴唇周围，你神情紧张地攥紧拳头，本能地把它们放在腹部。年轻的牙医在你的右侧俯身贴近你的脸孔，你张大嘴，任用钩子、钳子、刀子在你的牙齿上摆弄。他粗大有力的手指在你的不大的口腔空间不停地转动，由于口腔的狭小，他用力拔掉你某个牙齿的时候，充满了内聚力。他使劲你也使劲。如果你像黛二小姐一样是个年轻女子，并且善于浮想联翩，那么你便很容易联想起另外一种事情。

孔森医生在黛二邻座的一个牙疾患者面前俯下身，他往那个头发花白的老妪的上颚注射了麻药后，就转向黛二小姐这边。

他问："有什么不舒服吗？"声音是低沉的，像闷在地下隧道的声音。

"没有。"她说。

"心脏有问题吗？"

"没有。"

"血压高吗？"

"不高。"

"那好，我们开始。"他的语词简约而准确。这种非此即彼式的谈话使她感到一种辩证法的魅力。

他转身去取麻药。黛二觉得他提出的疾病离她还遥远。她还年轻，那些老年性疾病还远远够不上她。黛二理解这种提问是拔牙程序之一，便冲他笑笑，表示对他的感谢。

他取来了装满麻药的注射器，针头冲上，用右手拇指推了推针管，细细碎碎的雾状液体便从针头孔零零星星喷射出来。这雾状的液体顷刻间纷纷扬扬，夸张地弥散开来。那白色的云雾袅袅腾腾飘出牙科病室，移到楼道，然后沿着楼梯向下滑行，它滑动了二十八级台阶，穿越了十几年的岁月，走向西医内科病房。在那儿，黛二小姐刚刚七岁半。

豁着门牙、洞张着两只惊恐的大眼睛望着这个白色世界的黛二，是个体弱多病的小萝卜头。她刚刚从一场脑膜炎的高烧昏迷中苏醒过来。

"认识妈妈吗？"一个和黛二小姐现在的年龄相仿的女子坐在她七岁半的小女儿身边，等待命运判决一样期待她的孩子的回答。

"认识妈妈吗？妈妈在哪儿？"那年轻女子又问。

黛二尽可能地张大由于疾病折磨显得越发枯大的眼睛在房间里搜寻。墙壁是白色的，一个游荡的声音是白鬼的，一束在这声音后边从那个很高的嘴角射出的微笑是白色的。那儿，站着一个大个子的男人，右手正推动针管，针头冲上，那针头像一个荒凉冷落的旷场正等待着人们经过。它长长地空空地等待着戳入她的屁股。他也许是朝他的小病人微笑，但一切表情全被白色的大口罩涂染成冷漠的无动于衷。

"认识妈妈吗？你看妈妈冲你笑呢。"

黛二一动不动，眼光游移着来来回回打量那针头。她把小身体里的全部力量都凝聚在她的目光中，阻挡着那针头向她靠近。

"妈妈在你身边呢，你不认识了吗？"那年轻女子几乎要崩溃了。

针头已经朝她慢慢移过来，带着尖厉的寒光和嘶鸣。

"妈妈，不打针。"黛二一下子跃身抱住妈妈的脖子，"妈妈，不打针。"黛二大声哭叫。

那年轻女子嘤嘤哭泣起来，边笑边哭："我的孩子又活了，没有变傻，又活了……"

白大褂和针头已经走到小黛二身边。

"把她放下，请出去，她要打针了。"白大褂上边的嘴说。那只硕大的针管就举在他手里，如同一只冷冷硬硬的手枪。

年轻女子令黛二失望地放下了她，高高兴兴地流着泪，退出去了。

她知道她的妈妈也怕这个男人，她的离开已经说明了这一点。她不想保护黛二，黛二最后的依赖没有了。她不再哭，她知道只有独自面对这个冰冷的针头了。

"趴下，脱下裤子。"

抵抗是没有用的，连妈妈都服从他。

她顺从地趴下，脱下裤子。

整整两个多月时间，七岁半的小黛二在"趴下，脱掉裤子"这句千篇一律的命令中感受着世界，她知道了没有谁会替代谁承受那响亮的一针，所有的人都只能独自面对自己的针头。

那长长的针头从小黛二的屁股刺到她的心里，那针头同她的年龄一起长大。

牙科诊室响起一阵刺激的钻洗牙齿的声音，那吱吱声钻在黛二小姐的神经上，她打了个冷战。

年轻敦实的牙医举着盛满药液的针管向她靠近。

"不！"黛二小姐一声惊叫扰乱了牙科诊室一成不变的操作程序。

2 一次奇遇

我与他的那次相遇完全是天意。那是五年前的事情。有一天薄暮向晚时分，黄昏衰落的容颜已经散尽，夜幕不容分说地匆匆降临。那一阵，我的永远涌动着的怀旧情绪总是把我从这一个由历史的碎片衔接的舞台拉向另一个展示岁月滑落的剧院。那天，我独自走进一家宏大的剧场。这剧场弥散着一种华丽奢侈与宗教衰旧的矛盾气息。我是在门口撞见他的，确切地说，我首先是被一个英姿勃发风采夺目的年轻男子的目光抓住，然后通过这个男子的声音认出了他。

"是你吗？"他说。

我定神看了看他，那双专注而清澈的眼睛我是认识的，但眼睛以下的部位只在我的想象中出现过。只不过想象中的下巴是宽阔的，棱角分明，眼前的这一个下巴却是陡峭滑润。挺拔的直鼻子吻合了我的想象，正好属于他。

"是的，是我。我认识你……的一部分。"以这种方式与一位英俊男子相识，使我不禁微微发笑。

他也微微发笑。他用右手在自己的下巴上摸了一下，那很大的手掌连同他的一声轻快的口哨声一起滑落。我们谁都没有提起在这之前我们曾经经历的那件事。

"你……一个人吗？"他说。

"对。"

"如果你不介意，我这儿正好有两张票。"

"我有票。"我举起自己手中的票。

"可是，我的是前排。"

"嗯……那么你不想继续等她了吗？"

"谁？"

"嗯……"我转身极目四望。

我还没有转回身，就被他轻轻拉了一下，"我就是在这儿等一位和你一模一样的姑娘。"

我笑着摇摇头，却跟着他走了。

巨大的帷幕拉开了，灯光昏暗，四周沉寂。我从来都以为，办公室与剧场影院最大的区别就在于，办公室是舞台，即使你不喜欢表演，你也必须担任一个哪怕是最无足轻重的配角，你无法逃脱。即使你的办公室里宁静如水，即使你身边只有一两个人——演员，你仍然无法沉湎于内心，你脸上的表情会出卖你。那里只是舞台，是外部生活，是敞开的空间。而影院、剧场却不同，当灯光熄灭，黑暗散落在你的四周，你就会被巨大无边的空洞所吞没，即使你周围的黑暗中埋伏着无数个脑袋，即使无数的窃窃私语弥漫空中如同疲倦的夜风在浩瀚的林叶上轻悄悄憩落，但你的心灵却在这里获得了自由漫步的静寂的广场，你看着舞台上浓缩的世界和岁月，你珠泪涟涟你哧哧发笑你无可奈何，你充分释放你自己。

那一天，演出一个与爱情有关的剧目，演员们如醉如痴，一个男人对着一个女人动听地像说假话一样倾诉真心话，一个女人对着另一个女人动听地像倾诉真心话一样说着假话。我完全沉浸在舞台上虚构的人生故事与感叹之中。当帷幕低垂，灯光骤然亮起，四周纷乱的嘈杂声与涌动的人流把我从内心空间拉回剧场里时，我再一次看到我身边他那双专注而清澈的眼睛。

我说谢谢。

他也说谢谢。

然后我们一起往外走。随着缓慢而拥挤的人流我们挪着脚步。他的手臂放在我的身后以阻挡后边的人群对我的碰撞，那手臂不时地被人流涌到我的背部和腰上，我感受到轻柔而安全的触摸。走到门口，他接过我的外衣，从后边帮我穿上，这细微而自然的举动使我觉得那件外衣变得分外温馨。

从剧场到汽车站要经过一条极窄的楼群夹道。我来剧场的时候就发现了这狭小的通道潜藏着什么危险，当时天色还没有完全黑透，这种想象只是一掠而过。而从剧场出来时，夜色已经极为浓稠，月亮像一块破损的大石头只露出一角。于是，关于那个狭长的黑道的想象便把我完全地占领了。我提议，请他站在夹道口的这边，等我跑过去站在夹道口的另一边向他说再见，然后我们再分手。

他哧哧发笑。

"这么复杂干吗？我送你过去。"

"不。"

"没关系没关系。"

"不用，我……真的不用。"

"怎么了，你？"

"我只是有点害怕……突然什么人……"

"噢，也包括我？"

"嗯……"

"你真是个小姑娘。你需要我又害怕我。好吧，你先过去，然后喊一声我再过来。我送你回去。"

我愉快地接受了。

我一口气飞跑过去，像百米冲刺。身后是他伫立在原地的身影和目光。我刚跑到夹道的另一端就大声叫："我过来了。"

那一边咚咚的脚步声才响起。

我们重新聚合后，他郑重地向我保证了我的安全。我觉得我信赖他。这种信赖来源于以前我们共同经历的那一次我在这里暂时不便透露的记忆。

我们一边走一边很勉强地回忆了一下那段往事。我告诉他我对于他那双眼睛存有了深刻的记忆，还有他的声音——大提琴从关闭的门窗里漫出的低柔之声。出乎我意料的是，他对于我那一次的细枝末节，包括神态举止都记忆犹新。

"当时我就知道你不会再来。"他说。

我们在夜晚的人影凋零的街上慢走，远远近近地说这说那。

我们的话题落到刚才剧场的爱情剧上，我说我对男主角的一句台词有不同的看法。我说"肋骨说"是荒诞的，当初的亚当和夏娃以及未来的亚当和夏娃无论怎样亲密，他们毕竟都分别长着自己的脑袋，有自己的思想和精神。女人是独立的。

他表示同意。

我又说："这也许是我没有信仰的缘故。"

五年前的时候，我对于爱情这一话题的向往就像对死亡这一话题的向往一样深挚。

在距我家的楼几十米的地方，我们分手了。

他的手轻轻抚了一下我的头发，说："你说起话来像个大人。"他的重音落在"像"上边，那意思是说我其实不过是个小姑娘。

"这并不矛盾。"我越过了他的潜台词。

"矛盾是美丽的。你是个矛盾的姑娘。"

他的银灰色风衣飘起来轻打在我身上，我感到一种湿漉漉的温情。他向下俯了俯身，但只是俯了俯身。

大大的月亮全部呈现出来，街旁的路灯昏黄地在我们身影的一端摇动。他的气息拂在我的脸颊上，我垂下头无所适从。

我从他飘逸的风衣的拥围里脱出身来。我说："别。"

"别紧张。我只想听听你的故事。"

望着他的脸孔，我感到安全而放松。

3　重现的阴影

黛二小姐仰坐在孔森医生的诊椅上，她的头颅微微后仰，左腿平平伸开，右腿从膝盖处向内侧弯曲着，别在左侧小腿下边。双手僵硬地放在平坦的腹部。微微颤动的身体使她那一双美丽的乳房像两个吃惊的小脑瓜，探头探脑。年轻的牙医神情专注地凝视这年轻女子紧张的躯体，她在聚光灯强烈光芒的照射下呈现出孤独无援之态。

黛二小姐望着孔森医生举着注满药液的针管向她靠近，惊恐万状。她张大嘴，那只就要戳向她的上颚的狰狞的针头使她面色苍白，失去了控制力。

"不！不！"她惊叫。

年轻的牙医放下针管，语调平平，似乎没有任何怜悯色彩，"如果你不舒服，那么就先不做。"

黛二脸孔发凉，嘴角和右侧鼻翼无法抑制地抽搐起来，以致她无法睁开眼睛，脑袋里一片空荡，许多铅色的云托着她的身体向上旋转旋转。

……那是一片又一片浓得发沉的云，天空仿佛被一群黑灰色的病鸟的翅膀所覆盖，空中水汽弥漫，骏马一般遨游在天宇的硕鸟们慢慢晕倒，雷雨声把它们的羽翼一片片击落，那黑灰色掉下来徐徐贴在房间的窗子上。模模糊糊中黛二触目惊心地看到一根长在男人身上的巨大的针头朝向她的脸孔……

牙科诊室一片嘈杂。她听到窗外仿佛响起了雨声，溅起一股霉味的暗绿色腾向天空。她感到仰坐的椅子被人缓慢地平放下来，她的头颅被一股力量引着向后仰下去。

"没什么，没什么，紧张的缘故。"她听到是年轻的孔森医生在说。

喧哗了一阵儿，她感到周围模模糊糊的白色人影散开了，诊室里恢复了原有的秩序。

黛二小姐感到年轻的牙医正在用手指触按她脸颊上的一些穴位，有力而酸胀的指压渐渐使她紧张抽搐的脸部肌肉放松下来。窗外下起了雨，细润的雨丝从玻璃窗轻柔地滑下，仿佛拂在她的脸颊上。年轻的牙医正用白色的毛巾擦去她脸上沁出的虚汗。她模糊地看到一团白色，像一只帆船从遥远的天边驶进她的视线，那帆船正悬挂在窗口向着室内混浊的光线四处张望和探询。她紧迫地呼吸起来，感到自己的肺腑正一点一点被室内混浊的气息涂染得昏黄。她望着那白色的帆船，千头万绪，浮想联翩，她的目光和手臂一起用力，想伸出窗外抓住那一掠而过稍纵即逝的白色。

黛二小姐睁开眼，深深呼了一口气，渐渐恢复常态。

"感觉好些了吗？"牙医问。

黛二吃力地坐起来，"我……没有什么。"

年轻的牙医笑了笑，"你晕针吗？"他说。

"不，不完全是。那针头……让我想起另外的事情。"

"今天你的状态不好。过几天在你感觉身体状态好的时候再来，你看好不好？"

黛二小姐双腿软软地走下诊椅，她感到愧疚交加。她知道她再也不会来这里。她望望这个触摸过她的脸颊的年轻牙医，他清澈的眼睛已经印在她心里了。一种彻底失败的情绪统治了她的全身，她甚至没有和这位使她产生某种想象并且由于这种想象使她想延长与他的接触的年轻牙医告别，就怅然若失地离开了。

4　冬天的恋情

冬天是这样一个安详的老人，它心平气和地从热烈的夏天走过去，从偏执的浪漫的危险的热带气息走过去，一切渐渐宁息下来。我热爱夏天，然而，我的恋情却偏偏以冬天为背景展开，这当然也可看作我赋予这恋情的一种性质。

在与他偶然地再次相遇以前，我的冬天漫长且荒凉。冰冷的北风总是呼啸着从窗外飞过，像个没有身影的隐身人气喘吁吁地狂奔。光秃秃的天空枯旷地迎向我的窗子。我在暖暖的房间里手捧一本什么书面窗而坐，阳光比我设想出来的所有的情人都更使我感到信赖，它懒洋洋爬满我的周身，只有它在我感到冰冷的岁月里尾随于我，覆盖于我，融解我心灵里所有郁滞的东西——哀愁的、绝望的情结。使之超然平和起来，一切泰然而处之。

在这个冬季，我对他的信赖渐渐变得仅次于对阳光的信赖。

自从他闯入我的生活，我感到自己每一天都活得像做梦一样不真实。躯体只是一个表面静止的发射站，把神思发射出去，我的大部分时间无法留住涌动的思绪，只能一任它四方出游，如云如烟。我常常用力摸摸自己的脸颊，让真实的触觉使自己真实起来。

我们开始频繁地约会。我感到我喜欢并信赖这个男人。他总是回避那一次由于我的失态使我们在最初一次接触时彼此留下深刻记忆的那个事件。

我们每天晚上约会。这许多年来我唯一长久热爱的就是走路。我们沿着建国门大街一走就是几个小时，一路清风拂面，彩灯闪烁，景致迷人。这个属公马的男子有着雄马一样高大的身材（他在自己的属相前总要加上公性），我挎着他的左臂，悠然行走。实际上只消他一个人走，我们俩便可以共同向前移动。他就像土地一样承受我的一切。

终于有一天，他问我，"你为什么那一次走了之后就不再来了呢？"我知道他指的是我们最初的那次。"要不是在剧场偶然地碰到你，恐怕你永远消失了，不敢想象，我失去的可是一个世界。"

我忽然一阵感动。

我们就站在华灯照耀、光亮如昼的大街上亲吻起来。我的心一下子空了，四肢瘫软。这举动对于一个浅试初尝男女之事的小姑娘的确有着非同小可的震撼。我发现我是那么渴望他的身体，潜藏在我身体里的某种莫名的恐惧正在渐渐消散。

他把我拉进路旁的树林阴影里，我们在被树叶摇碎的月光里长时间地亲吻和爱抚。他强按着激动，生平第一次解开了一个年轻女子的纽扣，那种慌乱使人感到一个刚刚学会系纽扣的儿童正在被幼儿园老师催着脱掉衣服。他也是第一次用目光旅游了一个女人真切的身体。我们紧紧拥抱，那种荡人心弦的触摸使两个初经云雨的年轻男女魂飞魄散。我感到身体忽然被抽空了，成为一个空洞的容器，头顶冰凉发麻。我的身体变成一块杳无人烟的旷地，一种我从未体验过的空虚在蔓延，没有边界，仿佛那旷地四周长满石笋、岩峰和游动的鱼……

我无意在此叙述我们的"爱情"，我根本不知道这是否叫作爱情。五年后的今天，我仍然无法对我当时的情感做出准确的判断，因为我从来不知道爱情的准确含义。

记得当时正当我迫不及待地想投入他的怀抱感受他的身体的时候，我却忽然停住了，我只是抱住他的腰一动不动，泪眼星星，低声啜泣。我说："我不想看见它，不想……"他说："怎么了你？"我说："我就是不想看见它。""怎么了为什么？"我珠泪涟涟，用低声的哭泣回答他。

他停下来，久久抚摸我的脸颊。多少年潜藏在我身体里的压抑骨鲠在喉。我终于鼓足勇气把压在我心底的东西胆怯地拿出来交给这个男人，我低声恳求他帮我分担，帮我分担。只有他可以分担我的恐惧。

我依偎在他温暖的臂弯里，也依偎在他的职业带给我的安全中。我从未这样放松过，因为我从未在任何怀抱里失去过抑制力，我的一声声吟泣渐渐滑向我从未体验过的极乐世界；我也从未如此沉重过，我必须重新面对童年岁月里已经模糊了的往事，使我能够与他分担。

5　一次临床访谈

黛二小姐终于在一个绵雨过后的午日用电话约出了那位年轻牙医，她说她必须见他。

他们在绿树叠翠的被细雨润湿的疗养区域里漫步。太阳已经出来了，天空呈现出鲜嫩欲滴的粉红色，阳光把草坪上绿绿的雨露蒸腾起来。懒洋洋的长椅上半睡半醒的老人们默默自语。年轻的孔森医生身上不断地散发出的来苏气味使黛二小姐感到自己也是个病人。

"你终于来了。"他说。

"……"

"你的牙齿又发炎了吗？"

"……"

黛二小姐先是沉默不语，然后她讲起了另外的事情。她滔滔不绝，被倾吐往事之后的某种快慰之感牵引着诉说下去。

黛二小姐讲起她童年时代曾有过一位当建筑师的朋友，这位瘦削疲弱而面孔阴郁的中年男人是童年的黛二唯一的伙伴。他就住在黛二家的隔壁。那时候，孩子们的玩具只有沙土、石子和水，积木、橡皮泥以及那些非电动简易玩具还是奢侈品。小黛二一天一天沉浸在玩沙土的乐趣中，她在自己周围挖出无数个坑坑，在坑坑里放下一只只用嘴吹鼓的圆纸球（她称之为地雷），然后在那些坑坑上交叉地放上两三根树枝，再把纸放在树枝上边，最后轻轻地用沙土将它们遮埋住。一切完毕之后，黛二像个运筹帷幄的将军站在原地四顾环视，身边布满了她已看不见的成果。她闭上眼睛，在原地转上几圈，然后怀着一种刺激的心理走出地雷区。这是小黛二从电影《地道战》中学来并演绎了的游戏，她长时间沉浸在这种游戏中。

长大后的黛二小姐，无论在办公室还是在人群中，总是不能自已地回忆起儿时这种游戏，她才恍然感悟到小时候的游戏正是她今天的人生。

小黛二总是和她的建筑师朋友一起玩。这个沉默寡言的男人只有和黛二一起玩着具有象征性的游戏时才表现出兴奋的神情（"象征性"这个词是成年后的黛二赋予"游戏"的修饰词）。他教会小黛二一些她意想不到的玩法。比如，他教会她建筑"高塔"，他把碎石块用泥土砌起来，尽可能的高，那个高度对于童年的黛二完全可以比作耸立，这种耸立有一种轰然坍塌的潜在危险，一阵风便可以把它推翻刮倒。当它摇摇欲坠危险地耸立着的时候，建筑师便带领黛二发出一阵欢呼。

他们还玩水龙头。院子的西南角有一个长水池，水池上边是三只水龙头。建筑师常常把三只水管同时打开，尽可能地开大，让三柱喷射的水流勃发而出。这种痛快淋漓的喷射带给他无穷的激动。每当这时，他便兴奋得号叫，那叫声回荡在无人的院落里格外瘆人，令小黛二兴奋又恐惧。

他是一个优秀的建筑师，家里的奖状贴满一面墙壁。但是，他的妻子却从不为此自豪。在黛二的记忆里，这一家唯一的邻居总是吵吵闹闹，小黛二问起父母他们吵闹的缘由，父母似乎总躲躲闪闪避重就轻，或者模棱两可地说叔叔总是忙于建筑工作，没有时间照顾家庭，阿姨不高兴。小孩子不懂，不要多问。这种答复总使黛二不能满足。她总想找个机会问问她的建筑师朋友，直到在一个阴雨连绵的天气里，那个成年男子强迫未经世事的黛二观看了她一无所知的事情，以实现他的裸露癖，发生了那起令小黛二终生难忘的事件……当她哭着告诉了妈妈所发生的一切以后，他们便再也不是朋友了。

长大后，黛二小姐才渐渐懂得了建筑师那种疯狂工作和游戏与他作为一个失败的男人之间的某种关联———一种丧失的补偿。

终于有一天，一辆白色的救护车鸣叫着把建筑师从小黛二玩游戏的院落拉走了。据说他被拉到城北的疯人院去了。人们说他在一个幽僻的林荫小道上徘徊许久之后，冲着一位途经这里的年轻女子再一次重复了那个阴雨天里对着小黛二做的事情。

黛二在上小学的时候，亲身经历了一场火灾。人们先是被一股浓烈的焦煳味和呛鼻酸眼的烟雾从自家引出屋，继而人们看到建筑师家的窗子被无数只鲜红的狗舌头舔破，那些长长的狗舌嘶嘘着渐渐合拢成一片灼热的火红。建筑师在停职之后的一天下午，把自己反锁在房间中，一把大火伴随着令人窒息的汽油味结束了他的苦恼、悔恨和无能为力的欲望。那滚滚的浓烟嘶鸣的火焰弥漫了静静的院落，弥漫了蜿蜿蜒蜒的小巷以及流失在小巷深处的黛二小姐蜿蜿蜒蜒的童年……

年轻的牙医把一只手重重压在黛二小姐的肩上，那种压法仿佛她会忽然被记忆里的滚滚浓烟带走飘去。那是一只黛二小姐向往已久的医生的手臂，她深切期待这样一只手把她从某种记忆里拯救出来。有生以来她第一次把自己当作病人软软地靠在那只根除过无数只坏牙的手臂之中。这手臂本身就是一个最温情最安全的临床访谈者，一个最准确的DSM—III①系统。

6 诞生或死亡的开端

在我和他同居数月之后的一个风和日丽的上午，我们穿越繁闹的街区，走过一片荒地，和一个堆满许多作废的铁板、木桩和砖瓦的旷

_____

① DSM—III是精神医学里一个多轴分类系统，接受评价的行为是在不同的轴上或方面加以评估，从而全面而准确地诊断出患者的障碍所在。

场。我对废弃物和古残骸从来都怀有一种莫名的情感和忧伤，那份荒凉破落与阴森瘆人的景观总使我觉得很久以前我曾经从这里经过，那也许是久已逝去的童年和少年时光。我们默默地伫立了一会儿，就走向旷场尽头一个狭小的房间——这个房间多少年来被人们视为爱情的摇篮与坟墓的发源地，据说它是通往喜剧与悲剧的舞台。我无法给这个地方准确地命名，正像我至今无法给自己当时的情感命名为爱情一样。

一个热情的并且习惯用"操"字充当语言的逗号（这个字在他嘴里并不含有喜或怒的情感色彩），为他滔滔不绝的句子断句的青年人接待了我们。我们从这个狭小的房间领取了一份红色的类似于奖状的证书。那上面写着：

××字第十三号

黛二（女）二十三岁

孔森（男）二十六岁

自愿结婚，经审查合于本国《婚姻法》关于结婚的规定，特发给此证。

我和他各持一份。我们都知道那张纸厚如铁板又薄若蝉翼。

7 飞翔的仪式

黛二小姐终于再次出现在第一〇三医院牙科诊室的第一〇三号诊椅上，是在她结婚之后的一天下午。她的气色格外好，脸颊散发一股柔媚的光彩，那双惊恐的大眼睛已不复存在，她的目光像一个闪闪烁烁的星座散发着耀人的神韵。

她坐上那把诊椅宁和而自信，像主人命令侍从般地对身旁那个年轻牙医说：

"我们开始吧。"

年轻的牙医右手举着注满药液的针管，针头空空地冲上，像举着一只填满火药的随时可以发出响亮一击的手枪，他把它在黛二小姐眼前晃了晃，说："真的没问题了吗？"

黛二笑起来："当然。"

她张大嘴巴，坦然地承受那只具有象征意义的针头戳入她的上颚。一阵些微的胀痛之后，温馨而甜蜜的麻醉便充满她的整个口腔。阳光进入她的嘴里，穿透她的上颚，渗入她的舌头，那光在她的嘴里翩翩起舞，曼声而歌。一抹粉红色的微笑从她的嘴里溢到唇边。

年轻的孔森医生俯下身贴近她的脸孔，尽管白色的大口罩遮挡了他的嘴唇，但黛二仍然感到一股热热的气息向她扑来。牙医用右手举着刀子和钳子，左臂作为支撑点压在她的胸部，这种重量带给她一种美妙绝伦的想象。年轻的牙医很顺利地拔掉了黛二小姐左边和右边的两颗已经坏死的智齿。他们一起用力的时候，黛二小姐没有感到疼痛，她是一个驯服而温存的合作者。他们好像只是在一起飞翔，一次行程遥远的飞翔，轻若羽毛，天空划满一道道彩虹般的弧线。那种紧密的交融配合仿佛使她重温了与丈夫的初夜同床。

当年轻的孔森医生把那两颗血淋淋的智齿当啷一声丢到乳白色的托盘里时，深匿在黛二小姐久远岁月之中的隐痛便彻底地根除了。

时光与牢笼

一个人什么都可以被剥夺，除了一件事：自由选择对待特定环境的态度。

——一个明白了的人说

1 飞翔的外婆

水水在四周弥散着夜晚气息的房间跌坐在沙发里静谧怀想，思绪涌动，内心爬满真实的或者虚构的乱七八糟的东西。这是水水所从事的最经常最习惯最不可缺少的事情之一。可是，想什么呢？该想的都想过了，不该想的也想过了。

岁月是一只鸟，它飞翔的痕迹把水水往日的和来日的那些单薄抑或厚满的日子串起来，水水甚至清晰地看到了那条岁月流动的弧线，在那条黯淡又辉煌的弧线的始末之间，水水仿佛像流水一样流。

水水在想有关外婆的事情……

外婆去世后，全家老小乱了起来。外婆已经很老了，八十有余，满身的风烛残年已不再那么看重生离死别。她甚至已经完全丧失了那种思三想四、牵东挂西的精神活动。老实说，她的去世无论对她本人还是对她身边的人都是一种解脱。去世前，外婆在床上吃拉哭乐，还整天叫喊，叫喊的全是早已死去几十年的旧人。有时，水水外婆的眼睛痴呆呆地盯住窗子，忽然嘶哑着没声的嗓子大叫一声："窗台上卧着一只老虎，快把它赶跑！"那噬噬的声音像丝绸店里售货员小姐的扯布声。于是，二舅舅或家人赶忙走到窗前，拿着手里正攥的报纸轰老虎：老虎快走，老虎快走！然后学一声虎啸以表示老虎仓皇而逃，结束这场战斗。二舅舅一家以及近邻早已厌倦了这一切。

水水目睹了外婆去世前在医院里的情景。外婆睁大木呆呆的眼睛（那曾经是一双断文识字，通晓四书五经的眼睛；曾经顾盼流连，满盛一潭春水的调过情的眼睛），脑袋像风干的核桃（那里曾经是一张娇艳妩媚像寂夜里跳跃的烛光一样照亮男人心房的脸颊），干枯的灰白头发野草一般滋生在枕头上蓬向不同的方向（那曾经是一帘神秘的夜幕，黑漆漆地荡漾在风中），干瘪的身子淹没在覆盖过无数个死去的人之后又拆洗过的被子下边（那身子曾经是一株绽满花朵的榕树在晨风中招展，芳香四散），一只被抽空血肉的乳房从被子一角裸露出来，斜垂着如一只倒空的奶瓶（那曾经是跳跃的鸟儿在胸前饱满地舞蹈），外婆的腿间甚至像失禁的婴儿一样夹着厚厚的尿布（那曾经是穿着粉红色内裤，诞生过水水的前辈们的出生地）。

外婆的"内心景象"已无法描述，水水相信那里只是一片衰退了的沉睡的沙漠，不再能滋生情感与思想。那里只剩下一片混沌。

在阳光明媚的午日，水水外婆那昏花的眼睛看到一串串艳丽的彩灯从她眼前鱼贯而过。她一声迭一声狂怒地高喊："关灯，关灯！我要睡！"

水水目睹了衰老的残酷。人们想象中的衰老永远是诗化的，死亡之前真正的衰老是丑恶的。水水甚至希望外婆那生命之灯早一刻熄灭，让她的灵魂早一刻安息。

水水的外婆终于去世，二舅舅以及近邻又像失去珍宝一般哭号一番。毕竟是一个人一生的结束和收场，毕竟是一个人一生的盖棺论定。

火化后第二日，水水母亲一夜无眠，倒不是伤心悲痛熬磨得夜不能寐，而是一只长腿的大花蚊子在这冷秋的深夜，在水水母亲的耳畔整整嘶鸣了一宿，驱之不去，逐之无影，只是一片嘹亮的嗡嗡声弥漫长夜。

水水母亲想，水水外婆准是有什么心事放不下，变成了一只大花蚊子来倾诉。于是，水水母亲就努力想水水的外婆到底还有什么心事未了，整整想了一夜。

第二天清早，水水的丈夫在家里的阳台上抓到一只美丽的信鸽，那信鸽怎么轰也不走，水水丈夫就把信鸽捧在手上喂它水喝，喂它食吃。水水丈夫说这不正常，是不是外婆变成了鸽子？

于是，全家在水水的外婆后事完毕之后又乱作一团，举家开动脑筋，想老人到底需要什么。终于，还是水水的母亲最疼爱外婆，想起来老人去世后嘴里的假牙没有装上。外婆在去世前早已不能吃东西和说话，她的嘴只是用来喘气，所以用不着牙。现在，老人到了阴间，是不是在向家里讨要那副假牙？这时，全家才猛然想到那假牙遗忘在抽屉里了，没有和外婆的身子一起火化烧掉。想到这里举家上下一齐内疚。

水水想起了中国古代的事。古书上说，旧时历代太监有个传统，凡是净身之后，阉割下来的阳物用油炸透，再用油纸包好，垂吊在高处僻静的房梁上。太监死时，亲属必须将他那个东西放在棺内。连最贫穷的太监的亲属也不会忘记这件事。其说法是：这辈子虽已六根不全，来世还可以变成个整身子。

水水对家人说，没关系，明天把外婆的假牙用油纸包好，投到火炉里烧掉，外婆准能在她现在的住处收到牙齿，完了她的身。

水水和母亲又寄了纸钱给外婆。水水出手一向大方，她在那一堆纸钱上写了很大的数字。然后水水和母亲把纸钱烧掉。很快，外婆又托梦给水水的母亲，说汇款是收到了，就是钱数太可观，她活着时一辈子也没见过这么多的钱。可是，钱太多了，她那里的银行提取不出来。

水水的母亲又不安起来，怎么就没想到十几万元不好从银行提取呢……

一声尖厉刺耳的电话铃叫水水打了个冷战，她从思绪里猝然惊醒。水水起身拿起电话筒，是母亲打来的，母亲说十分钟前外婆在医院里故去了，死得很安详，外婆的灵魂升天了。水水的母亲还说，一会儿就可以回家睡觉了。

水水跌坐在弥散着夜晚的沙发里感到一阵恐惧。

外婆死了。

外婆真的死了。

外婆第一次死了。

水水的心脏伴随着墙壁上挂钟的嘀嗒声向前跳进，而她的思绪却迅速倒转回逆，想抓住并衔接电话铃叫之前心里流动的真实抑或虚构的东西。但那东西像一股青烟飞走了，抓不到了。水水模模糊糊感到一种潜藏的恐惧。

水水仿佛看到外婆的肉体正躺在界石之上，躺在"在"与"无"的交叉路口。这仰躺的尸体像一只从久远年代漂移过来的古船残骸，那曾经千娇百媚之躯业已千疮百孔，时间、历史、生活、欲望、情感、痛苦正从那疮孔之间流失殆尽，并且永远不再返回。那尸骸双颊扁塌，颜色枯白，若风中草木。灵魂正游离她的躯体，踏上天国之旅。

水水从来都把死亡当作一个自由人的圣地。她知道，所有人——年轻的抑或垂老的心灵——都将在某一天把他们自己的躯体拖到死亡这块永恒的界石上；甚至有一些急躁的心灵，无法等待它的躯体安然抵达死亡之地，便过早地抢先地把精神放在这里，完成哲学意义上的死亡。

外婆真的死了。

水水知道十分钟前外婆的第一次死亡在她心里已是第二次死亡；

水水知道清明节到来的时候，外婆将经历第三次死亡；

水水知道下一个清明节和下下一个清明节到来的时候，外婆将经历第四次死亡，第五次死亡……

外婆要经历无数次活人们强加给她的死亡。活人们很累。

窗外，月升风住。飞翔了一白天的风声全都躲到疲倦了的树木之上。这是冷秋的一个夜晚。这忽然冷却静寂下来的一切，带给水水一种时光似风，岁月如水的轻叹。水水只想冲着天空中飞翔的美丽禽物叫一声——外婆。

水水起身，慢慢走向厨房。她取出一只高脚杯，又取出一瓶长城牌干白，自己斟上半杯端回卧房，重新跌坐在沙发里。水水让那透明得让人身心放松酥软的液体，热热地流进腹中。她还频频地把杯子举到空中独自碰杯，那清脆的玻璃碰撞声便把这个完整而连贯的夜晚搅碎了。后来水水听到一个柔和的声音似有似无地在哼吟："谁能——与我——同醉——"

卧房里只有水水一个人，水水的丈夫这时正在卫生间里洗漱。于是她知道那声音只能出自自己。歌子的后半句她忘记了歌词，就哼哼音符替代。水水一向是羞于在有公众和无公众的任何场合唱歌的。然而水水却在这个冷秋之夜把这句歌子哼了无数遍。这并不是由于水水喝了酒的缘故，只是由于水水很清楚这个世界没有谁会与谁真正同醉。水水一边哼哼一边流下泪来，但这也同样不是由于水水那牢不可破的自控力量的丧失，水水坚信会流泪的眼睛是拥有生命的眼睛，永远干涸的眼睛是死亡的眼睛。在这已不再容易拥有悲伤与欢乐的年龄，水水只是纵容自己的泪水像时光一样慢慢流淌，它使得水水浑身清爽。

这时，水水的丈夫从卫生间走进来，说："我们睡吧。"

水水说："我们睡吧。"

水水望望夜空，望望已经飞翔着外婆了的绚丽的夜空，在心里说一声：外婆安息！

然后她平静地无声地哭了。

这是水水面对生死离别以及无法逆转一切的选择。

水水的笑不再年轻。

2 又一次初夜同床

就在冷秋里那只与外婆有关的长脚大花蚊子在水水母亲的耳畔长鸣之夜，水水完成了一个女子和一个男人的已不再是初次的又一回第一次交合。

这天夜晚，就在水水的外婆去世的那个夜晚，水水和丈夫早早就躺到床上了。水水由外婆叹及自身，感慨生命真是像水一样流，往事如过眼云烟。

水水在经过了三年里三次婚姻的离异后的二十八岁芳龄上，终于再一次果敢地向前迈了一步，作出了婚姻的第四次选择。而这时水水已经完全冷下一条心，不再抱任何幻想，不再做任何属于她这个年龄正应该做的梦。水水明白了浪漫这东西通常总是以和另外一个人保持着某种距离为前提的。失去距离便失去浪漫，而婚姻是无法保持距离的一种关系。心理成熟起来的水水依然文弱苗条，温婉柔媚，一派小鸟依人模样，一点也看不出岁月在她心里刻出的沧桑。

水水想起第一次结婚时她二十二岁，天真纯净，丈夫是一个欧美文学专业的博士生，水水嫁给了爱情。丈夫出国后，天各一方，日东月西，先是鸿雁传情，尔后渐渐变成热烈而空洞的贺卡，再渐渐就没了声息。

　　第二次婚姻，水水嫁给了金钱。水水以前把生活中的种种困境归咎为金钱的匮乏。后来她明白了有钱人和没钱人一样忧愁和烦恼。

　　第三任丈夫是罗伯斯，水水嫁给了美国护照。金钱既然不能拯救水水的精神于水深火热之中，那么罗伯斯会带给水水一个崭新的世界。后来，水水又明白了全世界都一样，无论在哪儿，没有哪儿是天堂。西方人一样空虚孤独，西方人一样小心眼儿患得患失，一样冷漠麻木……水水不再作任何选择。

　　三次婚姻水水一无所获，但也可以说获得了全世界最重要的——她走完了一遍人生。这是许许多多的人用活了整个一生的时间也不一定能得到的经验。水水觉得生活已向她罄其所有，二十八年的时间是完全可以走完八十二年的生命历程的。从某种意义上讲，一年甚至更少的日子完全可以把一辈子的内容过完。

　　水水心理上的时间从来与物理上的时间有着不同的刻度。

　　水水和丈夫躺到床上后，打开电视。水水的母亲还没有从外婆的医院赶回来。水水便和丈夫有一搭无一搭看着荧屏上的影子晃来晃去。电视机像患了感冒似的不断发出咳嗽一般的刺耳的交流声响。

　　水水丈夫说："这么吵不如关掉它。"

　　水水的丈夫比她小四岁，身材瘦瘦的，面庞俊秀，一脸纯真。干起洗碗烧菜、搬运重物这些活儿，一丝不苟，只要不要求时间，对于这些家务操作他会做得滴水不漏，无一差错。每当这时，水水就感到安慰和温暖，她从后边抱住丈夫的腰，感到年轻的丈夫宛若一个指挥千军万马的挺拔的将军，使她安全而有所依靠。水水对此向往已久，找个本分安稳的年轻男子一起踏踏实实过日子，平庸些放松些。生活的意义已所剩无几，所有的人和物都正在无可奈何地任自己的本质与自身脱离散尽，所有欢悦的酒杯都正在被功利填满。然而家，毕竟是全世界唯一使人卸下伪装面具、放松防卫机制而敞开身体与思想的最后的城堡啊。懂得了放弃浪漫与奇异之想的水水反过头来追求平常，追求普通（她把这命名为平庸精神之光），与此同时她也感到某种深藏得连她自己也不易察觉的失落。

水水的丈夫是个天性善良得几乎失去一切力量的男孩子，在世道上许许多多复杂而有难度的事情面前总是唯唯诺诺，无能为力。这会儿，他脱掉衣服，光滑的臂膀以及臂弯上极有耐力的优美的肌肉线条便呈现出来。水水叹声说："那肌肉里边的力量哪里去了呢？"水水丈夫便说："在心爱的人面前，肌肉里的力量就变成了水。"天哪！水水叹一声。她想说，那就别把我当作什么心爱不心爱的女人吧，只当作你想做些什么然后就分手的那种女人。水水当然没有这样说，她的自尊心顶多使她说出："我盼望你的力量能够与你展示的肌肉名副其实起来，在对待我和对待这个世界的时候。我盼望我的丈夫所向披靡。"

对话到此，两个人都感到压抑。水水知道丈夫是有强烈进取精神的——每一次大大小小的过失与挫败难道他没有使出吃奶的劲吗？水水便不再说，神情矛盾地笑了笑。

水水和丈夫在床上等待母亲回来等待得有些无聊，电视机依然不住地咳嗽。水水侧过头望望床头小柜上的各种小零食，用眼睛指了指对丈夫说："咱们吃点东西吧，一会儿再刷一次牙。"丈夫的目光在女人的乱七八糟的小零食上停顿一会儿，内心无比满足。他越过水水的身体，从柜上拿起一块包有金色糖纸的巧克力。这些年来，水水家无论对多么高级豪华的糖块都不再有兴趣，家里偶有糖块，也不过是差强人意的礼物。常常是放着放着，软了，然后就被水水扔掉。水水的丈夫总是有意无意地挑拣水水不吃的东西吃。每每这时，水水心里便涌起对丈夫的心疼与怜爱。天底下打着灯笼也难找到这样体贴的丈夫。

水水的丈夫剥开金色糖纸，小心地把巧克力吃到嘴里。那是一个英俊而光华的嘴唇，一个值得信赖而略显笨拙的嘴唇，一个出于羞涩而努力掩饰欲望的嘴唇。水水丈夫的精神集中到口感的香甜，仿佛在吮吸水水的嘴唇那样专注，不留神手里的糖纸就落到床下的地毯上，他翻身下床来，赤着脚站在地毯上，两条纤秀而结实的腿，呈现出一种矛盾的美丽。他弯下光滑的身子把糖纸捡起来扔到纸筐里，笑了，眼睛也跟着眯成一条线，像冬日里一只吃饱了青草晒着暖洋洋的太阳的绵羊。水水的丈夫用脚踏踏地毯，然后又换另一只脚踏踏，"真柔软。"他又笑了，宛若一个淘气的男孩子。水水也冲丈夫笑了笑，心里既温馨又感到一种奇怪的空落。

水水建议把电视的声音调到零，只留下屏幕上晃动的色彩闪闪烁烁地燃在夜晚的黯黯淡淡的房间中。水水喜欢在这样宁静安详的黑夜，让房间里流溢着黯黑的彩光，那彩光飘忽不定，左闪右烁，她依偎在丈夫的身畔低低絮语。

水水的丈夫仍然建议干脆把电视关掉。他喜欢把面孔完全隐没在黑暗中。黑暗是无限，黑暗是纯粹的感受，黑暗像自娱一样没有负担，黑暗给人以摒弃精神活动的物质勇气。他便可以整整一个夜晚全都紧紧地抱住水水，让两个人的身体所有的部位全都贴在一起。他当然没有这样说，他只是强调电视里闪烁晃动的彩光使眼睛发酸。水水知道丈夫永远不会那样说。

水水和丈夫吃完了零食又起床去卫生间洗漱。丈夫在卫生间的时候，时间在这里出现了一次空白……水水穿着睡衣坐在沙发里乱想，坐在沙发四周弥散着的夜晚里，内心爬满真实与虚构的东西，她望着嘀嗒行进的壁钟，想起关于外婆的事情，想着岁月是一只鸟，想象天空中飞翔的外婆……正在这时，水水的母亲从医院里打来了那个外婆去世的电话。

水水和丈夫重新上床，熄了门厅的灯，也关了电视，房间里一时阒寂无声。水水的丈夫在一边翻了几个身，没有动静，连呼吸声也没有。水水知道要是丈夫没呼吸声就表明他没有睡着。她在黑暗中感到孤单，便把手伸进丈夫的被子，放在他的胸口上。丈夫动了动身子，全身紧张了一下然后就把水水拉进自己的被子里紧紧地贴在一起。水水感到丈夫的身体滚烫，他血管里坚实有力的突突跳跃声敲在水水的身体上，她感到全身酥软，像丝绸一般光滑柔韧，皮肤上所有的毛细血管全部像嘴一样张开，尽情呼吸着丈夫的滚热。他们的身体镶嵌在一起。他捧着水水的乳房吸吮，那吮法犹如吮吸一只熟透的北方柿子，它饱满、柔软，百合花的颜色，他孩子一般把它的汁液酣畅淋漓地吸进腹中。

正当水水渴望着与丈夫更深地融合起来，水水的丈夫"哎呀"一声，宣布结束了这一切。水水知道又完了，便重重叹了口气。有好几次了，水水就怕听"哎呀"。每次"哎呀"之后，水水都说没关系，再来会好。多年的心理训练与心理经验，水水知道，对于某种善良得连爱情都无法施展暴力的男人或女人，那种面对世界的种种困境与障碍总是无能为力的柔弱的心灵，你越是指责他（她）要求他（她），他（她）就越是不自信，就越是失败。所以，水水总是温温存存说一声：没关系没关系。同时，水水坚信，只有当人们把自身从神化的爱情中充分拯救出来，性爱才能得以淋漓尽致地施展。爱抑或仰慕于某些人来讲是性行为的牢笼。

这一次，水水终于被激怒了，她的面容失去了往日的姣好。她低低地骂了声：笨蛋！

水水以为丈夫会为这句话感到羞辱和伤害而无法入睡。可是，水水的话音刚刚落到地上，她就听到了身旁均匀、疲倦的呼吸声。

水水独自躺着生气，辗转反侧。躺了一会儿，她觉得不公平，凭什么你睡着我却醒着！于是她从床上爬起来去吃安定。水水故意把声音弄得哗哗响。丈夫睁开眼，说："还没有睡着吗？"水水抓住他清醒的时机，大声说（那声音之大近似一种无理，简直是向整个黑夜宣布）："没见过这么笨的男人！"水水刚刚说完，丈夫均匀的气息再一次升起。水水吃了安定，又气鼓鼓地一个人躺下，脑子里弥漫着纷乱的事情，丈夫、外婆以及单位里熟人的面孔迅速而有秩序地剪辑串连，贯通流动。渐渐地药性发作起来，水水的思绪失去了完整性，并且模糊起来，慢慢地她就放松睡着了。水水很快做起梦来……时间在这里又一次出现了空白……她在梦境里激烈而充满智谋地忙碌了一个小时，也许是四十分钟，就被丈夫惊醒了，水水的丈夫一反常态雄气勃发地扑上来，急急切切甚至含着一种愤怒地说："行了，肯定行了。"水水知道，丈夫即使在刚才均匀的鼾声里也被水水的话激怒了。水水的丈夫怀着对以往不完美的成功或者叫不彻底的失败的仇恨心理，把事情做得无比狂热，无比持久。天空响起邈远的圣音，那是向着人类的永恒欲望投降的声音。他重重地压在她的身上，慌乱地为激情寻找出路。他的器官灵敏得像一只艺术家的手指，准确而有力度地弹在女人最中心的音符上，然后是一片浑厚宏伟的和弦。水水不住地在他的耳边低语："你真是棒极了。"他把身体稍稍脱离开她，说："爱我不爱？"水水把一条腿跷起来盘紧丈夫的后腰："你可真会趁火打劫啊！"

水水的丈夫重新贴紧她，充满了骄傲，仿佛他不是和妻子在做爱，而是攻占了最尖端最想占领的一座碉堡；仿佛碉堡里有着一个加强连的随军女郎，他足足用了占有一个加强连那么多个女郎的力量。

清早醒来，水水的丈夫温存体贴地叠被，水水呆呆地望着窗外。深秋的早晨，天空格外悲凉，瓦蓝色的空气滞重起来，光秃秃的树木枝干绝望地在楼群之间的空旷地带舞蹈，似乎谁也无法帮助它们，众多紧闭的窗子望着它们在即将降临的料峭的寒冷里挣扎却无能为力。有一棵脱去绿衣的瘦树生长在碎石嶙峋的夹缝里，水水想象自己几年来很像那棵树，在各种各样的夹缝里努力生存，寻求出路，水水注意到那棵树的天空正像她的梦想一样被一堵年久失修的倾塌下来的断垣完全地切断封死了。水水想，失去天空的树最好的出路就是忘记天空。

她坐在床上久久地凝望窗外的世界，她望到天宇的无际与时间的绵长；望到无数颗孤独的头颅高昂在智者们虚撑着的肩膀之上，四下找寻依托；望到每一颗独自行走的心灵，正在这冷秋里清晨的街上无助地梦想……

这时，窗下一个女孩正款款地朝着水水的窗子这边走来，脆脆的鞋跟敲在碎石路面上，一步一步把这个还未完全醒透的秋日的早晨踏得清晰起来。

水水已经看到她的棉绒衫了；

水水已经看到她胸前的花花绿绿的色彩了；

水水已经看到那色彩所拼写的名字了——

胸前：I am a virgin

（我是处女）

那女子嗒嗒嗒地走过去。水水的目光追随着她的背影，并且极认真地分辨她后背的色彩拼写的文字——

后背：That's thing in the past

（那是过去的事了）

水水的目光被那背影拉得很远很长。

正在这时，水水和丈夫在阳台上抓到那只与外婆有关的美丽的鸽子。水水望望一脸纯真的年轻丈夫，平静地无声地笑了。

这是水水的目光走完世界之后的选择。

水水的目光不再年轻。

3　我是一个小对钩呢还是一个人

几年来，水水一直做着与文字和精神有关的工作。她在许多个城市留下足印，在许多个报社当过记者和专栏撰稿人，而她在每一个城市的最长时间也没超过一年。她不停地奔波，不停地从失望中梦幻出新的希望去奔赴，落得身心疲惫，形销骨立殚精竭虑。每一次之后水水都狠狠地发誓要冷下一条心，摆脱那种用泛着酸气的文字虚伪地营构自己与世界的毛病！她认定那种文字的自欺又欺人，无非是当众抒情与思想。尤其使她感到弥天大谎的巨大骗局是那些从小至今把她的头脑填充得满满的古今中外的关于爱情的一切文学和理论。

在以前的无数个日日夜夜，水水总是把自己关在房间里，她总是先把两只单人沙发对放起来，把自己的身体近乎仰躺地靠在松软的沙发里，仿佛是躲进一个自制的城堡。然而，水水内心的躁动与盈满，使她的这种静静的姿态只保持了三分钟，她就站起身在地毯上走来走去。阳光被脚步从地毯上踏起，水水在尘埃般冉冉升起的光束里像一只困兽。这困境是水水自己给予自己的，书桌上苍白的厚厚的稿纸像一只无边的大血库，永远等待着水水用血液去涂抹去填充。水水感到自己的身体绽满"窗口"，身体里所有的生命光辉全被理念调动起来，从那"窗口"飞翔出去落到纸页上，而水水自身的生命却像秋日里悲凉的落叶倾洒在土地上一无生息。当夜阑人静之时，满天古怪的星光如白银银的炭火罩在水水的头顶，四下茫茫的黑暗就涌来压迫、榨取水水的思想。我在干什么？我是刽子手！水水总是想。

可是，什么事习以为常便真起来，做多了连自己对那堆真诚的文字都感动起来。水水极力使自己够得上那堆文字的境界。她既是那文字的制造者，又是那文字的受害者。她跑回了出生地，依旧在报社里做着与文字有关的工作。

这样的一个清晨，在水水的外婆去世后第一个到来的那个清晨，水水早早地就到单位去请假。

上楼的时候，水水想到苦涩的冬天就要降临了。她的皮鞋在楼梯上的橐橐声穿越半明半昧的晨光，走回到两个月前的一天。

那天，她一进报社大门，就遇到了记者部的部长老史，老史铁着脸孔没表情，水水几次冲他笑，老史仍是死水一潭，她不知怎样才好，默默地看着自己的脚一步步走上楼梯，没出声。老史天生具有一种当领导的素质，比如，他从来不和部下们打成一片，过从甚密，他认为与部下关系密切，就会丧失管理部下的自由，若大家哥们兄弟叫着，谁有什么差错，自然不好说什么。同时，他认定世界上最密切的外人是最危险的人，因为他掌握你的秘密最多。水水曾多次试图讨老史欢心。比如，有一次她发现老史的左眼镜腿坏了，水水回到家就翻抽屉拉柜子，找几零几万能胶水。水水丈夫问干什么用，水水说我们部长的左眼镜腿坏了。没过两天，水水回到家又翻抽屉拉柜子，找几零几，丈夫问干什么用，水水说我们部长的右眼镜腿又坏了。几个月来，水水的努力换来的仍是老史那无论水水多么温情的微笑也无法穿透的铁板面孔。

水水站在楼梯上刚刚降临的清晨里沉思了一会儿，她看到黎明的气息已在楼道里一步一步伸展开来。水水暗暗发誓，今天见到老史包括向他请假的时候，自己一定也板起面孔没一丝笑容。这个世界谁是谁孙子呢？！

于是，水水铁起面孔，保持着状态。可是，一直到办公室门口也没碰到老史。水水的表情扑了空，有点失落。

她打开门，发现自己来得太早了，不仅老史没有来，部里一个人也没有，只有横七竖八零乱躺着的办公室和一小山一小山的稿件。

水水站到老史的桌前打算写个字条。写完了，又觉得不太满意，便撕了攥成一团投进废纸筐，准备重写。水水回身之际一眼瞟到墙上挂着的考勤表，正好是月底，表上密密麻麻满是一个个小对钩，一个对钩能得到二元钱的误餐补助。问题是这一个小对钩的获得之难。每天部里早晨八点和下午五点各统计一次，要你全都坐办公室里，比如你喝茶、睡觉、会朋友，那么你便获得一个小对钩。部里很多人对此提出意见，说报社的工作性质不适于这样，但考勤表仍然顽固地坚持下来。水水几次都想把它撕了。

水水走过去，看着自己零零星星的几个小对钩。她屈指算了算，这个月部里数自己发的稿子最多，跑的点最勤，小对钩却最少。水水回身环视了一下空荡荡的四周，又推开屋门朝外边楼道瞭望了一下，然后一个箭步蹿到考勤表前，把它撕了，攥成一团也丢进废纸篓。停了一会儿，又弯身把它捡出来，匆匆忙忙跑到厕所扔进马桶，哗一下冲了，然后准备快速离开报社。

这时，水水忽然觉得有什么东西还堵在胸口，没有表达尽致。于是，她拿出兜里的粗粗的碳水笔，用食指与中指夹着在厕所的墙壁上写上：

> 我不是一个小对钩而是一个人
> 我不是一只小摁钉，被
> 摁在哪儿就乖乖地钉住

写完了，水水把碳水笔收起来。转身之际，水水觉得还有话要写，于是她又掏出笔用左手写上：

为什么总是我们去看官人的脸色
为什么不让官人也看看我们的脸色

这时，楼道里有了脚步声。水水知道上班的时间差不多了。于是，她待那脚步声刚一消失，立刻蹿出厕所，轻轻快快跑下楼，镇定地走出大门。水水极目四顾，整个过程没有撞到一个人。

水水向着外婆故去的那家医院奔去，心中有了些许安慰。在雪白的阳光下，早晨的街伸着懒腰苏醒过来。

正在这时，水水被年轻的丈夫急切的呼唤所惊醒，"行了，肯定行了。"水水猛地睁开眼睛，心脏突突地跳了一阵，慢慢平静下来。她发现自己并不在街上，她的周围是无言的漫漫黑夜，极黯淡的一点点光线从一个缝隙射进来，这说明水水正在一个有围壁的地方。她想起来，那是家里的墙壁。水水的肢体上也并没有覆盖一层雪白的阳光，她的身上覆盖着丈夫秀美而英俊的身体。

当清晨真的到来时，水水坐在床上想起了午夜时分报社里厕所的墙壁，那儿，什么也不会有，一切都是虚构的。她用怀疑的目光抚摸了一下同榻而眠的丈夫的脸颊，回想着丈夫夜间是否真实地存在过。水水望了望窗外摇来荡去的枯树，树枝上没有一片绿叶在歌唱，春天还遥远。她又望见一个拥有着清清脆脆的皮鞋声和胸前背后写着"我是处女""那是过去的事了"的女孩从黎明里穿过。然后，窗外只剩下一片空洞而荒漠的初冬景象。枯树、房屋、电线架以及环绕在楼群周围的倒塌了半截的残垣，一切一切拥有过崭新生命的东西，都将被日积月累的时光消损、毁坏与湮没。荣光与圣洁都将属于历史。

水水起身从床上下来，拨响办公室的电话，她讨好地向老史请假。水水看见自己毕恭毕敬谦卑顺从的声音像一股甘甜的蓝色水柱，沿电话线流进老史的刀枪不入的耳朵。

水水对自己的行为平静地无声地笑了。

这是水水在度过了以往无数个不安而冲动的早晨之后的选择。

水水的早晨不再年轻。

站在无人的风口

　　我第一次接触古老悠远的"玫瑰之战"，与我在十三年之后从某种高处，从心事重重的玫瑰丛里所怀的感悟大相径庭。我站立在无人的风口，瞭望到远古年代的那丛玫瑰仿佛穿越流逝的时光，依然矗立在今天。虽然已是风烛残年，但它永无尽期。我从历经数百年的它的身上，读懂了世界悲剧性的结构，我看到漫长无际的心灵的黑夜。

　　许多年以来，我一直想为此写一部独一无二的书，但每每想到这部书稿只能是一本哑谜似的寓言，使人绞尽脑汁去猜透其中的含义，便情不自禁把那开了头的草稿连同一个懒腰一同丢到火炉里去。我只能从它的余烬里拣出一星枝蔓散淡的什么。它的暗示不通向任何别处，它只是它的自身。

　　十三年前我住在P市城南的一条曲曲弯弯的胡同尽头的一所废弃了的尼姑庵里。

　　那一天，惊讶而恐惧的阳光闪烁不安地徜徉在凸凹的细胡同路面上，那光辉的表情正是十六岁的我第一天迈进那所破败荒废的尼姑庵的心情。已近黄昏了，这表情正犹豫着向西褪尽，它慢慢吞吞来来回回穿梭在蓬满荒草败枝的小径之上，涂染在面庞黧黑的碎石乱土之上。我做出安然自若、心不在焉、毫无感伤的样子，伴随着黄昏时分一声仿佛从浓郁的老树上掉落下来的钟声，一同跌进了地势凹陷于路面很多的庵堂的庭院。

尽管我做了充分的思想准备，我仍然对我所要暂时住宿的新地方怀有一种期待。我以为它会是像我在许多中国古老的寺庙绘画上见到的那个样子：庵门温和恬静地半掩着，里边有银子般闪闪发亮的大理石台阶，有泛着浓郁木香的高高阔阔的殿堂，有珍贵的金器，乌亮的陶器和老朽漆黑的雕木。然而，当我呼吸到庭院里的第一口气息之后，我便明白了我那微薄的梦想又是一场空。这里除了一股窒息凝滞的熏衣草气味和满眼苦痛而奇怪的浓绿，以及带着久远年代古人们口音的老树的婆娑声，还有四个硕大而空旷、老朽而破败的庵堂，余下什么全没有。

我警觉地睁大眼睛，生怕有什么动的抑或不动的东西被遗漏掉，担心在我意想不到的时候遭到它的惊吓或袭击。树木，衰草，残垣，锈铁，断桩，水凹以及和风、夕阳，我全都把它们一一牢记于心。

若干年以后，当我永远地离开了那个庵堂的庭院，无论什么时候想起它，我都记忆犹新。

一个对世界充满梦幻和奇异之想的十六岁女孩子，来到这里安身居住，绝不是由于我个人情感的毁灭，那完全是个人之外的一些原因。而我家庭的背景以及其他一些什么，我不想在此提及和披露。

事实是，我在这里住下来，住了四年半，我生命中最辉煌绚丽的四年半。

当我穿过庵堂的庭院东看西看的时候，忽然有一种异样感，它来自于埋伏在某一处窗口后面射向我的目光，那目光像一根苍白冰凉的手指戳在我的心口窝上。我沿着那股无形的戳动力方向探寻，我看到前院一级高台阶上边有一扇窄小肮脏的玻璃窗，窗子后边伫立着一个老女人或老男人的影像。实际上，我看到的只是一个光光亮亮的脑袋悬浮在伤痕累累、划道斑驳的窗子后边。

我是在第二眼断定那是个老女人的。她虽然光着头，但那头型光滑清秀，脸孔苍白柔细，很大的眼孔和嘴巴被满脸的细细碎碎的纹路以及弥漫在脸颊上的诡秘气息所淹没。那神情如此强烈地震动我，使我触目惊心。所以，当我的眼睛与那触碰着我心口窝的凉飕飕的目光相遇的一瞬间，我立刻闪开了。

　　我定了定神，想再仔细地看一眼那脸孔，这时那窗子后边已经空了。我有了勇气，伫立不动凝视着那扇空窗子。慢慢我发现，那空窗子正替代它的主人散发一种表情，它在窃窃发笑，似乎在嘲弄它外边的纷乱的世界。

　　我逃跑似的急速朝着后院西南角落属于我的那间小屋奔去。我走进家人为我安排好的临时住所，紧紧关闭上房门。这是一间湮没在西边与南边两个庵堂夹角的新式小房子，房子的天花板很低，墙壁斑驳，有几件旧家具，简单而干净。室内的幽寂、湿黯和一股古怪的香气忽然使我感到释然。在墙角洗脸架上方有一面布满划痕的镜子，我在它面前端坐下来。于是，那镜子便吃力挣扎着反映出我的容貌。我对它观望了一会儿，忽然哭起来，我看到一串亮亮闪闪的碎珍珠从一双很大的黑眼睛里潸然而下。十六岁的眼泪即使忧伤，也是一首美妙的歌。一天来我好像一直在期待这个时刻。我一边哭泣，一边在裂痕累累的镜子前从各个角度重新调理了我的全部生活，像个大人似的周全而理智。

　　我长长地沉睡了整整一个夜晚。这一夜，我的一部分大脑一直忙碌于新生活的设计与编排。第二天醒来时我发现，无数的梦境已把我来这所庵堂居住之前的全部岁月统统抹去了。

　　那是个多雨的季节，我正在一所中学读高中，我照常每天去学校上课，一日三餐全在学校食堂里用饭，吃得我瘦骨伶仃，像一枝缺乏光照和水分的纤细的麦穗在晚风里摇晃着大脑壳。那时候我是个极用功的女学生，带着一种受到伤害的仇恨心理，一天到晚凡是睁着眼睛的时候全念书，睡眠总是不足，而那些乏味枯燥的书本每每总是使我昏昏欲睡。于是，我发明了一种读书法——边走边读。

每天傍晚时分，我从学校回到家就拿出书本到庭院里边走边读。晚霞总是染红西边庵堂顶部的天空，庭院里老树参差茂密，光线格外黯然，庵堂的大窗子像无数只黑洞洞的大眼睛盯着我缓缓走动。我非常喜欢这个远离喧闹人群的幽僻处所，我凭着身体而不是凭着思想知道，这地方从来就应该属于我。这里的幽暗、阴湿、静谧以及从每一扇庵堂的吱吱呀呀的沉重的木门里漫溢出来的阴森森的诡秘之气，都令我迷恋。

我每天进进出出的时候，都要对着前院高台阶上边的那扇窗子瞭望几眼，那里好像永远静无声息地酝酿什么，那个老女人只是静静地伫立窗前向我张望，目光含着一股凉飕飕的清澈。这种安谧与凝滞带给我一种无法预料的恐惧，我很害怕她有一天忽然冲我嘿嘿一乐。我始终对她怀有一种提防的渴望。

无论如何，有一束安静的目光伴随我进进出出，总能消解一些孤单。

许多年以来，我一直长久地怀念着那棵年代久远的老桐树。

正是夏季，有一天傍晚我照例在庭院里走来走去，慢慢默记着英国古代历史上那个著名的"玫瑰之战"事件。我一遍又一遍重复默念着一四五五年到一四八五年这个年代。兰加斯特家族与约克家族进行了一场由权位之争而引发的混战，前者的族徽为红玫瑰，后者的族徽为白玫瑰。在混战中两个家族互相残杀殆尽……我默记着从久远年代渗透过来的历史的血腥，默记着他们怎样一代一代变成残灰焦木，变成一逝不返的尘埃。我仿佛站立在一处通向历史与未来的风口，看到古老而辽阔的欧洲平原上，空漠苍凉的巷道里，人们厮打追杀的景观，一把把银光闪亮的兵器随着头颅一同落地，血像一簇红红的水沫，伴着洪荒时代的潮流走进历史，然后逐一淹没近代、现代和今天……

那个年代久远的历史事件本身，如今已无足轻重，但是从这时候起便有一个沉重的隐喻在我心头弥漫，尽管我当时并不懂得它。

院落里浓郁的老树伸手摊脚地摇荡着绿荫，小风柔和地在我身体与衣服的空间爬来爬去。我感到有些累了，就倚在那棵树冠蓬然、根部盘结地纠缠在土地之上的粗壮的老桐树上，感受着树叶们吵闹的静谧。

后来，我听到一阵轻微的叹息声，我警觉地四顾瞭望，周围什么也没有。我抬头仰视上空，如盖的浓荫微微颤抖，像一叠叠绿云在波动，那种巨大而缓慢的蠕动，使人感到一种高深莫测的浮物正罩在头顶伺机降临。

接着，我又听到一声长长的气息，这一次听得格外清晰真切，似乎那凉飕飕的气息已经逼真地贴在我的后脖颈上边。我猛地转过身子并且向后闪了一步。

接下来是两个并行的场景：

A：身后依然什么也没有，想象的一切荡然无存。但那种空落和死寂使我觉得危机四伏，隐约感到有一双带寒气的眼睛正潜伏在已经糟朽了的庵堂圆木柱子后面，隐匿在后院与前院之间的那半截断壁残垣的夹缝里，悬浮在满院子的老杨树、珙桐和杉树们高高密密的茂叶上边，像无数探头探脑的星星趁着老树们闷闷地摇头摆尾之际，从浓密的树冠缝隙向下边觑觎……

B：我惊恐地转过身之后，看到一条白影像闪电一样立刻朝着与我相悖的方向飘然而去。确切地说，那白影只是一件乳白色的长衣在奔跑，衣服里边没人，它自己划动着衣袖，揩撑着肩膀，鼓荡着胸背，向前院高台阶上边那间老女人的房间划动。门缝自动闪开，那乳白色的长衣顺顺当当溜进去……

我惊恐万状，努力命令自己清醒，告诉自己这肯定是一场梦。我挣扎了半天，终于清醒过来。应该说，是我的肩和手最先醒过来，它们感到一种轻轻的触压，凉飕飕的手指的触压，接着我的脑袋才醒过来，睁开眼睛。接下来我立刻被眼前的事情惊得一动不能动：前院高台阶上边那扇污浊不清的窗子后面的老女人正站立在我面前，她在向我微笑，我如此真实逼近地看到她的脸孔与身体：她的五官像木雕一样冷峻高贵，端庄的前额由于布满纹路，看上去如一面平展展的被微风吹皱的水湾的图案。光滑的头颅苍白得闪闪亮亮，她黑漆漆的眼睛凹陷进眼眶，有如两团沉郁的火焰，那眼睛仿佛是有声波的，随时可以说出话来。她的身体已经萎缩了，干瘪枯瘦，没有分量。

这个老女人第一次走进我的视野就用她的身体告诉我，这是一个靠回忆活着的人，今天的一切在她的眼睛中全不存在。

老女人的出现打断了我的关于恐怖场景的想象及编排，也打断了我许多天以来按部就班、从枯乏无味的书本上获得的那些关于玫瑰战争的记忆。

她动作迟缓地递给我一张图案，并且出了声。

"男人。"她说。

我熟悉这声音，沙哑、低柔，这声音仿佛是我自己的声音的前世。

我低头观望那幅图案，图案的底色是赭红色的，浓得有如风干的血浆，带着一股腥气。两把银灰色的木质高背扶手椅互相仇视地对立着，椅子上边是空的，没有人。

我说：

"男人？"

老女人说：

"两个。"

我两次低头观看那幅图案。

这一次我仿佛看出了什么，那两把高背扶手椅带着一种表情，它们硕大挺拔的身背散发出一股狰狞的气息；雕刻成圆弧状的敦实的木椅腿像两个格斗前微微弓起膝盖的斗士的壮腿，随时准备着出击；两个空落落的扶手正像两只冰冷的铁拳护卫在两侧，铁拳的四周弥漫着一股阴森森的杀气。

我不知道是否受了老女人那双会说话的眼睛的某种暗示，接收了什么神秘的气息传递，反正我忽然看出来那两只高背扶手椅的表情。

待我抬起头打算询问什么的时候，那老女人已经离开了。我的肩上还留有她的枯槁如柴的手指凉飕飕的余温。

天空慢慢黑下来。我回到自己的房间，闩上房门，拉上窗帘。窗帘是我这一生中最不能缺少的东西之一，我不能想象没有窗帘的生活。无论多么硕大多么窄小的空间，只要是我一个人独处，总不免习惯性地沉溺于无尽无休的内心活动，而我的眼睛和神态就会不由自主地出卖我，哪怕窗外只是一片空荡荡的没有灵性的漫漫长夜，哪怕只有低低絮语的游子般凄切的风声。

我把老女人丢在我手里的那幅图案漫不经心地斜倚在书桌与墙壁之间。洗漱一番之后，我便躺下来继续看书。

我的生活像一条小溪被人为地改变了渠道，但无论多么纤细渺小的溪流都会努力寻求一种新的惯性和归宿。我的生活完全湮没在读书这个惯性中。能够一个人独自待着，就是我的归宿。

我继续玫瑰之战的默记。

兰加斯特家族即红玫瑰代表经济比较落后的北方大贵族的利益，约克家族即白玫瑰得到经济比较发达的南方新贵族的支持，最后约克家族从兰加斯特家族手中夺取了王位。世世代代连绵不息的争战与硝烟，使人民饱经灾难，人们自相残杀，社会经济完全耗尽。

对于战争的厌倦使我昏昏欲睡，我仿佛看到了笨重的木质战车坍塌在荒原之上，那残骸仍然在慢慢燃烧；断裂的轮胎仍在弥散出一股烧毁后焦煳的恶臭；一堆堆古老扭曲变形的锈铜烂铁重新排列成崭新的兵器，像一队队待命出征的士兵；骷髅们正在抖荡掉朽烂不堪的盔甲军衣，在夜空的一角慢慢从旷日持久、亘古绵长的沉睡中苏醒爬起……

我困得已经丧失了对任何历史事件合乎逻辑的记忆，便伸手熄了灯。

那时候的每一天，我那十六岁的睡眠都完整得没法说。可是，这一天夜半我却忽然惊醒，我看到斜倚在书桌与墙壁之间的那幅图案活起来。黑暗中，两把亮亮闪闪的银灰色高背扶手椅掷地有声地摇荡起来，沉沉闷闷的嘎吱嘎吱声越来越响，越响越快，似乎正在进行一场看不见的较量与格斗，那干枯的赭红底色慢慢融化成流动的血浆。

我忽地坐起来，拉亮灯。一切重归于静寂，什么都消失。我以最快的速度用目光环视察看了那幅图案的前后左右以及房门窗口，一切安好如初。

我坐在床上呆呆地屏息不动。过了一会儿，我重新灭掉灯光。接下来的情景便证实了刚才所发生的一切的真实性——那两把银亮的高背扶手椅再一次嘎吱嘎吱摇荡起来。那铿锵有力的声音在低矮狭小的房子里四壁回荡，它们在一片赭红色的喧闹里古怪地挤来挤去，抢夺不息。

这一夜我在太阳一般橙黄色的灯光抚慰下警觉地和衣而眠。我不断地惊醒，房间弥散的昏黄的光亮有如一层薄薄的带纱眼的网罩，这网罩吸住我的目光，总是引向那斑驳的墙壁与油漆剥损的书桌之间，我便本能地在那地方努力搜寻发掘什么，再一次回味体验高背扶手椅骤然荡起的景观。我甚至想象起那一块血腥、暧昧、色情的赭红色背景上，那两把空荡的扶手椅所扮演的不共戴天的角色，在混战中他们脱下衣服投给他们共同的女人，他们巨大无比的身躯不需要互相碰撞就可以击倒对方。在僵持中不时有一张扶手椅猛然仰身翻倒，然后又迅速立起。他们不动声色的暗中撕扯与格斗使人难以分辨胜负。他们所争夺的女人在无休止的争战中默默地观望和等待，岁月在慢慢流逝，不知不觉中那女人春华已去，容颜衰尽，香消玉殒。

我在这孤孤单单、荒谬而奇异的境况中好不容易熬过这个没完没了不断惊醒的夜晚。这一个夜晚像一千个夜晚那么绵长无尽。夜间所发生的事情被我当时正是夸张悲剧性格的年龄放大了一千倍，事情本身已走失了它的真旨原义，它成为我陷入对这个荒谬绝伦的世界的认识的第一步。

当东方的曙光轻轻地摸到我的窗棂的时候，我本以为这不可思议的一切都将结束。可是，接踵而来的事情不久便使我明白了我将进入另一个没完没了荒诞的夜晚。

清晨起床之后，我像归还一种命运一样立刻将那张两把扶手椅的魔画送还给前院的老女人。当时，老女人的房间寂然无声，我忽然失去了敲响她的门窗的勇气。于是，便把它轻轻放在通向老女人房间的高台阶上边。然后，我像往常一样去上学。

经过一夜的惊惧，我感到从脚跟不断向头顶弥散一阵阵眩晕。但是，鲜绿的清晨以及凉爽、澄澈的天气很快就洗涤了我身体的不适之感和头脑里的混沌迷乱。

我依然不喜欢校园生活的景观。晃眼的青灰色大楼，木然的白炽灯，消灭个性的大课堂，奔跑阳光的操场，都令我厌倦。在这儿，我只是众多的千篇一律的棋子中最不显眼的一只，我的浑身都活着，唯有我的头脑和心灵是死的。但是，我喜欢我的历史老师，这是一个学识渊博、善于借古说今的教师，任何一个已经死去的久远的年代，以及早已消亡殆尽的人物或事件，经过他的嘴就过滤得鲜活，仿佛就在跟前。他本人就是一个悠长的隧道，贯穿远古与未来。他从来不摆布"棋子"，而是注入"棋子"以思想和生命。可以说，我青少年时代的思想之门就是在历史课的叩击声中打开的。

那一天讲述的依然是玫瑰之战。

现在回忆起来，白玫瑰家族与红玫瑰家族血淋淋的战绩累累难数，但这些赫赫战绩的细枝末节经过数百年时光的沉淀，业已成为一堆不成形的点点滴滴，两败俱伤的结局以及王朝的覆灭都微不足道，它只给亘古如斯的岁月投下一瞥蜉蝣般的影子。留在我自己的记忆和历史的记忆中的只剩下争战之后的一片呜咽的废墟，悲凉的荒地。

这一课在我早年贫瘠的思想中注入了一滴醇醪，若干年之后我才感到它的发酵与膨胀。

傍晚我放了学回到庵堂的庭院。

高台阶上边的老女人从门缝探出她的光头，用苍白的手指招呼我。我停住脚犹豫着，然后鼓足勇气向她走过去。

老女人的房间灯光黯淡，闪烁着踌躇不安的光晕。破损的窗子上没有窗帘，无能为力地裸露着。我对于封闭感的强烈的需要，使我首先发现了这一点。这时候，裸窗于我非常适宜，我下意识地感到在这个神秘诡异的房间里，敞亮着的窗子会使我多一份安全。实际上，即使房门窗子四敞大开也无济于事。庭院里除了茂盛的老树们唉声叹气，什么人也没有。

月光从那扇光秃秃的窗子外斜射进来，洒在老女人苍白而泡肿的面庞上。我背倚着门窗，冷漠而惊惶地凝视着她的脸孔。她的脸孔阴郁、孤寂，蒙着一层甩不掉的噩梦。她的眼睛被无数皱纹拥挤得有些变形，闪烁着一种模棱两可的光芒。如果我忽略过这种变形，便可以看到这双眼睛在年轻的时候格外柔媚灿烂，她的脸颊也漾出白皙迷人的光华。

而此刻她的神情正在向我发散一种疲惫而衰弱的歉疚之色，我在一瞬间便抓住了这神色的背后她的孤独无援和渴望被分担。

她与我毫无共同之处，无论年龄、内心，还是外观。她春华已尽，衰老不堪，内心沧桑，而那时的我正清纯绚烂，充满梦幻。可是，她的神情顷刻间便改变了我原有的冷漠与惊惶，我那短暂的一瞥便使我完成了对于这个沧桑历尽的老女人的全部精神历程的窥探，使我蓦然对她泛起一股长久的怜悯之情。

应该说，她的那些拥挤叠摞的旧式家具是上好的，但它们毫无规则地胡乱摆放，以及覆盖在它们身上的积年的尘土渍迹和蜘蛛网，使人看上去她的房间零乱拥挤，破败不堪。房间里弥漫着一股糟朽之气，仿佛是旧物商店里浮荡的那股霉腐味。那一张硕大的枣红色雕花硬木床夺了房子很大的空间，这种床带有典型的中国旧时代遗风，床板很高很大，床头床尾挺括地矗立起花纹复杂的栏木，床板的上空有个篷子，有点像七十年代中国北方大地震时期人们自造的抗震床。那种气派、奢华散发一股帝王之气，但绝不舒适实用。

她的床上堆放着许多衣物。她的手在那堆零乱物上准确而熟练地摸到了什么，然后便把它们像陈旧的往事那样缓缓展开。我注意到那是两件我祖父年轻时代穿的那种锦缎大褂，一件是玫瑰白色，另一件是玫瑰红色。她枯瘦的手指将它们展开时的那种吃力和小心，仿佛是搬弄横陈的两具尸体，仿佛那尸体刚刚失去生命，它们身上的神经还没有完全死亡消散，如果用力触碰它们，它们仍然会本能地颤动。摆弄一番之后，两件长衣便冷冰冰地躺在床上了。

老女人说：

"男人。"

我想起了在庭院里那棵老桐树下她丢给我的那两把高背扶手椅图案。

我说：

"他们在哪儿？"

老女人看了看那两件红白长衣，说：

"两个。"

我说：

"他们两个都是你的男人？"

老女人点点头，然后又迟缓地摇摇头，不再出声。

许多年之后，我回想起老女人的时候，才发现她对我说过的话总共就这四个字。

当时，她不再出声。我便低头观望那两件并排而卧的长衣。我发现那两件长衣高高的领口正在缓慢扭动。一会儿工夫，两个没有头颅的空荡的颈部就扭转成互相对峙的角度，似乎仇视地在邀请对方决斗。

老女人抱起一件红色长衣，把它挎在臂弯处。然后，她开始脱自己的衣服。然后，我便看到了我极不愿去看然而还是抑制不住看到了的她那萎缩褶皱、孱弱无力、衰老朽尽的老女人的裸身。那干瘪的空空垂挂着的乳房，那被昏黄的灯光涂染得像老黄瓜皮一样的胸壁，那松软而凹陷的腹部，我看到她那完全走了形的女人的身子感到一阵寒冷和恶心。

无论如何，我没办法把这样的身体称之为女人，然而她确确实实是女人。我无法说清这两者之间岁月所熬干榨走的是一个女人的什么，但我知道那不仅仅是一个女人的备受摧残的血肉之身。

当时我所想的只有一件事：我决不活到岁月把我榨取得像她那个

样子，决不活到连我自己都不愿观望和触摸自己身体的那一天。

当我的头脑像生锈的机器来来回回在这一点上转不动的时候，老女人已经穿上了那件玫瑰红色长衣，宽大顾长的红衣立刻将她的身体和心灵完全吞没。她无比钟爱地抚摸着那光滑高贵的颜色，恣意而贪婪地露出她的欣喜之情。然后便脱下来，穿上另一件白玫瑰色长衣，那锦缎亮亮的白光反射到墙壁上晃得房间里四壁生辉。不知是否光芒的缘故，她的一滴干涩的老泪溢出眼眶，仿佛一颗熟过头的干瘪的荔枝在秋风里摇摇欲坠。

老女人表演完这一切之后，开始穿上自己的衣服。她的动作极缓极慢，仿佛要撑满整整一个漫漫长夜的寂寞。

我很渴望她能说些什么，但是她除了一连串的动作，无一句话再说。

墙壁上那只大半个世纪之前的挂钟，带着衰弱暗哑的气息敲响了，它响了整整十声。这绵延的钟声已经精疲力竭，仿佛拖着长音从数十年前一直摇荡到今天。当它那沉闷的最后一响敲过之后，奇异而令人震惊的事情便爆发出来。

那两件静无声息地瘫软在床上的红白长衣，猛然间像两条鲜艳的火苗疾急蹿起，它们撑住自己的身躯，犹如两个饱满剽悍的斗士向对方出击。最初，它们还保持着距离周旋，俟机伸出猛烈的一击，房间里不时响起"嗖嗖"的出击声。一会儿工夫，那两团光焰便扭抱在一起，红白更迭，纷纷扬扬，令人目不暇接，斯杀声也变得沉闷而铿锵。

这忽然而起的一切使我惊恐无比，魂飞魄散。在我打算转身逃离老女人这个溢满魔法的房间时，我一眼之间看到她期期艾艾忧忧戚戚坐在一旁观望、等待的木然的身躯。

这是我第一次走进她的房间，也是最后一次。这最后的一眼，使我读懂了她一生的空荡岁月。我看到一株鲜嫩艳丽的花朵在永久的沙漠里终于被干旱与酷热变得枯萎。

…………

我在那个与世隔绝、荒漠孤寂的废弃的尼姑庵生活了四年半。在这短暂而漫长的时光里，我有几次都怀着怜悯的心情想走进老女人的房间，我那与生俱来的对于自己的同类的苦难所怀有的同情与温情已在蠢蠢欲动，但终于每一次我都被她那永远捉摸不透的怪癖所引发的一种潜伏的危险感阻止住，放弃了对她的一点点抚慰。为此，我至今对她怀有一种深深的负罪感，仿佛我是吞没了她一生的那些苦痛与孤独的同谋。

我虽然再没有走进她的房间，但她的一生常常使我陷入一种茫然无告的沉思之中。她的那间诡秘阴暗的房子永远停留在我思维的边缘。我常常想，熬过了这么漫长的孤寂与心灵的磨难，她仍然能活着，真是一桩奇迹。

一直到我离开那所废弃的尼姑庵的时候，她仍然活着。现在回想起来那段孤寂而可怕的生活，我一点也不后悔我曾经有过的这段经历。当时，由于我的羞愧与自卑，我从没有引领着我的任何一个女同学男同学走进我的院落我的小屋。对他们也绝口不提我生活中的一点一滴。但是，现在我知道我是多么的富有，这种富有值他们一千个一万个。

老女人——尼姑庵里的那个老女人，在我离开那里之后的很长时间，我的思维总是看见她一动不动地靠在高台阶上边那个窗子前。她双目低垂，她的忧戚而衰竭的脸颊，苍白枯槁的手臂都已在静静的等待中死去，只有她的梦想还活着。她的身后，那两个奄奄一息的男人的长衣，仍然怒目而视，望着她正在慢慢僵死的胯部和身躯，无能为力。

十三年流逝过去。

现在，我坐在自己的一套宽敞而舒适的寓所里。我的膝头摊满白色的纸张，手里握着一枝黑色的笔，沉溺于对往事和历史的记忆。

这时，两个男人像幽灵一样走到我面前。惶恐之间我发现他们分别穿着我叙述它们厮杀在一起的那两件红、白长衣。他们是我的密友A君B君，这两个一向互相敌视的男人忽然之间协和起来，甚至互相丢了个眼色，然后一起动手，不容分说抢过我膝头上洒满文字的纸页，气咻咻叫嚷：什么时候我们的衣服厮杀起来过！我们从来也没有用高背扶手椅去对抗周旋！一派谎言！你编弄出这些香怜玉爱、格斗厮杀、血腥硝烟，你到底要说什么！

他们说一句便把我的稿纸撕几页，最后他们把我的故事全部撕毁了，地毯上一片白花花的纸屑纷纷扬扬，只留下尼姑庵前院的那个老女人伫立窗前的一段在我手里。

你是个残酷的女人，你永远清清楚楚。留着你手里的那一页吧，那是属于你的命运。

两个男人说完携手而去。

望着他们的背影，我看到若干年之后又将有人伫立在尼姑庵那扇窗子前向外边窥探。

我忽然想起来，那老女人的两个男人终生的格斗厮杀，最终使她没有成为一个真正的女人；我甚至想起来玫瑰之战中兰加斯特家族与约克家族数十年的争战，最终使王朝覆没。由于背景的缘故，这两个事件深处的内涵已经无法回避地在我的头脑中组结在一起。

一个女人就如同一个等待征服的大国。或者说，一个国家就如同一个女人……

一四五五年那个事件正在穿越无边的岁月，穿越荒原、火焰、潮水、余烬、洞岩、死亡以及时间的睡眠在蔓延。

我知道故事无疑重新开始叙述，不断开始。

只是，任何一种重复都使我厌倦。哪怕是有关一个国家、一个民族以及人类命运这样重大问题的叙述。

我伸了伸懒腰，把手里仅剩的那一页稿纸和那枝爱多嘴的黑笔一同丢进火炉里去。

梦　回

　　有一天，资料情报员小石下班时候边走边附在我的耳边没话找话故作诡秘地悄悄说，瞧瞧，前边那几位更年期老太太，我天天就跟她们坐在一个办公室里。

　　此时，太阳正不慌不忙地往我们机关大院西边的房屋树木后面掉下去，一缕粉红色抹在他一侧清秀的脸颊上，晚霞把他的一只耳朵穿透了，红彤彤的像一张燃烧起来的企图擅自飞翔离去的小翅膀，而另一只耳朵却遮在阴影里呆若木鸡，有点滑稽的样子。游移闪动的光线忽然使我想起自己脸上的雀斑，它们就是喜欢阳光，哪怕是残阳，它们也会争先恐后地跑出来。

　　于是，我从小石手里夺过一张报纸，遮住夏日里渐渐褪去的残阳。然后，有点不高兴的样子，说，人家才五十岁，怎么就是老太太了！

　　其实，我也不清楚为什么会忽然莫名其妙地不高兴，大概是忽然而起的年龄的紧迫感吧。尽管我体态单弱，还未显老态，一头光润如丝的长发清汤挂面似的披在肩上，胸部挺挺的，仿佛商店里依然处在良好保质期的果子，白皙的脸颊上也还呈现着饱含水分的光泽，但是，总不能再冒充二十来岁的女孩子了。再过十来年，我就会加入她们的行列，成为走在前面的中年妇女之一了。

谁能阻挡更年期那理直气壮的脚步声呢！

我在机关里听到过有关小石的议论，嘀嘀咕咕的窃窃私语，好像是说有人看到小石曾经隔着窗户缝在暗中窥视我，对我有点那个意思。

我权当是无稽之谈。小石比我要小十来岁呢，几乎还是个吊儿郎当的大孩子，对我这样一个安分守己谨小慎微的已婚女人能有什么想法？机关里平平淡淡的漫长的一天，总得有点什么谈资或笑料，不然，再浓的茶水也会觉得乏味，提不起精神。

当然，两天以后，嘀嘀咕咕的窃窃私语声又转向别人去了。

我多少是个有些固执、疑虑且郁郁寡欢的女人，我的生活也是有条不紊一成不变，早年那些交游和谈天的爱好也日渐淡薄，这也许与我的工作性质有关。我在机关的财务处做出纳员，每天从我手里经过上百张单据，容不得我有一丝一毫的疏忽差错，异想天开心驰神往之类的辞藻从来与我的生活无缘。有一次，我正在办公室里埋头核对单据，忽然听到背后有哧哧的讪笑声，我扭过头看，是总务处新来的一个大学生。我问她笑什么，她却板着脸孔做出一副行若无事的样子，说她根本就没有笑。真是奇怪，我分明听见她在我身后讪笑，笑我什么呢？

我警惕地审视一番自己的衣裳，难道有什么不合时宜的吗？

多年来我在单位里养成了见到领导就点头致意并殷勤微笑的习惯，当领导根本没看见我似的从我身边昂首阔步走过之后，我就在心里骂自己一次。要知道我的个头足有一米七之高啊，他怎么就看不见我呢！

借着楼道里半明半昧的光线，我干咳一声，咽下一个小人物可怜的现实。

可是没办法，半小时后我又在楼道拐角处遇到另一位领导（机关里的领导实在太多了），我又讨好地点头微笑，领导视而不见走过去之后，我又在心里骂自己一次。

每天，我差不多都要为自己的讨好行为痛骂自己。我不知道为什么就是控制不住自己。

这件事使得我格外沮丧。

我曾经苦恼地对丈夫贾午诉说过这件事。那是在一天傍晚的晚饭时候，窗外的霓虹灯心怀叵测地闪着，屋里沉闷无趣，我尽量把事情说得低声细语而且详细，避免了由于愤怒的情绪所涌到唇边的任何锋利尖锐或虚构不实的字眼。听到我的话，他把左撇子手中的筷子悬在半空，嘴里的咀嚼也停下来，疑惑地凝视我的脸，看了好一阵。

他近来总是这个样子，总是疑惑地打量我，好像我是一个陌生人一样，或者，是我用一种他听不懂的语言在说话。

然后，他才慢吞吞地说，笑就笑吧，继续笑，这有什么好说的呢？

他一侧的腮帮子鼓着，囫囵吞枣，声音像是另一个人的。

电话铃忽然响起，他借机起身离开餐桌。

我真是后悔跟他说呀。

贾午近来对我的话愈发的少了，表情也总是怪怪的。

前些天，他竟以我夜间做梦翻身为由，搬到另一个房间去睡了。我们结婚十一年了，这还是头一次。难道就此分开了吗？

我们的性生活也提前衰老了，次数越来越少不说，即使在一起，彼此也都有些虚与委蛇，心神恍惚。四十岁上下的年龄，就如同过了一辈子的八十岁老人，没了兴致。有一次他居然说，要两个人都起劲，可真够麻烦的！瞧瞧，他连这件事都嫌麻烦了！

过了几天，贾午又从一张小报上剪下来一条消息让我看，标题大概是《竹筒里的豆子》之类的，说是有人计算过，刚结婚的第一年，每过一次性生活，就往竹筒里放一颗豆子，然后在一年之后的未来的岁月中，每过一次性生活，就往外拿出一颗豆子，结果，一辈子也没拿完。我看完这条消息，猜不透他到底要向我证明什么。只说了声，这不见得精确。

另一次，我们晚间一起看电视，电视剧乏味又冗长，贾午手中的遥控器不停地换台，屏幕闪来闪去令人眼睛十分不舒服。我正欲起身离开，忽然听到电视里一个老人慈祥地说，"你要问我和老伴六十年稳定婚姻的经验，我告诉你，就一个字——忍。"这时，坐在老人旁边的老太太也按捺不住了，和颜悦色地说，"年轻人啊，我告诉你，我是四个字——忍无可忍。"

贾午哈哈大笑起来，似乎给自己的生活找到了什么理论依据。

我却一点也笑不起来。这有什么好笑的呢？

也许我真的缺乏幽默感，小石就曾经玩笑地说过我精确得像一只计算器。

我说，贾午，你不会是跟我忍着过日子吧。

贾午止了笑，表情怪怪地看了我一会儿，然后仿佛自言自语般地低低地叨叨一声：我们好好的嘛，莫名其妙。

贾午把脊背转向我，打了晚上的第一个哈欠。然后就一声不吭了。他用心怀戒备的沉默阻挡了我的嘴。

虽然我不是一个善于把愿望当成现实的人，但我明显地感到他对我长久以来根深蒂固的曲解。

贾午的单位里有他的一间宿舍，本来是供人午休的，他却越来越经常地晚上不回家了。下班时候，打个电话过来，说一声不回来了，就不回来了。那宿舍有什么好待的呢，除了一张破木板单人床，连个电视都没有。

我心里犯嘀咕，莫非他……

贾午这个人近来真是令人匪夷所思。

有时我甚至觉得，在我们坚如磐石貌似稳固的表层关系之下，正隐藏着一种连我们自己也察觉不到的奇怪的东西，蓄势待发。

也许是长时间一板一眼地生活，我连梦也很少做。做梦难免出圈，想当然地天马行空，这对我来说是相当危险的，我必须当场纠正，就地歼灭之。

可是近来，不知为什么，我却难以控制地做梦了。我总是梦见一位步履蹒跚形容憔悴的老妇人在街上问路，街上车水马龙熙熙攘攘，她在找一条叫作细肠子的胡同，她在找她的家。可所有的路人都疑惑地看看她，说没听说过细肠子胡同。她就耐心地给人家描述那是怎样一个曲曲弯弯的像是一个死胡同似的活胡同，胡同里那个枣树绿荫的院子，和院子尽头那排北房她的家。然后，她继续往前走，继续询问下一个人。可是，细肠子胡同仿佛从城市里消失了，所有的人都不知道。老妇人买了一张地图，地图上细肠子胡同的位置所显示的是宽阔笔直的骡马市大街。老人顽强地在崭新林立的迷宫一般的建筑物之间焦急地穿梭、询问……

我在焦急中汗水淋淋地醒转过来。躺在床上，我使劲回忆那老妇人的容貌，她的步态，以及那条叫作细肠子的胡同。我想起来了，那条细肠子胡同里有我童年时候的家。可是，当老妇人的脸孔和身影一点点清晰出来之后，我却被吓了一跳，那老妇人怎么会像我呢！

在回家的班车上，小石一路坐在我身边。如果他不说话，只留下大大的眼睛陡削的脸孔，尤其是那一双大大的扇风耳，有点像我丈夫贾午年轻时候。我当然从未跟小石提起过。同事之间，太多的事情最好是不说的，说出来的基本上是废话。这样比较好。你其实不知道真正的我，我也不知道真正的你，单位中我比较喜欢这样单纯而且安全的人际关系。

小石懒洋洋地靠在汽车椅背上，打着哈欠，似睡非睡地闭着眼睛。我向窗外望去，注意到窗外的天不知不觉阴沉了下来，然后竟淅淅沥沥下起了雨，薄薄的水雾含情脉脉地融成一片。一时间光滑如镜的黑色路面闷闷发亮，向远处延伸着，一辆辆来往穿梭的汽车都性急地吞噬着道路，急速地向着远方的某个目的地飞奔滑动。铅色的天空一下子压得很低，沉甸甸的使人不免心事重重。

雨幕中，夜间老妇人的影像便断断连连地在我的脑子里闪来闪去，闪来闪去……

忽然之间，在这细雨蒙蒙中，在这班车之上，我决定了一件事——为什么我不亲自去找一找那条细肠子胡同寻访一下旧里呢！

这对于一向循规蹈矩，遵循上班、下班、菜市场三角形路线的刻板生活的我来说，实在是一桩异想天开的大事件。

由于兴奋，我的脸颊不由自主地热起来，心脏也不规则地突突乱跳了几下。

我一侧头，发现小石正盯着我看，狡黠的样子。看到我在看他，他便把目光故意越过我的脸孔，去看窗外。

刚才他肯定是假寐来着，他什么时候睁开的眼睛呢？我下意识地捂了一下嘴。

小石又在没话找话了，说，明天是周末，你正在想上哪儿去玩吧？

我佯装没听见，自说自话一声：怎么说下雨就下起来了呢！

晚上，依然是稀稀拉拉的雨声不断，雨水有节奏地敲打在空调的室外机上，乒乒乓乓的，让人感到身上一阵阵困乏。

我和贾午早早地各自回屋休息了。

卧室的窗子半掩着，从隔壁邻居家传来绵绵不断的笛子声，那吹笛人显然是一个初学者，反反复复单调的音节和琶音练习，有的音符还走了调，哩溜歪斜，有时甚至只是一个悠长的单音，孤零零地犹如一颗尘埃飘落下来，日子仿佛凝固了一般。那笛声无论如何让人听不出乐趣，像一个罚站的孩子面壁而立的苦役。

时间还早，我躺在床上翻了几个身睡不着，就起身溜到贾午的床上，两个人挨着躺下。

屋里黑着灯。我说，明天我们怎么过呢？

贾午搂过我的肩：明天，明天就明天再说呗。

贾午好像也没有什么新鲜事可说，就没事找事似的亲热起来。他连我的睡裙也没脱，只是把裙摆掀到我的脖颈处，让我的一只脚褪出粉红色的短裤，而他自己的短裤只是向下拉了拉，褪到胯下，我们隔着一部分贴身的内衣，潦潦草草，轻车熟路，十几年的生活经验提供了熟悉的节奏，一会儿就做完了。快得似乎像立等可取地盖个印章。肯定缺了些什么，却也挑不出什么不妥，像完成老师留的必修课作业一样。

做完事，贾午说，咱们还是睡吧。

我知道他这是在礼貌地请我回自己的房间。

然后，我们就各自睡下了。

次日，我早早就醒来了。天大晴了，已是清晨五点多钟，窗外的天光已经透亮，厚厚的窗帘把房间遮蔽得朦朦胧胧。卧室犄角处的衣架上挂着昨晚脱下来的淡黄色上衣，透明的长筒丝袜吊垂在衣钩上，仿佛一条折断了的腿。房间里的一切似乎还都未苏醒过来。

我躺在床上，思来想去，提醒自己，生活是不能深究的，寻访细肠子胡同旧居的事是否荒唐？这多像一个煽情的举动啊！据说，一个人到了八十岁，他的思绪就会重新回到他的童年时代。难道我的心已经八十岁了吗？如今是一个多么实际和匆忙的时代啊，是不是我的步伐已经落伍了？时间真是一种奇怪的东西，当你一步步向着它的尽头大踏步地走近的时候，你来路上最初的模糊的东西，怎么会愈发清晰起来。

可这一切又有什么办法呢？

我起身下床，轻手轻脚推开丈夫的屋门，打算诉说寻访旧居的事。贾午正在酣睡，一抹晨曦从窗缝斜射进来，洒在他的床上。贾午那庞大的身躯四敞八开地摊在凉席上。他光着上身，胸膛一起一伏的，两条腿也赤裸着，薄薄的被单在小腹部轻描淡写地一搭。我忽然觉得恍惚，他脱光衣服后的样子似乎是一个我不认识的人。这个人怎么会是贾午呢？

这时，枕头上的一双苍白的大耳朵神经质地抽搐了一下，这是多么熟悉的一双招风耳啊！我再仔细端详，端详这个似曾相识的——嘴角流着一丝口水、膀胱里憋着尿液、血脂开始黏稠、睾丸正酿造着新的精液的——中年男人，这个人的确是贾午，是我的丈夫。

我欲言又止。倚着门框磨蹭了一会儿，就轻轻掩上了门。

现在，我主意已定。今天一定要出去。一股莫名其妙的力量驱使着我，什么也不能阻挡我去寻访细肠子胡同里边的旧居。

我匆匆洗漱一番。梳头发时，我迟疑了一下，决定把我平时那一头披肩的长发撩起一个发髻，绾起来别在脑后。可是，梳好后我看了看，感觉并不怎么好。说不清是显得老了还是显得年轻了，不大对劲。一个不尴不尬的年龄，上不上下不下的，不知该拿头发怎么办。眼角也生出细碎的皱纹，那东西像个不听话的孩子，挡也挡不住，在脸上犄犄角角的地方神不知鬼不觉地出来招手了。有一天清晨，我在卫生间揽镜自照，贾午忽然不知从什么方向在我的身后冒了出来，"你长得越来越像你妈妈了。"他总是把大象一样结实的腿摆弄得蹑手蹑脚的，吓我一跳。他这是什么意思呢？我没有理他。

我在厨房里潦潦草草吃了一点面包牛奶，然后背上皮包，就匆匆离开了家。

　　踉踉跄跄的电梯已经开始上上下下运输着早起的人们。在楼道等电梯的时候，我似乎听到家里的房门吱扭一声被轻轻打开了一道缝，旋即又迅速关上了。我疑惑了一下，返回来，重新用钥匙插进锁孔打开门。

　　我站在屋门口，向屋里张望，发现房间里什么动静也没有。客厅没有开灯，虽然天已完全大亮，但因客厅没有窗户透光，它一面通向户门，另三面通向不同的房间，所以此时的客厅仍然黑黢黢的。我隐约看见贾午端坐在沙发里，一动不动。我故意把钥匙在手里弄来弄去发出声响，他依然端坐在沙发上一动不动。我向里边跨了一大步，走近一看，原来是贾午的青黑色T恤衫搭放在沙发背上。

　　这时，从里间门缝里隐隐传来贾午均匀的鼾声。

　　我松了一口气，重新离开了家。

　　我搭上驶向城南方向的汽车。周末的汽车上显得空旷，许多座位奢侈地空着，一个小男孩这儿坐一会儿，那儿坐一会儿，在车上蹿来蹿去，似乎是弥补着这难得的浪费。

　　城市的街头尽管一日千里地变化着，但我似乎也已习以为常，没有什么新鲜感。低矮破损的平房，一大片一大片地被消灭了，拔地而起的是一幢幢鳞次栉比的高楼大厦，大厦表层的反光玻璃一晃一晃地刺眼。夏日里茂盛的绿荫如同一片片浮动的绿云。草坪上几只雪白的石头做的假鸽子做出欲腾空而起的飞翔状。星星点点的红的或绿的人造塑料花环绕在鸽子们身旁。

　　广告牌夸张地大吹大擂。商场的橱窗也散发着诱人的光彩，各种颜色与真人大小相仿的木偶似的模特在橱窗里搔首弄姿，端肩提胯，骨感撩人。有一个赤身裸体的模特，除了戴一头假发，身上一丝不挂，两条胳膊一前一后，一副惊恐的表情，仿佛是被路人迎面而来的目光吓坏了，让人看不出性别。

地面上的热气渐渐升起来，我忽然注意到清晨的天空已经被蒸得失去了蓝色。谁知道呢，也许天空几年前就不蓝了，我已经很久没有仰望天空的习惯了。拥拥攘攘的汽车在马路上穿行，显得格外渺小。

已经到了城南的骡马市大街，我忽然就决定下车了。

记得小时候这个地方有一家叫南来顺的回民小吃店，母亲常带我来，那时候我在宣传队里演出完，头发梳成两只小刷子，脸上还涂着红红的油彩，也不卸妆，夸张地坐在餐馆里，很自豪地东张张西望望，希望大人们都看到我。母亲和我要一盘它似蜜，一盘素烧茄子，两碗米饭，那真是天底下最好吃的饭了。记得那时已经是"复课闹革命"时候了，可我们依然不上课，整天在学校宣传队里欢乐地排练节目，等到天上的星星亮晶晶地燃亮了整个天空，穹隆灿烂之时，我们才很不情愿地回家，脸上的油彩要等到晚上睡觉前不得不洗去的时候才肯卸掉。多么戏剧化的童年啊！

这会儿，我在应该是原来的南来顺小吃店的地方转悠来转悠去，一时间似乎忘记了寻访旧居的事情了，仿佛我专程就是为了出来寻找这家小吃店的。这里已经变成一家豪华的大型商城，中央空调把商城里的空气凉爽得丝绸一般光滑，涂脂抹粉的售货员小姐脸上挂着商业化的谦恭和奉承，一个脸蛋像馒头一样苍白的售货员忽然拉住我，说一定要优惠给我。我说我并不打算买什么，只是出来转转的。经过一番拉拉扯扯，最后，终于以我买下了那件俗气的大花格子睡衣而告结束。

我已有很长时间没到城南这边来了。马路越修越长，城市越来越大，像个不断长个儿发育的孩子似的，胳膊腿儿越伸越长。上一次到这边来，是几个月前，说起来有点令我尴尬，那是我对贾午的一次扑空的跟踪，或者说是一次偷袭。那天临下班时候，他又来电话说不回来了，这一次我较了真儿，一定要问出个来龙去脉。贾午说，傍晚七点有一个客户的约会。我问在哪儿，他停顿了一下，犹犹豫豫，说，他们先在西单十字路口的一个摩托罗拉广告牌下集合，然后再决定去哪儿。我觉得贾午是故意跟我绕来绕去，闪烁其词，模糊不清。我忽然不想再问客户是男的女的之类的问题，放了电话，立刻提上包，在机关大楼底下一抬手，叫了一辆出租车，直奔西单路口。

这里果然还真有一个摩托罗拉的大广告牌，我看了看手表，此时才六点一刻。我悄悄地躲在附近一个建筑工地隐蔽的脚手架后边，把刚刚买的一份晚报铺在地上坐下来，密切注意广告牌一带的动静。可是，直等到晚上七点半钟，天色已到了朦胧向晚时候，也没见贾午的身影。一股无名的恼怒燃烧着我，我腾地从晚报上站起身来，顾不上又累又渴，奋不顾身地直奔贾午的宿舍而去，仿佛奔赴一处局势险要的战场。一种当场活捉什么的场面在我脑子里不停地铺展着画面。贾午啊贾午，我对这种麻木、虚假的生活真是厌恶透了，就让我们来个水落石出吧。

当我喘息着用钥匙迅速捅开贾午的宿舍房门之后，着实吃了一惊——贾午睡眼惺忪地睁开眼，懒洋洋地抹着眼睛，躺在床上不肯起来。

他的床上很意外地并没有其他人。

贾午嘴里咕噜着说了声，"来了。"就又翻身接着睡了。

我扑了个空，腰忽然像被闪了一下似的疼起来。

那天晚上，我和贾午谁都没有再说什么。

我悻悻然地走了。

事后，我曾经问过贾午那天的事，他语焉不详，说，是吗，我说过什么摩托罗拉广告牌吗？我可没那心思。睡觉，啊睡觉，是多么的好啊！

贾午一脸木然的样子。让人无法猜测他的生活还能有什么风流韵事，不轨之举。

这会儿，我的脚下正踏着一片旷场。我拿出随身携带的地图，确定了这里就是原来的细肠子胡同一带。我四处环望，发现这里是一个空寂得有点古怪的广场，仿佛一切都还没有到位成形。没有树木草坪，没有亭台楼榭，目光所及之处，只散落着几个不成形的石雕的雏形，左边的一个雕塑很像《英雄儿女》里王成抱着炸药包纵身跳入敌群的样子，右边的是一个怀抱婴儿的妇女迎着灿烂的朝霞祥和甜蜜地微笑。脚底下到处是磕磕绊绊的水泥砖头，一堆青砖红瓦的后边，有一条长着野花的小土道通向大街。

这儿，就是我寻访的所谓故里了，一个荒凉、残损、脏乱的半成品广场，使我想到"衰草枯杨，曾为歌舞场"，可我却没有一点激动的感觉。我的童年和少年时代的痕迹早已经被时间和粗陋的建筑物遮蔽埋葬了。站在这里，我试图想象一下广场修建完毕之后的辉煌样子，感染一下自己：雪白的或者赭黑色石雕伫立在一片绿茸茸的草坪上，斜阳的光芒如同一个熟透的桃子散发着馨香；要不，就是一场滂沱大雨过后，广场上瑰红鹅黄花团锦簇，竞相开放，浓墨重彩，干净得十分醒目撩人。我童年的坟墓就躺在这迷人的花园式的广场下面，让它安息吧！

我这样想着，诱导着自己，可我依然激动不起来。

到这时，我才发现，我是被自己欺骗了，我以为我是怀旧来了，多少有点多愁善感的意思。其实，我对寻访什么旧居是没有什么兴趣的。

我一时搞不清自己为什么出来了。也许，这一切只是完成一个自相矛盾的思维过程，或者，只是为了给自己一个离开家的理由。

谁知道呢！

这时，身后似乎有一种异样的感觉吸引了我。我转过身，炎热而刺目的阳光白晃晃地在旷场四周扩散，我模模糊糊看到一个黑色的身影忽悠一下就折到一堵半截的矮墙后边去了，在他折进去的一瞬间，我看到了似曾相识的青黑色T恤衫，还有那大象似的滞重的腿吃力地蹑手蹑脚的样子，一对苍白的大招风耳后于他的脑勺消失在拐角处。

　　我心一惊，一时慌乱得不知所措。

　　然后，我明白了，我肯定是被人跟踪了。

　　可这是多么蹊跷啊！

　　我重新调整了一下呼吸，疑惑地沿着那条小土路追了上去。拐出那堵半截矮墙，就是宽阔的熙来攘往的正午的马路了，炎热明亮的阳光和汗流浃背地奔走的人们，构成一幅欣欣向荣蒸蒸日上的景象，与刚才荒芜凋敝的旷场迥然相异。那黑影消失在浩瀚的人流里，如同一条细流消失在茫茫大海中，早已无踪影。

　　我回到家里的时候，贾午面无表情地哼着小曲打开房门。

　　室内的空调仿佛已足足开了一上午，阴凉阴凉的。贾午依然穿着那件青黑色T恤衫，饭菜摆在桌上显然已经多时，我注意到嫩绿挺实的笋丝有些蔫萎了，一盘里脊肉丝上的淀粉凝固起来，锅里的米饭表皮也有了一层不易察觉的硬痂。

　　你出去了也不说一声。贾午似乎有些嗔怪地说。

　　他显然已经吃完了，回身拿起一只杯子喝了一口茶水，坐到沙发里，一条腿悠闲地在木板地上颠着，那缺乏阳光的膝盖白晃晃地闪闪发亮。

　　桌上的饭菜让我心里发软，也把我一路上盘桓在脑子里的诘问挡在嗓子眼儿冒不出来。

　　我先是不动声色，故意磨磨蹭蹭到卫生间洗手用厕，把水龙头里的水弄得哗哗啦啦响，半天才出来。

坐到餐桌前，我一边吃东西，一边等贾午主动说点什么，期待他透露些蛛丝马迹。

可是，他却一手拿着报纸，一手举着剪刀，盯着报纸上的什么消息，没话了。

我终于抑制不住，做出漫不经心的样子，说，你一直在家里吗？

是啊，我在家里看报纸，鹤岗南山区鼎盛煤矿瓦斯爆炸，四十四名矿工遇难。一架苏丹的货机在圭坛葛拉地区一头扎进了一片鱼塘。美国得克萨斯州水灾汹涌，一转头的工夫，家就没了……

我似乎有点不死心，打断他的话：你整个一上午都没出去过吗？

当然。出去有什么好玩的呢？

贾午一边说着，一边把一摞剪裁下来的小报丢在餐桌上我的饭碗旁。

你看看吧，他说，全世界除了闹灾荒，剩下的人就都在闹离婚呢，多么幼稚的人们啊！他们肯定以为生活还有什么奇迹在前边招手呢，我们是多幸运啊！

贾午说着站起身，打了一个响亮而快乐的饱嗝。

从我身旁走过时，他甚至在我的脸颊上亲昵地拍了一下，然后哼着小曲进里屋睡觉去了。

人家是过日子，贾午简直就是睡日子。除了睡觉，生活就剩下了观看。

仿佛睡眠就是挡在我和贾午之间的一面看不见的墙，无论什么情况，只要睡完觉就烟消云散，不存在了。

我真不知是哪里出了差错。

我抬头看了看壁钟，壁钟的指针停在七点五分上，不知是早上的七点五分还是晚上的七点五分，那只无精打采的钟摆像一条喑哑了的长舌头，不再摆动，不知已停多久了。

我忽然觉得，时间日新月异，飞速流逝，可我们身体里的一部分却仿佛处在一个巨大的休止符之中了，一个多么无奈的休止符啊！在这个休止符中，钟表的指针消失了，成了一个空洞的圆盘，仿佛流逝的不是时间，而是身体里的另一只表盘——心脏的怦怦声。

周一早上，我像往常一样，穿上毫无特色却合体得丝丝入扣的办公室衣服，头发也像往常一样微波荡漾地披在肩上，整个人就像一份社论一样标准，无可挑剔又一成不变。

然后，坐班车去上班。

在机关的班车上，资料情报员小石坐在我前面的座位，中年妇女们叽叽喳喳说笑着。

汽车刚刚启动，小石忽然就回过头，一双大大的苍白的招风耳带过一缕凉凉的晨风。他冲我诡秘地一笑，又戛然收住，神秘莫测地说：其实，你把头发绾起来的样子，挺好看的。

小石又在故作高深地没话找话了。

可是，我忽然想到一个问题，除了周末去城南那一次，我并没有在单位里绾起过头发呀。

一个念头在我脑中猛然一闪。

班车在来来回回重复行驶过无数趟的马路上前行，发出一声沉闷的痉挛般的喇叭响。

离异的人

　　午夜时分，万籁俱寂，房间里无声无息。林芷缱绻在被子里已经迷迷糊糊。她始终觉得冬天是从她的脚趾开始的，骨感的脚踝越发凸凹起来，凉意和空旷感便从她光裸的脚底向上攀爬蔓延。

　　"铃，铃铃……"林芷微微打了一个激灵。

　　和前夫离婚后，她添置的第一件东西就是这台进口的高档电话机，她再也受不了原来那电话忽然而起的铃声大作。现在，她把铃声调到最轻柔悦耳的一挡，那声音如同一只蛐蛐在鸣叫。

　　她从被子里伸出一只手臂，拿起话筒，"喂"了一声。

　　话筒里没有回应。

　　林芷清醒过来。

　　她知道是他，是布里。她甚至听到了一丝熟悉的屏息的呼气声。

　　"说话。"她低沉着嗓音。

　　依然没有回应。

　　林芷挂了电话。

　　几天前的一个薄暮向晚时分，她下班回家的路上，也曾经干过这样的事。那天，她忽然抑制不住，产生一股想知道他行踪的冲动。她掏出手机，迟疑了一下，又收起来，她知道他那里有来电显示。她冲到路旁的一个黄帽子公用电话下，拨了电话。布里接通后，她也没有出声，沉了一刻，才慌慌张张挂断了线。

林芷心里怪怪的，觉得蹊跷，觉得他们彼此都像隐蔽的侦探，暗中窥视着对方。可是，他们的确都不再有重归于好的愿望了，一丝也没有。

刚离婚那几天，情形还不大一样。林芷和布里一下子都不太适应，隔三差五互相找碴儿打电话，彼此说话都阴阳怪气的。有时候周末，他们还克制不住，鬼使神差地往一块儿凑，到他们过去常去的餐厅吃顿饭。

有一次，他们一起过马路，他习惯性地牵住她的手，他那宽大温暖的手掌整个包裹了林芷冰凉的指尖，她的余光看见他那熟悉的侧影和陡削俊朗的脸孔，心里的愤恨和防线似乎一瞬间坍塌崩溃了，眼泪在眼眶里不争气地转，险些掉落下来，急于找个角落大哭一场。好在此刻布里全神贯注地盯着过来往去车水马龙的车辆，顾不上看她。

马路还没有过完，林芷便把自己的手从他的掌心里抽出来，"别拉拉扯扯的。"

布里的嘴角歪向一边，似笑非笑，一副不动声色的样子，"我这不是替别人拉着嘛。"

他松开林芷的手，她心里忽悠一下。这种奇妙的感觉林芷以前从未体验过，仿佛自己的重量在一瞬间发生了变化，不知是轻了还是重了。

一辆大型轿车几乎擦着他们的鼻子尖开过去，银白泛亮的车身外壳闪烁着豪华的光彩；马路两旁鳞次栉比的高楼大厦，反光玻璃折射出傍晚斜阳的余晖；一株株高大的槐树、梧桐树，高扬着头颅，用力呼吸着，从不清爽的空气中吸入一口清新；灰蓝色的天空下，一群群下班的人流行色匆匆，踉踉跄跄，嘈杂喧哗，一派浮躁喧腾的城市景观……然而，眼前的一切，都不再能引起他们谈论的兴趣。

他们走进一家餐厅。这间叫作"老房子"的栗色餐厅位于街道拐角处，不大的厅堂貌似东倒西歪，内部的格局也不对称，似乎主人随心所欲信手拈来，其实明白人一眼就能看出它内在的章法和风格——酷得隐蔽，精致得粗糙，雕琢得毫无痕迹，所谓大巧若拙，如同人世间的许多事物一样，精心得漫不经心。布里遂想到他们在濛山上的那套叫作"美梦"的小别墅正是这样的风格。

　　在他们曾经共同喜欢的《家庭的衣服》一书的熏染下，林芷和布里养成了一种小到对纸巾碗筷、餐具器皿，大到对桌椅板凳、窗户墙壁的共同的挑剔。这是一家他们过去十分喜欢的餐厅，可惜现在已经物是人非，天各一处了。

　　餐厅里遮光的百叶窗拉得很低，光线黯淡，布里的脸色显得苍白灰暗，表情难以捉摸，眼睛里似乎闪烁着一丝忧伤、无奈，嘴角却分明笑着，整个脸部表情看上去别别扭扭的，时而讪笑，时而蹙眉；时而明媚，时而阴郁，很不对劲。

　　林芷问，"女朋友交得怎样了？"

　　"这个话题嘛，"布里一副神秘兮兮的神情，"还是不说为好。"

　　林芷说，"你是不是还以为我会吃醋？你就放心吧！"

　　布里又是诡秘地一笑，一道光亮与阴影交织着闪动在他的脸孔上。

　　"布里啊布里，无论如何我们也曾是天造地设、般配投缘的一对，怎么就是不能互相理解呢？看看你的脸色，"她拿出随身包里的小镜子对着他的脸，"生活肯定是一团糟。"

　　布里摸了摸自己陡削的下巴，眼睛看着别处，不置可否，"也许，是替你发愁吧！"

　　"哼哼。"林芷略带轻蔑地嫣然一笑，"你是为'美梦'发愁吧。"

他的脸色陡然变得愈发苍白，"你最好不要提它，我不想再跟你吵。"

停了片刻，他又说："我可以折给你一些钱。"

"这正是我要说的话。"林芷不愠不火，心里抻着劲。

这个被他俩叫作"美梦"的别墅，是他们结婚时共同购置的。它位于濛山之上，依山傍水，是濛山上零零星星散布在树木葱茏的半山腰上的别墅之一，一幢由不规则的石块和木头建筑的玩具似的房子。那时候的夏天，家里每一扇变幻多姿的小窗子都敞开着，他们倚在窗前，可以看到褐色的土坡小路蜿蜒而下，悠闲的狗在湿漉漉的草丛间漫步，他们甚至可以隐约听到不知是哪里传来的音乐声从枝蔓婆娑的叶影中缓缓飘起。山下还有一条水声低潺的小河流穿梭而过，他们过去时常在河边漫步。布里和林芷曾在这里拥有过缠绵的爱情。

"是啊，"林芷继续说，"我也不想再跟你吵。"

他们凑到一起，彼此就这样坐在对方冷漠、嘲弄而叵测的目光里，说话不阴不阳、真真假假的。

也许，潜意识中，他们都还想再挣扎着抓住过去记忆中美好的一点什么，哪怕是一丝丝留恋的回味呢，也会成为他们此刻脆弱内心的一点依偎。但是，他们每次聚会都像扑了一场空，除了阴阳怪气，就是冷冰冰的沉默。

当初离婚谈判的那几个月，他们可是都失去了理智，撕破了脸，彼此摔碎了对方喜欢的东西，对于那些无足轻重、鸡毛蒜皮的小物件也争执不休。林芷坚持要的，布里肯定也坚持要；布里不要的，林芷也决不要。这在离婚前他们是万万没有预料到的。

比如，林芷坚持不给布里他最喜欢抽的那几条大卫杜夫牌香烟。

他说："我抽烟，你留着又没用。"

林芷说："谁说的？这烟我全抽了它。"

"好啊，好啊，"布里的嘴角歪向一边，哼哼着什么不成调的小曲，不慌不忙走到卫生间，把他给林芷买的那只未拆封的夏奈尔口红从她的化妆盒里拿出来，"这个，我得拿走。"

"怎么，你要涂口红了？"她明知故问。

"暂时还没这打算。送给我的新女友吧。"

"嗯，这主意不错。"

他们意气用事的全部目的，似乎就是让对方不能得逞。这不是财产本身的小节问题，而是到底谁胜谁负的大是大非问题——你不让我好过，我也不让你过好。

倒是濛山上那栋房子，两个人很少提及，想必各自都胸有成竹，主意已定。

俩人阴阳怪气地在进进退退的几个月中，达成了除却"美梦"之外其他物品分配的初步共识。孩子，没有。财产各归各。然后，就急匆匆办理了离婚手续，表示财产无争议，"美梦"也就此悬置起来。他们自己也不甚明白为什么非急着解除婚约而遗留这么一个拖泥带水的问题。

从办事处出来，俩人都深深吸一口清爽的空气，然后没有迟疑地相背而去。林芷坚持着不要回头，但是，她隐约感觉到她的后脑勺上正停留着一双目光。她猛地回转身，看到他的脸孔朝着她，一缕奇怪的笑容悬浮在他的嘴角，倏忽一闪，然后，他那颀长的身影就消失了。

那个冬天，林芷一个人空荡荡的，表情十分沉重。虽然心无所居、神无所附，但日子也一天一天挨过去。她曾经在一本小册子里看到一句话：生活是不能想的，一想，就是失败的开始。于是，她便不再想，就跟随着日子自身的脚步随波逐流吧。

他们的联系越来越少，渐至不再联系。

春天的一个周末，林芷忽然想去看看濛山那房子，她翻出长时间没有用过的钥匙，就上了路。

当她伫立在"美梦"门前时，却不知为什么踟蹰犹疑起来，她甚至不想打开栅栏门上的大锁。正当她犹犹豫豫心神不定的时候，忽然听到房间里边似乎有什么动静。林芷隔着木栅门，踮起脚尖，向里边张望。她看到小楼里边白色的窗帘微微在动，然后，似乎慢慢被掀起一个角来。

有人在屋里吗？

林芷深抽了一口气。

是他，肯定是布里。

她后退了几步，蹲了下去。一股莫名的沮丧甚至恐惧向她袭来。

不知怎么，林芷这会儿忽然有点害怕看到他嘴角那种奇怪的笑容，仿佛那笑容后边隐藏着什么深不可测秘不可宣的东西，让人捉摸不透。

她蹲在栅栏门外，内心忐忑地想了一会儿。

然后，她决定起身离开。

可是，她走出去几步后，又折回身来，站在那儿又想了想，好像不死心。

终于，她还是颓然而返。

离开的路上，林芷十分懊恼！那不是自己的家吗？怕什么！

又过了很久，有一天，她居然一时想不起他的手机号码，她很吃惊，原来如此熟悉亲密、有血有肉的一个人，竟然变成了一个冰冷的记忆不清的数字号码，这是多么荒唐又无可奈何的事情啊！

她查看了电话簿，当那个曾经熟悉得倒背如流的号码跃入眼中的时候，望着那串数字，她心里一片悲哀。

她没有再给他打电话，让时间自己决定吧。

然后，林芷把那个号码用黑水笔涂掉了。

一段记忆，一段历史，也可以像磁带一样抹去吗？

一晃，他们分开已一年多了。

一天晚上，林芷意外地接到布里的电话。

"怎么样，最近还好吧？"布里在电话里说。

"还好。你怎么样？"林芷竟然心平气和得连她自己都吃惊。也许，怨恨已经被时光抹平。

"马马虎虎，老样子。"

"噢，那太好了！"

他们居然如同经常见面的熟人老友一样有点嘻嘻哈哈的，平静的语气中带着一丝夸张的甚至虚妄的热情，一股逢场作戏、卖弄风雅的奇怪味道。但是，轻松随意中他们都悉心谨慎地回避着什么。

寒暄了一通空洞无用的客套之后，布里清了清嗓子，说："我母亲来了，路过咱们这里一天……"

"嗯。"

他停顿片刻，继续说："……离婚的事，我还没来得及告诉她，所以，想请你……"

"你说吧。"林芷说着，心里竟漾起一丝欣喜确切地说是窃喜的波纹。

"我想，我们，一块儿陪我妈妈玩一天。"

"嗯……"她略微迟疑了一下，把垂落下来的一缕长发别到耳后，说，"可以考虑……当然，应该没问题吧。"

最后，她还是答应下来。

放下电话，林芷呆呆地默立在已经沉静的话机旁，心里的某根线似乎还没有断开。她的神态也从刚才那绷紧的状态中松弛下来，还原到自己本来的样子———一股清寂哀婉、无可奈何的表情重新浮上她的脸颊。曾经那么熟悉的声音现在已恍若隔世，她心里的阴郁慢慢涸散开来。

一个多么熟悉的陌生人啊！

松子大街熙熙攘攘，人头攒动，路旁一棵棵粗大壮硕的槐树长满了槐树花，有的悬挂树上，有的垂落到地上。树上成串的槐树花宛若女人烫过的鬈发。前些天还是光秃秃的枝干，那些嫩嫩的枝叶不知是什么时候抽条的。这个春天，似乎是猛然一下抬头发现的。

拐过一个弯，幽山公园的外墙已经隐约闪现在路旁的树木后边，远远的，公园的红漆雕花大门已经可以望到轮廓。

林芷在拐角僻静处掏出包里的小镜子，揽镜自照，镜中的女子虽已有了一些岁月的痕迹，眼角和鼻翼两侧细细碎碎的有一些不易察觉的小皱纹，但总体上还可算是风姿绰约，身材苗条。眼睛不大，但黑亮亮的隐含着某种深度，鼻梁挺拔，长发披肩，脸孔白皙。一条宽带束在红色上衣纤细的腰肢上，黑色的长裙在腿间徐徐拂动，随风荡漾。

收起镜子，她定了定神，便向幽山公园走去。

远远的，她望见布里和他的母亲已经等在那里了。

布里穿着一件米黄色风衣，身材显得格外修长，衣冠楚楚，风度翩翩。早春时分，正所谓乍暖还寒时候，布里穿着略显单薄，身上的骨节仿佛衣服架子似的撑在长长的风衣里边。

他也看见了林芷，抬起一只胳膊向她招手。布里的母亲立在他的身旁，手搭凉棚，朝她这边眺望。

林芷迎着他们的目光走了过去。

"来啦。"布里冲她微笑了一下，礼貌的笑容后边有一股似是而非模棱两可的诡秘，他的声音也有点奇怪的沙哑。

他的脸孔比起一年多前愈发陡削，棱角分明，神情有点恍惚，而且陌生，好像心里缠绕着什么徘徊不去的事。他的米黄色风衣敞开着，里边穿了一件崭新的麻纹衬衣，腿上是一条天蓝色的名牌牛仔裤，脚蹬一双褐色软牛皮鞋。

一瞬间，林芷恍惚觉得，眼前这个男人她好像从来就不认识。

"来啦。"她几乎与他同时出了声，她的声音似乎成了他的回声。

她微笑着迎上去。

"哟，孩子，"布里母亲上前拉住林芷的手，"看把你累的，怎么这么消瘦，脸色这么苍白，加班也不能这么辛苦啊！"

布里的母亲体态丰腴，衣着考究，可以说风韵犹存。时光似乎没有在她的身上留下痕迹。

"您还好吗？"林芷说。

"有点不放心你们俩，正好路过，就过来看看。"

林芷和布里迅速地对视了一下，马上又互相避开。她注意到，布里看她时的眼神也好像不认识她似的。

他们三人一起向公园大门处走去。

布里一边走，一边抬头看看天，有点尴尬，没话找话，说："今年的春天来得真早啊。"

林芷附和说："是啊，春天来得真早。"

停了一会儿，布里又说："今天的天气真好啊。"

林芷又附和说："是啊，今天的天气真好。"

也许是他们的对话空洞得有点滑稽可笑，接下来都默不作声了。

快到公园门口的时候，布里忽然想起什么，说："你们先过去，我去买票。"说罢，他逃也似的离开了。

公园门口的空地上人流不息，十分喧哗，林芷和布里母亲选择了一个空当，站定。

布里的母亲好像是察觉了什么，意味深长地说："你和布里还好吧？"

"还好。"林芷有点心虚，干巴巴地说。

布里母亲见林芷一时没有说话的兴致，自己便絮絮叨叨说起来：

"布里啊从小就性格腼腆，内向，不爱说话，亲戚们都叫他'不理'。反正是谐音。他小时候，逢年过节大人们聚到一起包饺子，几家亲戚的孩子们便不分男女一律戎装上阵，屋里屋外杀声连天，一片喧哗。可是，布里不玩，三四岁的布里躲在房间的角落里翻字典。孩子们喊，'布里，你过来，你当特务。'布里他不理。'布里，你的字典拿倒了。'布里他也不理。布里倒拿着字典，嘴唇嚅动，似乎在读字。"

布里母亲笑了起来，林芷也跟着笑。

"我在院子里买完了蜂窝煤，举着一根手指头数数，布里他爸又是拿笔又是找纸地算钱。正当一片嘈杂忙乱之际，布里忽然细声嫩气地在屋角出了声：'九块六毛五。'大家谁也没理会他，谁也没在意他说什么。布里他爸用笔算完，果然是九块六毛五分钱，全家一片惊诧哗然……"

这时，身边正好有一个老头提着鸟笼子经过她们身边，笼子里的鹦鹉不停地重复着"你好。废话。你好。废话"。后来，干脆只剩下"废话，废话，废话"一遍遍重复着，怪声怪气的嗓音在人群中弥漫。

林芷有点想笑，但抑制住了。

她一边认真听着，一边不由自主地侧过头来朝布里跑去的方向张望。

透过人头攒动的人群，她忽然一眼看见了布里那长长阔阔的米黄色风衣背影，他正从她们站立的公园门前的这片旷场穿越出去，步态踉踉跄跄，急急忙忙，神情鬼鬼祟祟的样子，好像生怕被她们发现。然后，他那颀长的身躯穿过马路，消失在人群当中。

林芷觉得自己不会看错，她的第一个反应是，他想把这份尴尬的局面丢给她一个人。

她定了定神，就朝着他的方向追了上去。

跑出去不远，她猛然一抬头，却瞧见布里手里举着门票镇定地站在她面前，优哉游哉的样子，他习惯性地讪笑着把嘴角歪向一边，把手里的门票在她的脸前晃来晃去。

他说："咦，你怎么在这儿？"

"你，"林芷一时间有些蒙头蒙脑的，搞不清这是怎么回事，"你到底什么意思？"

"唉！"布里叹了一声，喘了几口气，拉住她的衣袖。

他说："刚才我站在售票处的台阶上，正好望到侧面的那条街，我远远地看见你离开了公园大门，神色慌张地朝侧面那条街跑去，步履蹒跚，你那红色的上衣和黑色的长裙在人流中十分惹眼，如同一片红黑相间的彩旗随风流动，我看见你扬起一条胳膊挥舞，使劲地招呼出租车，可是，忽然一下，你就被出租车别到车轮底下去了，我吓了一跳……"布里把手放在胸口上，做出平息的样子，"幸好，是我看错了。"

林芷惊愕至极。

公园里已经完全是春天的景观了。大朵大朵的牡丹、芍药、百合花团锦簇，争相开放，姹紫嫣红，一片浓墨重彩的样子。林荫小路遮蔽在高大茂密的白杨绿柳之间，小径沿着湖泊和土丘迤逦缠绕。湖面清波漪澜，恬静而浓郁，深不可测。陡峭的土丘斜坡上，覆盖着嫩绿诱人的草皮，狭窄的石阶蜿蜒曲折地流向隐蔽的深处。

他们三人缓缓地沿着土丘的斜坡攀沿而上。

这里的光线显得格外暗淡，凸凹不平的峭壁和盘根错节的灌木丛遮挡了外边的太阳，似乎隐含着某种异乎寻常的东西。

布里一个人走在前边，他默默思忖着刚才的"车祸"，心里有一团他自己也不清楚的莫名其妙的东西，恍恍惚惚，一时压得他心事重重。

林芷和布里母亲跟在后边有一搭无一搭说着什么。

布里的母亲继续回忆布里小时候的事情。"布里小时候犟得很，如果遇到什么事情不高兴，他会做出一个意外非凡之举，他就是喜欢出人意料。五岁那年，有一次，忘记为了什么，他忽然一口咬住餐桌的犄角，两排细细的小嫩牙死死钳住桌角的木头，我和他爸急得在一旁束手无策团团转，想用力拉他又怕把他的门牙弄坏了，只好不停地劝说，'布里啊布里，你松开嘴好不好，有什么事松开嘴再说。''布里啊布里，听话，你再不松开，你的下巴就要掉下来了啊……'结果他硬是保持一个姿势咬了半个小时。"

林芷笑了起来，接过来说："如果你们不劝他，也许他早就松开了。"

"是啊，他从小就和别的孩子不一样。"

这时，石阶小径在土坡的边缘向左边拐了个弯，她们继续沿着狭窄的台阶拾级而上。

拐过弯后，光线更加昏暗。林芷看到前边不远处有一个雕木镂空的亭台，红红绿绿的油彩已经有些残损脱落，斑斑驳驳，显得凋敝而苍凉。

她有了兴致，说了声："我先上去。"

她大步赶上了布里，然后越过他，独自向亭台走去。

布里转回身来陪母亲走，湿漉漉的石板台阶发出嘎吱嘎吱的声响，他依然有些神思恍惚，心不在焉。

布里母亲提议小憩片刻，于是，他们就坐到石阶上。

"你们最近没有住在别墅吗？"母亲问。

布里心头咯噔一下，一瞬间，他似乎明晰了自己心里盘旋不去的事情，或者说潜意识中一直压抑着他的那团模糊不清的东西。

"都忙，平时就各自在宿舍住呢。"布里急忙避开别墅问题，如同躲避脑子里缠绕的魔鬼一样。

黄昏蹑手蹑脚地来了，身前身后被暮色笼罩一层神秘，布里看到西天已渐渐映出一片红晕。

早春的小风围绕着他们的脖颈和脸颊，暖洋洋的，习习撩人。布里似乎无心说话，他点燃一支香烟，闷闷地吸着，一缕青烟袅袅冉冉越过他的头顶。他把头靠在一株歪歪斜斜的树干上，一条腿平直地伸开，另一条腿从膝盖处向内侧弯曲。他望着眼前怡静幽雅、郁郁葱葱的草坡，心里竟有些飘飘忽忽，昏昏然然……

他抬头看到上面不远处的亭台上十分静谧，林芷一个人站在那里十分惬意。也许是热了，她把那件火红的上衣搭在一只手臂上，只穿着里边乳白色的衬衣。她似乎在微笑，只是笑得有些奇怪。额头由于些微的汗渍而闪闪发亮。她向布里这边或者他们身后更远的地方频频招手。

她仿佛觉得自己的高度还不够，一个箭步迈到亭台的栏杆上，然后回过身，把火红的外衣往身后的空中一抛，那上衣被风托浮着如同一只红色的风筝徐徐缓缓扑落到亭台的石砖地上。

就在这时，意想不到的事情发生了。布里看到她站立在窄细的栏杆上，忽然做起了跳水之前的甩臂动作，那动作弄得十分夸张，富于戏剧性，小臂和大臂笔直地抡成180度，她来来回回抡了七八下。然后，回头向他们这边粲然一笑，接着纵身一跳，跌入陡坡下边几十米处深不见底的湖水中……

"这里有阴风，可别瞌睡。"布里的母亲说。一双手轻轻地拍在他的肩上。

他迷糊了一下，定了定神，马上清醒过来。

"噢，"布里掐掉手中的香烟，站起身来，"我们还是上去吧，林芷等我们呢。"他说。

他抬头向亭台望去，林芷果然已经等在那里。

空气中有一种沉甸甸的抑郁，这种抑郁挂在他的肢体上，也挂在他的眼帘上。他暗暗揣度自己刚才的梦，倒吸了一口气，心头浮起一种罪孽感。他自己也不明白今天是怎么了。

布里母亲一边走一边跟他叨叨，"你长大了，长得那么高，人也变了，变得我都不了解你了。"

布里慢慢登上几级台阶，"其实，怎么说呢，"他叹了一声，嘴里有些含含糊糊的，"谁也不见得真正了解别人，也不见得了解自己。"

林芷在亭台上向他们频频招手，她的火红的上衣果然搭在一只白皙的手臂上，透薄的乳白色衬衣领口开得很低，十分危险地隐约露出一节胸骨。这的确是一个性感而风采十足的女人。

布里的脸孔似笑非笑，怪兮兮地望着她。

这时，天啊！她真的缓缓地登上了那幽灵一般的亭台栏杆，在细窄的栏杆上晃了一下，定住。那件红上衣被风吹拂起来，鼓荡着翻飞。

布里心头猛然忽悠一下，浮起一缕几乎慌乱的激动和莫名的不安。

她站在那里朝他们微笑，挥动着纤细的手臂。

残　痕

　　我听到一只鹤在我的体内扑翼，它的软软的凉凉的脚爪在我的左腿上踏出微微的异样的感觉和响声，那小爪子的印迹如同一朵一朵土黄色的花瓣洒落在我的左膝盖骨上，夜是这样的黑沉和静寂，世界仿佛被罩在一个巨大而绝黑的墨镜底下，使我迈不出我的腿……

　　接着，我就被一阵隐隐的找不准地方的疼痛感从睡眠中搅醒了，我知道那是我的左腿在疼，是那种真真切切的疼痛。于是，我习惯性地伸出手，在这本应熟睡的夜晚里抚摸我那条疼痛的腿。可是，我的手触碰到的却是平展展的床板，应该伸展左腿的地方空空荡荡的，那地方像烟囱里边冒出一缕圆圆的青烟，感觉中存在着，实际上已经什么也没有了。

　　我这才醒觉过来。

　　我的左腿的确不存在了，一年前，它像一截外表完好却内里被蛀噬的木头，从手术台上被医生们抬走了，轻而易举得仿佛是那条腿自行迈开脚步离我的躯体而去，走向实验室的解剖台，再不回头。

　　虽然后来的解剖实验证明，我腿上的那个小小的肿瘤完全没有必要用一条腿的代价来解决，它只需一个不大的切除手术就行了，可是，我已经失去了我的左腿。这的确不是梦，但我的左腿真是像梦一样不翼而飞了，它失踪在一场人为麻醉的梦境里。我甚至可以看到当时几个医生如同卸下一管炮筒一样把我的左腿从案台上扛走，而几分钟以前，它还与我的肢体相连为一体，瞬息之间它就成为一个死去的零件被放置在远离我躯体的另外一个地方，令我无法接受。

在我的左腿离开我的一瞬间，我似乎就只剩下半条命了。

记得在我的伤口愈合之后，我常常被习惯所驱使，从床上或椅子里站起来就走，上半身做出欲将大步流星的倾斜姿态，以为我那以往柔美而修长的左腿依然完好无损地长在它原来的地方，以为它以往那袅袅婷婷的步风一直尾随着我，从未离开。结果，可想而知，我一个猛子倒卧于地，迅雷不及掩耳。在我柔弱的躯体与冰凉的硬邦邦的洋灰地无数次拥抱之后，我才终于知道我失去了我的左腿。

我曾经对着镜子反复观看那残肢的断头，鲜嫩、锃亮得犹如婴儿的头盖骨。在镜中我看见一大片清澈的水，一株看不见的带锯齿的有毒的树枝或水草暗中刺伤了我的大腿根部，然后我的整条左腿就顺着水流波波折折漂走了，安静而完好。它的顺理成章甚至使我怀疑它从来没有真实地存在过，它不过是前世的一个回声隐现在我的身体上，如同我们所有的未来都将是过去一样。

再见，我的左腿！

可是，一年之后，在我已经接受了这个悲痛的事实之后，这几年，我的已经不存在了的左腿忽然疼痛起来，那绝不是幻觉中的疼痛，也不是旧日的伤口在疼，而是整条不存在的左腿真实存在着一样在深深地疼，以至于几次把我从睡梦中搅醒。

我闭着眼睛，立刻就闻到客厅那边龟背竹在半睡半醒中发出的绿的气味。电冰箱微弱的嗡嗡启动声依稀可闻，犹如小提琴高音弦端凄凉的颤音，隐隐约约、丝丝缕缕沿着昏暗的光线传递过来。一株树，一幢房屋，一个伴侣，一个家，多么美好，如果不是我的左腿……

我知道，我必须使自己眼下的关于腿的全部记忆退化得如同公元前那么遥远。

此刻，夜色正朝着清晨的方向缓缓流动，天空的光亮仿佛一只巨兽张着大嘴，一点一点吞噬着黯淡的颜色，窗外已经有了昏弱的光芒，树影的轮廓懒懒散散地投射到窗帘上。耳边一阵熟睡的低低的鼾声，它均匀得仿佛是从树叶上连续不断地掉落下来，又如同远处流水的潺潺声，洒落到我的枕边上。他离我的身体如此之近，我甚至可以闻到他呼吸到我的脸孔上的热气所含有的一种好闻的树脂的清香。可是，他却无法感觉到我的腿疼，这个与我相依为命的人，这个像我的手足一样息息相关的人，我沉重的疼痛对于他却如同远处的一块沉默的石头，无法真切地传递到他肢体上。我脑子里忽然莫名其妙地冒出以前曾在哪本书里看到的话，大意是说，使你感到孤独的从来不是你的敌人，而是你最亲密的人。

又是一阵深深的隐痛袭来，这个感觉再一次驱散瓦解了我对于血肉相连、唇齿相依这些美妙辞藻的信任。我叹了叹气，揉揉眼睛，开始摇晃他的肩。

"我腿疼！你醒醒。"

他迷迷糊糊睁开眼睛，眼光像雾霭中驶来的一道温馨的汽车微光。他抚了抚我的头，语音含混不清地说："哪条腿疼？"

我没吭声。

停了一会儿，他似乎才醒转过来，意识到自己询问的失误。

他说："噢，我怎么忘记了。"

"不，是我的左腿在疼。"

他把手从我的头发上轻轻下滑，移动到我的左胯处停住，抚摸着那单薄而尖锐的胯骨，叹了一声，"你在做梦吧，它已经不在了。"

"它像在一样疼。"我委屈起来。

"你肯定感觉错了，是不是那条好腿在疼？"

"不是。那种隐隐的疼正从我的左脚尖沿着小腿肚往大腿上爬呢。"

"不会的，你肯定弄错了。"他耐心而肯定。

"它的确在疼。"我说，"我甚至可以感觉到它这会儿的姿势，以及它和我的右腿相触碰的温热感觉，就像你的手掌摩挲着我的胯一样。左膝盖底下的血管突突在跳呢！"

"别傻了，你已经没有左腿了。"他坚定而柔和地说，似乎是让我彻底死心似的。

我有点急了，提高了声调，"的确是我的左腿在疼，整条左腿！那已经没有了的整条左腿！你难道不明白吗！"

他一点也不急躁，依然用刚才的语调说，"可是，这是不可能的。"

"现在这不可能已经成为事实，它正在疼，隐隐地疼。"我几乎叫了起来，"是我知道我，还是你知道我？"

"别闹了。"他轻轻在我的脊背上拍几下，"我像你一样知道你。"

我的泪珠顺着鼻梁流到枕巾上，"这才是天底下最不可能的！如果你像我一样知道我，那么这会儿你的左腿就会感觉到疼痛！"

潮湿的晨雾悬挂在窗外，要下雨的样子。微弱的光线起初与四周的黯淡抗争，这会儿光亮显然一步步逼走了夜色，衣架上的亚麻衣服的轮廓已依稀可见，像一个失去头颅的人缩着肩，卧房里淡栗色的家具也涂上了一层不均匀的光泽。清晨六点钟是一块巨大的布，它将掀开被夜晚盖住的生活，此刻这块布已经卷起了一个角。我看见了身边的这张脸孔，他正在疑惑不解地看着我，一只眉毛高挑起来，而另一只眉毛依然伏卧在原来的地方一动不动，一种我从未见过的奇特表情。

他这样凝视了我一会儿，不再与我争论，又在我的脊背上拍了几下，说："睡吧，再睡一会儿，天还没亮透呢。"

我独自望着天花板度过了内心孤寂的天明之前的一段时光。

清晨，我小心地穿上衣服，尽量蹑手蹑脚地不发出声响。我不想弄醒他，因为在天色微明之际他又睡着了，睡着前他含含混混说了一句，"天亮我们去趟医院吧。"

我说："再说吧，也许有什么东西暗中作祟呢。"

我将客厅的窗帘拉开窄窄的一条缝，一道细弱的光线漏射进来，窗子并没有打开，外边石板小径上自行车的吱吱嘎嘎声就钻了进来。我动作轻缓地洗漱收拾，然后我比往日更加谨慎地打开房门，房门吱扭一声，我听到卧房里床上有了动静，是坐起来的声音。我没有及时溜出房门，而是开着门仔细听着卧房里的动静，那边又什么声音都没有了。我反回身向卧房依然微黑的光线里边探头张望，我似乎听到他迅速躺下的声音，待我的视线落到床上时，我看到他故意翻了一个身，佯装没有醒来的样子。模模糊糊的光线里仿佛有什么暗中的举动发生着，我观察了一会儿，没有发现什么异样，然后我就离开了。

我早早地就一个人上了路，疲倦地拖着一条假腿，在这座吞没了我的左腿的混乱的城市的街道上一声轻一声重地吃力地行走。清洁车在马路上鳞鳞响着。有一只怪鸟忽然飞过来，它像一张彩色的布片在我眼前盘旋飞舞，尖叫了几声，就栖落在路边的树枝上。天空灰中透出一股脏兮兮的黯淡。多少年来，我一直偏执地认定，清晨天空大气层的颜色是这一天是否顺利的关键。我仔细端详了一会儿天空，心里涌起茫然的淡淡的无望。

人的两条腿就像白天与黑夜、现实与梦想、今天与明天的微妙组合一样，交替而行，相依而存。而我正在努力习惯在这座蒙着面具的分不清夜昼的模糊城市里，单腿行走，学会接受残缺。记得小时候玩一种叫蹦房子的游戏，小朋友们都是用右腿蹦，而我是用左腿蹦。蹦房子是那种玩不完的梦想的游戏，我的左腿似乎在那时候就融化在这种奇妙的游戏当中了，以至于长大成年之后依然很不情愿走进真实的空间。

这会儿，我的手里攥着一本书：《圆锥、凿子与诗歌》。我打算一个人单独去看医生，当然我心里并没有怀揣多少希望，因为，我不知道怎么才能够向医生说清楚，我的那条失去了的左腿近日以来总是鬼使神差地隐隐地疼。

刚才我乘电梯下楼的时候，在楼道口拐角处，我先是听到一阵不规则而又持续不断的敲击声，乏味的砰砰声被击打得极富激情。然后，我望见了埋伏在拐角阴影里的那张脸庞，那是一张与我年龄相仿的女子的脸，她正在楼梯口的阴影处专注地忙着什么，手中上上下下挥舞着一只锤子。我仔细观看了片刻，看清她原来正在用力砸坏一双黑色的皮鞋。她的神情颇为认真，仿佛在精雕细刻地制作一双鞋子一样。

我不解地随便问了声，"你在做什么？"

她头也没抬，继续着手中的敲打，用一种听不清的低语似的嗓音说："清早我已经把这双鞋子扔到垃圾箱里了，可是一转身，觉得哪儿不太对，又把它捡了回来。"

"为什么？"我有点奇怪。

她抬起头，冲我哧哧笑了两声，一颗门牙挤到嘴唇前面，眼帘大大张开着，露出眼球底下一条模糊的白线，她的嘴唇又缓慢地嚅动起来，"这鞋子虽说旧了，可哪儿都没坏，若让别人捡了去，岂不白白占了便宜！"她低下头，继续充满激情地用锤子一下一下敲打，每一下敲击声过后，她的身体都会颤抖地摇晃一下，"所以，我又把它捡了回来，我要把它砸坏了再扔，而且，要分别扔到两个垃圾箱里，让它凑不成对！"她的脸孔涌上来一股仇恨与得意交加的古怪神情。

我噢了一声，冲着她的那颗闪闪亮亮的门牙的缺隙说了声再见，就一拐一拐地离开了。

她显然忘记了我这种单腿人是用不着非把鞋子凑成对的。

我心里涌起一股说不清的厌恶感。

这座庞大的U字形建筑物遮掩在一条偏僻的小巷里边，四周挂满绿色的藤萝，这些藤萝牢牢地攀附在破旧的墙壁上，如同一些陈腐的观念攀附在一个顽固的老者的头脑中一般结实。它看上去是一个破破烂烂的灰白色塔楼，显得相当陈旧朽败。楼上的窗户全都紧紧关闭着，使我可以想象到里边的幽暗、阒寂与憋闷。有几条种着花草的小土路通向它的大门。我远远看到一个白色的大牌子，仿佛是这所医院的名字，心里暂时像吃了一副镇静剂，踏实下来。

我在一块大石头上坐下来，把那本《圆锥、凿子与诗歌》的书垫在屁股底下，打算喘口气，休息一下再进去看医生。然后，我抬起头，再一次凝视医院的外观，我发现此刻的塔楼与刚才的情形有些玄妙的不易察觉的变化，那些悬挂在楼壁上的绿色蔓藤忽然消失不见了，白色的墙壁上涂抹着许多抽象的颇为现代感的图画，其中一幅画的是一只巨大的褐色舌头梦呓般地伸向天空，用的是所谓晕映法，轮廓由中心向着边缘渐次变淡。我朝它瞥了一眼，就怀疑起自己来——那些绿色的藤蔓哪儿去了？莫非刚才看花了眼？

医院怎么装扮得如此呢！以至于不像一所医院。

我想，我一定要找一个最小的房间里的最老的医生。

我开始判断从哪一条小道可以最近地走到医院的大门里去，正在分析着，就见一个人影从一条小道上晃晃悠悠走过来。我立刻迎上去，说："请问，这条小路是通往医院大门的最近的道吗？"

来者是个老头，他停住脚步，迟缓地抬起头，眯着眼睛打量我，灰白的胡须向上翘了翘，似乎刚刚经历了一场冤枉的事件，满脸黯淡。他似乎有两张脸，一张脸看着我，另一张脸看着他身后的来路。但是，他什么也没说，就从我身边溜了过去，然后消失在一堵墙的后边。

这时我看到脚边的小道口插着一块木方牌子，上边写："梦想之路，请勿前行。"我用目光充当圆周半径，测试了一下，断定这肯定是一条近路。于是，我毫不迟疑地走了进去。

阳光已经亮脆饱满，我走在我自己的影子上，小路弯弯曲曲，树影斑斑驳驳，杂草丛生，高及脚踝。远处火车的鸣笛声呼啸而过。那笛声顺着阳光传递过来。

待到我接近这所医院的大门时，我被一排木栅栏挡住了，我试图发现一个缺口钻过去，但是我没有找到，只得退了回来。回到小道口，我又看到了那块木方牌子，我从这块木牌子的背面看到另一行字："欢迎你回来。"我疑惑地望着它发了一会儿呆，终于弄明白刚才那老头为什么不对我说话。

我闪进这座大楼的门洞，紧挨着门的洋灰泥地光秃秃的，一丝不挂的墙壁有一层绿锈的色泽。我四处张望了一会儿，然后就在医院的走廊里来来回回转了几圈，诊室的门都被我推开看过了。我向房间里探头张望的时候，发现每个诊室里边的医生都连头也不抬一下，似乎都很忙碌的样子，脸孔都像刚从冰箱里拿出来似的，千篇一律木然没有表情地悬在一张张办公桌后面，身体萎缩得像不存在一样，仿佛只是一件件白大褂空洞洞地挂在椅子上。

我没有发现我感到信任的人。

一个中年的相当肥硕的妇女从分检处那边一扭一扭走过来，我注意到她那掩在一层厚厚的脂粉下面的脸孔很不高兴，身体的肌肉显然已经相当松弛。她对我说："请坐到候诊椅子上去。"我说："我想找一个合适的医生。"

她说："医生不是可以由你挑的。"

我说："可是，我的病比较特殊。"

"怎么特殊？所有的人都特殊。"她有些不耐烦。

"我的左腿疼。可是，"我低头看了一眼我的假腿，"你肯定看到了，我其实已经没有左腿了。"

她的眼睛里流露出奇怪的神情，"既然你知道你没有了左腿……"

"这正是我来这里的原因。"

她向后闪了一大步，疑惑地上上下下打量了我一会儿，然后转身就离开了。

我追在她身后，着急地解释："我不是没事找事，虽然我的左腿没有了，可是它的确像有一样疼。"

她不再理我，一句话也不肯再说，好像说一个字都会伤了她的元气。

我只好坐到候诊室的椅子上等待。

我坐了一小时或是两小时，没人叫我。我想，一定是分检处的那个胖女人做了手脚，她根本就不相信我，我再坐上一个小时或两个小时，恐怕也不会叫到我了。

于是，我就起身离开了。

我回到家已是傍晚时分，天空已开始昏暗，云彩里好像被揉进去了许多残灰焦炭，一块黑一块黑地暂时处于固体状态。

我心里咯噔一下，被什么东西凝固起来。

果然，推开家门的一瞬间，我发现客厅里坐满了陌生人，男男女女都围着我丈夫，指手画脚，甚至可以说是手舞足蹈，房间里显得水泄不通，空气也十分混浊，烟雾缭绕，还有一股浓烈的生人气味，嘈杂声像波浪似的在客厅的墙壁之间来来回回撞击，声音与气味挤在一起。不知我的眼睛是怎么回事，我恍惚还看见桌子上有一些手指一样大小的微型人（这怎么可能呢？），他们全都一起看向我。我由于害怕陌生人，没敢仔细朝客厅张望，就迅速一闪身溜过门厅，踅进卧房，躺到床上，假装没看到他们。

客厅那边不断传来叽叽喳喳的声音，似乎他们正在热烈地讨论着什么。我想不明白，他为什么要招来这么多陌生人到家里，平时他和我一样，一向都是不好客的，甚至有时候我憋闷极了，拉他到阳台上听听左邻右舍的家常闲话，或者是从阳台向楼下的石板小径上的人影张望一会儿，观看一个陌生的年轻女子举着一把伞款款走过的风韵，或者倾听一位年迈的老者用拐杖探路时木然乏味的敲击声，他一向都不感兴趣。他只是死死守住我们两个人的一成不变的日子，全心全意围着我一个人转，特别是我截肢以后，他几乎就成为我的左腿，而对其他的人与事相当漠然。随着岁月的流逝，他已经自然而然地成为我的一部分，尽管我们最初的某些东西无能为力地丢失或死去了，但我们的关系就像一个陈旧而毫不含糊的概念，稳固忠实。我们淹没在日常生活的琐事之中，正是这些琐事掩饰了我们的某种距离。

有一次，也是傍晚，我站在阳台上看天，天欲将下雨的样子，风却很是干爽，天空的颜色特别浓烈刺目，红的地方像凡·高割下来的那只血淋淋的耳朵，黄的地方就像他指尖流出来的一朵一朵晃眼的向日葵，青黑的地方像噩梦伸手不见五指。我向楼下一排排浓郁的树木望去，夕阳把树冠的一侧染得金红，而另一侧却埋在阴影里，绿得发黑。我冲屋里说："你快过来看啊，树干都成了阴阳人。"他站在厨房洗菜池前，高大的身材如同一座废墟，一截残垣，伫立在已经木然凋零的五脏六腑之上。他脚底下一动不动，手里专注地洗菜，对我的召唤无动于衷，也不回应我，只有哗哗啦啦的流水声传到阳台上。

我又喊了他一声，隔了半天，他才懒洋洋地说了声，"这有什么好看的。"他对外界事物越来越没有兴趣了。

有时他站在卫生间梳头发，水龙头哗哗啦啦流着细细的水，他不时地用梳子淋了水往头发上梳，一梳就是半小时。一个男人，用半小时来梳理头发，若不是穷极无聊，肯定就是想用缜密的头发来遮掩空虚的思维。

这会儿，我躺在床上，习惯性地随便举起一本书，还拿着一支笔在书页上勾勾画画。我听到有人砰砰关门，还有人哐哐啦啦挪凳子。那边的声响使我已经看过的半页书忽然中断，而且一点也想不起来刚才都看了什么，画了什么。书上的内容一下子无影无踪。

我咳嗽一声，想让思路追上刚才书本里的记忆，可是，我的脑膜却不停地震动起来，眼球也干燥得转不动。我只好放下书，合目静躺。我又顺手打开床头的小收音机，脑中有一东西随着收音机讲话的频率震动。

这时，我的丈夫吱扭一声推开卧室的房门，我紧紧闭上眼睛，做出睡得很深的样子。他过来俯下身摇晃我的肩："宝贝，醒醒，我们该吃饭了。"

我睁开眼睛，闻到他身上飘下来的花生油气味和白米饭的馨香。

我说："他们都走了？"

"谁？谁走了？"

我说："家里不是来了很多人吗？他们来做什么？"

他说："你怎么睡糊涂了，家里根本就没有来什么人。"

我有些不高兴，"我进门时看到他们了，整整坐了一屋子人，有什么好隐瞒的。"

"我一直在厨房做饭，听到你回家了。见你进了门就钻进卧室，我想你可能是累了，打算烧好饭再叫你起来吃呢。家里没有人来啊。"

我疑惑地看着他，心里打了个闪，想不出家里有什么事非要背着我。

我不再与他争执，事实在我心里明镜一般。

我起身到客厅转了一圈，他一直闷声不响地跟在我身后。我的目光在客厅里左左右右打量的时候，我发现他的眼珠也随着我的视线转来转去，局促不安的表情清清爽爽地写在脸孔上。我把眼睛眯起来，似乎在太阳光底下走动一样，因为我不想让他明晰地看到我的目光正落在哪里，我知道他一直在瞧着我。客厅仿佛没有什么异样，不像有人来过，一小时前这里的杯盘狼藉、烟雾缭绕以及喧哗吵闹全都消隐不见、匿迹无痕了，只有一点揭穿了此刻风平浪静的骗局——那就是还不及消失殆尽的生人气味。我抬起头看他，他的嘴唇有些颤抖。

我忽然不忍心说穿什么，上去拉住他的手，"好了，我们吃饭吧。"

"宝贝，你怎么了，这些日子总是疑神疑鬼的。"他一边说着，一边从后边用手臂搂住我的腰。

今天他第二次叫我"宝贝"了，这人多奇怪啊，他已经很久没有这样叫我了，显然是心虚在作祟。

"没什么，只是……只是，都太远了。"我说。

"什么太远了？"他搂着我的腰，往门厅饭桌靠近，"你是指去医院太远吗？今天早晨你没叫醒我就一个人走了，本来我是要陪你去的。"

我说："我不是这个意思。"

"那是什么？"停了一会儿，他又说，"别乱想了！现在你的左腿虽然没有了，但是并不妨碍我们一起吃饭，一起做爱，一起待着。我们亲密无间，相依相伴，不吵不闹，能够如此的家庭已经不多见了。"

　　我没有吱声，只是靠在他的胸臂里，随着他的身体慢慢移动到餐桌旁。

　　他先坐了下来，望着桌上香喷喷的饭菜沉默了一会儿，然后很吃力地低低说了声，"今天去医院怎么样？"

　　我迟疑片刻，说了句，"挺好。"

　　"我说是嘛，没有的腿怎么还会疼呢！"

　　我心里木呆呆的，犹如一片被冷冬的寒气刮落的树叶一样，一屁股跌坐到椅子上，仿佛是自言自语，"我们还是吃饭吧。"

　　我不想这会儿再讨论这件事。我已经察觉到，我腿疼这件事使他产生一股隐隐的紧张不安。

　　日子就像公园里的旋转木车，人坐在上边貌似左旋右转的，其实无非就是一个模型，持续不断地沿着几条既定线路行进。按照我们的规定，周六的夜晚应该是我们在床上进行那个习惯性仪式的时间。我们躺在床上，房间里熄了灯，窗帘拉开着，光线若隐若现朦朦胧胧，床头小柜上边的收音机被调在F93频道，那时正在播放轻缓的音乐节目。他把一只手揽在我的肩上。这一切熟悉的背景氛围就如同一张到了位的许可证。

　　我忽然说，"你知道性这东西像什么？"

　　"什么？"

　　"它像我们的生物现象在疲乏厌倦中的一个大哈欠，可是，哈欠并不能真正解决困意。"

　　"你到底在说什么啊？"

　　"我是说，像我们这种做爱，实际上只是把问题搁置一边、假装不存在的最简捷的办法。这件事现在好像也只是一个概念，一种秩序了。"

"你要是认为不该做，我们就不做。"

"这不是该不该的事情，它又不是一件非法武器，侵入了不该占领的地方。我只是在说生活的激情这个问题。"

"你不愿意？我们一向做得很好不是吗？"

"我不喜欢'做'这个字。"隔了一会儿，我叹了一声，又说，"你为什么不愿意正视我的腿疼呢？你虽然在我的手术单上签了字，但我知道那不是你的责任，我从来没有怨过你。"我侧过身朝向他，把一只手放在他结实的胸脯上。

我听到他忽然而起的心跳。他的身体一动不动，仿佛是一个长条形的黑影般的大包裹，里边只装了一把锤子，正在敲打着寻找出口。我在黑暗中注视着他，他的头发不知什么时候起有点稀疏起来，饱满的额头底下一双木然的大眼睛带着几分迷茫的神情。

"我只是觉得那是不可能的，一条没有了的腿，它怎么还会疼呢！"

他沉默了一阵，继续说："我现在无论做什么事，既不强烈，也不冷漠，心思只在表面上，又似乎是悬在哪儿搁不定，不知怎么回事。"

他的脸孔在黑绸睡衣的衬托下，苍白得像浴室里的白瓷砖，闪闪发亮。

我一把把他揽在怀里，仿佛揽住自己的那一条无辜的大腿。他的身体有些微微摇晃，我抱紧他就像在茫茫无边的深水中抓住一只救生圈一样。

我闭上眼睛亲吻他的脸孔，他的脸颊冰冷而湿润，几条看不见的皱纹像树枝一样刺得我眼睛发疼。

我听到他埋在我怀里抑制的细若游丝的抽泣声，那微弱的声音从他的脊梁骨向后脑勺方向一闪就不见了。我的指尖在他的脊背上颤了一下，"你哭了吗？"

他立刻从我的胸口上抬起头，冲我笑了一声，"没有啊，好好的，哭什么！"他想了想，欣喜的样子说："明天我们去永胜公园好不好？我们初恋的地方，那时你的腿还好好的。"

我忽然有一种本打算推开一扇阴影里的门，可是那一扇门却不存在了的扑空感。

在永胜湖熠熠闪亮的黝黑的水面上，我们的小船摇晃着，夏季晃眼的白云从湖水的这一边横亘到湖水的那一边，水面上刻出一道道细微的锯齿形的光痕，四周笼罩着一片凝滞不动的奇怪的光晕。湖水周围是一圈肃然挺立的树木，像是等待着什么。我们本来是来这里寻找初恋的感觉的，可是他坐在船的另一边，心事重重，一声不吭。我从倒映的水中观看他的脸，那脸孔上似乎什么都没有，只是一只空白的表盘倒映在水中，时间凝滞在这行将就木的老人似的脸孔上。

他一直在看天，好像天空正有一个什么秘密等待他破译。

我无聊地拿出一面小镜子看自己，但是，无论我怎样调整镜面的方向，我都对不准自己的脸孔，我只看见一双大得出奇的眼睛从镜子里面回瞪着我。

我的脸孔哪儿去了？我焦急起来。

这时，我听到有一个声音在呼喊我的名字。我看看他的嘴，他的嘴一动没动。我仔细辨析那声音，然后，我判定出那是一个陌生人的声音。我向四周环视，茫茫水面除了我们的小舟，一个人影也没有。

真奇怪啊！

我忽然被一种锯齿的磨锉声和含混的预感所笼罩。

接着，我从他的脑勺后边看见一扇门被打开了，有一个人站在那里，那是一个穿白大褂的戴眼镜的男人，眼珠鼓鼓的，似乎要从眼镜后面冲出来。他很权威地站立在门口的一只高大的铁架子旁边，半隐着身子。我注意到这时的风停了，太阳光线游动的声音犹如一根根金草发出咝咝声，窗户的玻璃模糊不清，似乎不透光。他一边假笑着叫我的名字，一边慢慢向我走来。我舔了舔嘴唇，没有出声。但我认出了他，并且，一下子对他充满了敬畏，倒不是敬畏他本人，而是敬畏他所代表的白色权力。他请我躺到一只雪白的床一样的车子上，然后他推着这辆车子穿过一个长长的走廊，又经过一个狭窄的过道，进入一间封闭的大房间里。这个房间又高又大又敞亮，天花板有些倾斜，有检测仪器的嘟嘟声从上边渗透下来，我预感我已经掉入一场莫名的无法收场的局面当中。

　　我被几个人抬起来，放在屋子中央的长台子上，时间的流逝像沙漏那样有形。光线和影子在白布的后边晃动，我看见几个人的影子聚拢在一起，他们交头接耳，嘀嘀咕咕，很诡秘的样子，不像要做一场手术，倒像是要合谋制造一个寓言。一只手从布帘的犄角伸过来，脱掉我的一只鞋子，我听到噗的一声，那只鞋子落到窗外的草丛上。我捂住自己的嘴，眼泪流了出来。"这样的腿还是到梦幻里去行走吧，它属于那个世界。"我听到那个男人说。然后，我的一条腿就从台子上滑落下来，掉到他的手臂中……

　　"我们总得面对现实，是不是？"一个十分凄凉的声音从水面上近在咫尺的我的对面传来。

　　我心一惊，抬眼看他，小镜子滑落水中。

　　果然，是他在和我说话。

　　他的一只手奇怪地插在上衣兜里，似乎不像正在掏着什么东西，只是把手指掩藏起来的样子。然后，他就从衣兜里拿出他的手，"你看，我的手已经变了样儿。"

　　于是，我看见他从衣兜里拿出来的手已经不是手的样子，那是一把钝拙的锯齿。

他神情凄苦地说："我年轻时候的手简直是一张细嫩的白纸，那是专门用来写诗的。还记得当初我写给你的一首诗吗？其中一句是'我愿成为你的左腿，与你的右腿并步前行'，那时你的左腿还完好无损呢。可是，当你真的失去了你的左腿的时候，我的手竟然变成了一张粗糙的砂纸，甚至是一只锯齿……"

我从惊惧中缓过神来，我说："这没什么，年轻时候，我们都喜欢黄昏落日，悲欢离合，鲜血与凋叶，刀光与死亡，喜欢夜的迷蒙与未可知，喜欢扮演罗密欧与朱丽叶；现在，我们喜欢平静的早晨，安详的晚餐，厮守的夜晚，磨磨蹭蹭的雨声，这没什么。充当观察者总比充当表演者轻松，不是吗？"

"我不是要说这个，我只是在说我的手。"

"你的手没什么问题。"

"有。难道你看不见吗？你看，它现在成了一只刽子手！"他一边说着，一边把他的大手猛地伸向我的脸孔。

我大声呼叫着吓醒过来。

"你睡着了，宝贝。怎么这么紧张？"他安详地看着我，他温热的手正被我死死攥在手中。

我喘息着推开他的手，我说："我们走吧，我累了。"

回到家已是傍晚时分，我跌坐在沙发里，由于劳累，我的左腿又开始了那种深深的隐隐的疼，我感觉我的左腿正盘压在我的右腿之上，形成一个美好的弧度，膝盖骨底下的血管突突跳跃着，清晰可感。我抑制不住地又伸手抚摸我的左腿，可是那只是一条硬邦邦的假腿，我只好用力攥住我的左胯，手指深深抠了进去。

这时，我的另一只手在沙发扶手处触碰到了什么，我拿起来一看，那是一本叫作《西医外科与行为艺术》的书。我发现书里有一处被折页的地方，我掀开那一页，上边有几处画了铅笔道道的痕迹，显然是他画的。我迅速瞥了一眼画笔道的文字，上边写：负责人体肢体的末梢神经，在人的一部分肢体被切割后，末梢神经对该部分肢体的感觉信号有时并不能消失，有时仍然会逼真地存有对那失去的一部分肢体的感觉，依然像存在着一样……

"怎么样，我们玩得不错吧。"他手里攥着一张报纸，走了进来。

我迅速把那本书藏掖到身后，微微闭上眼睛，"我的左腿又疼起来了。"

他紧张地从报纸上抬起头，望着我，"怎么会呢？一定又是你的错觉，它已经不在了呀。"他一边说，一边放下手中的报纸，把我搂在他的怀中。我再一次听到他急促的锤击一般的心跳声。

我有气无力地说："你不觉得这种郊游正像我们的性交一样，只不过是把真正的问题悬置一边，并且试图把它遮掩起来吗？你为什么偏要假装它不存在呢？"

"本来就不存在嘛！我们不是玩得好好的吗？"他嘴上轻松地说着，却心事重重地低下头，苦痛的表情完全地占领了他的脸孔。

这时，有敲门声响起来。

我们家里已经很久没有敲门声了。

他叹了一声，就用双手抱住头埋在膝上。

他终于抽泣起来，用我几乎听不到的声音说："我的腿疼，左腿疼，一直没有停止过。"

那敲门声更加急剧了，咚咚咚，十分沉重十分拙笨的敲击声。我听到那声音很特别很奇怪，不像是用手指在敲击，简直是用脚在踢门。

咚——咚——咚，这深不可测的敲门声会是谁呢？

我和他不约而同向房门望去，我们的目光穿过幽长的门厅和走廊，落到那重重的敲击声上。然后，我们的视线从房门处收了回来，神情紧张地彼此对视一下，我们几乎同时发现黄昏的黯淡而苍老的光线提前来临了，它穿过窗棂抹在我们未老先衰的脸孔上。这早衰的光线形成了一堵活动的墙壁，触不着摸不到，压在我们死去的梦想上边。

我们都知道那是我的左腿来找我们了，它正在用力敲击着我们的房门呢。

碎　音

199×年对一些人来说，似乎是不祥的一年，一些我熟识的和不熟识的年轻人，都在不该死去的年华英年早逝了。我身边就有一位，虽然已算不上年轻，但也绝不到被天堂或地狱召唤的年龄。他是在一天黄昏时分，一个人躲在我们单位他自己的主任办公室里，好像做着什么偷偷摸摸的事情，然后，忽然干叫一声，窒息猝死。有人说，这一年的彗星和日食，神秘地和某些做过不可告人的事情的人发生了联系，然后把他们带走了。

我不知道。我很难相信没有被自己证实的事物。

生活中稀奇古怪、不可捉摸的事情越来越多。有时候，你明明看准无误，可忽然就不是它了。弄得人心里恍恍惚惚，七上八下，不知如何是好。

近来，一些古怪的事情接二连三地发生，而这些怪头怪脑的事物原来都是远离我的，它们总是发生在那种头脑复杂而且对世界充满了探索劲头的斗士身上。像我这样既缺乏好奇心又胆小的女子，无论在现实中还是在脑子里边，一般什么也不会发生，日子宁静得如同一片坍塌了墙垣的旷地，淡泊澄澈。当然，这并不是说我已经饱履世事，历经坎坷，内心已抵达冥合的暮秋，懂得了生活的化繁为简，深藏若虚。恰恰相反，我的生活一直云定风清，平静得没有任何经历可言。

简单，的确是我的天性使然。并且，我习惯于这种简单。

就是这样一个不高的要求，不知怎么却离我越来越远。

昨天傍晚，我与丈夫一起吃过晚饭，就一个人躲进卧房，坐在床沿上发呆。因为他总是在客厅里走来走去，身影如同一堵墙壁，吧嗒吧嗒的脚步声搅得我心里十分慌乱，这种绵绵延延、虚虚实实的脚步声在我的血管里起伏跌宕，蹿突跳跃，即使我用双手把耳朵堵起来，那声音也依然缠绕不去，无法销匿。

的确奇怪，我对这种声音的慌乱感已经持续好一阵时候了，也说不清到底是从何时而起。这声音总是追随着我，使我在平静的甚至是有些木然的思路线索中，猝不及防地被跌碎、被唤醒过来，惊觉地专注于此。由于这声音有形或者无形、存在或者虚幻地不断响起，即使我并没有忙于什么，甚至什么事情也没做，我心里依然会觉得特别忙乱和紧迫，轻松不下来。脑中似乎同时充满着许多事，乃至一件事也想不起来。太满了，反倒一片空白。

轻松，对我来说，的确是一件沉重的事情。感受轻松，我觉得是十分困难的。

我急忙离开客厅，离开那声音，坐到卧房的床沿上来。

望着窗外，我看到已是晚暮苍暝时分，从家里五层高的房间窗口眺望出去，一群一群绿绿的树干顶冠的叶子，如同游动的青蛙，在齐窗高的半空里无声地漂浮。我凝神看了一会儿，没有听到好听的树叶的摩挲声，却听到丈夫在那边房子里把电视频道换来换去的响动，以及他的拖鞋在木板地面上发出的烦躁不安的声音。

于是，我离开家，打算到楼下的报摊买几份小报。

我发现我越来越懒得与他说话了，但懒得说话并不意味着厌烦与他说话。我其实一点也不厌烦他。有他若隐若现地在身旁，在不太远但也不太近的地方待着，我心里才觉得踏实和安全。

在单位我也是喜欢一个人待着，财务部除了我，还有一名出纳员小李，我做会计。平时，小李总是提醒我不要老是望着那台微机电脑出神想事。其实，我只不过是在注意倾听楼道里那有可能传来的由远而近的皮鞋的橐橐声，那是主任的高跟鞋踩在楼道石灰地面上的声音，不知为什么这声音清脆尖锐得如同一根根钉子，一下一下扎在我的皮肤上。每当我在微机上的计算出现问题的时候，这恐怖的橐橐声都会从天而降。然后一句"有什么问题吗"的询问便会软软地从一张充满善意的赝笑的脸孔上掉下来，那是一种把你推得很远的亲切，掺杂着虚幻不定、永远使人无法真正抓到手里的热情。

我常常半是畏惧、半是警惕地凝视这张中年的脸——面容略显枯槁，眼白过多而混浊，嘴唇薄薄的，散发一种苍白的光泽。头发比真丝还要柔软，脸庞的造型相当的好，只是那只低矮的鼻梁和宽大的鼻孔，仿佛缺乏某种正气的力量。

应该说，这样一副面孔，平常得我们在大街上随时可遇，完全够得上过目即忘的相貌标准。但是，只要你对那脸孔仔细地看上一眼，就无论如何也不会把这张普通的脸庞湮没在人群之中了。这样一张普通脸孔的不普通之处，我曾多次暗自分析其中的缘由，始终不得其解。直到有一天傍晚，下班时候，她从我的眼前忽然转过身去的一瞬间，我终于醒悟——这种亲切之所以使我不安，完全是由于来自她脸孔后边的笑容引起的，这种独特的不同于常人的笑，只有当她背过脸去，才能被人真正看到，也就是说，那笑容不是展开在她的面颊上，而是绽现在她的后脑勺上，它隐隐约约地躲藏在黑黑的长头发缝里闪烁，使人觉得其中隐匿着多种危险的因子。这来自于脸孔背面的阴气森森却努力给人以亲切特征的微笑，常常使我觉得比刀光闪闪却浮于言表的毒骂更毛骨悚然。在这严丝合缝的笑容里，不会有半点真实的东西或秘密泄露出来。

我的确难以解释对这张脸孔的不能自拔的畏惧。觉得我们之间始终存在着一种错综复杂、明枪暗箭又无所不在的微妙关系。但那到底是什么，我也不知道。

我以前偶尔发呆的时候，顶多想一想这张脸孔，至于其他的，我的确什么也没想，生活还有什么可想的呢？这一种生活与另外一种生活也许有所差别，但无所谓哪一种更好，不值得再去改变什么，战胜什么。无非如此。单位其他部门的同事议论我骄傲不爱理人，我哪里是骄傲啊，我不过是懒与人语罢了。

人为什么非得说话不可呢！

回到家，我自然是越发懒得说话。记得五年前我和丈夫刚结婚那会儿，我们能伴着窗外夏夜的雨声，相拥在卧房一隅的松软的大床上，低声聊上大半夜。窗外澄澈的雨珠滴滴答答垂落到楼下的绿荫地上，如同一大朵一大朵的白色花瓣沉沉地掉落在岑寂的沙土上，发出唑唑啦啦的渗透声。我们似乎有着说不完的话，多么渴望能够成为一对被软禁的永恒的囚徒啊。直到意识到第二天清早七点钟还要起床去上班，才恋恋不舍地闭上嘴巴，合上眼睛，在梦里的交谈中安然睡去。哪里是什么"昼短夜苦长"，分明是绵绵润雨夜苦短啊！

那时，我对他的感情要求特别高，敏感得如同一根上紧的发条，一只惊弓之鸟，好像每一天世界都有可能崩溃了似的。那时候，我常常设想与他结盟自杀之类的情景，幻想把一场热恋推到高潮的结局。其实，人在激情之中真是无幸福可言，这是我后来获得平静的体验之后才得到的。而且，人在激情之中所说的任何话，都是人体在爱情的生物反应下流溢出来的，它的可信度是值得警惕的一件事，这当然也是我后来得出的，但当时绝对不是出于谎言的目的。随着岁月的流逝，我的情感生活越来越像地衣苔藓一样容易满足，只需给它一点点水分，它就可以成活。时光的确是一种奇怪的磨损剂、腐蚀剂，它把那种火焰般的恋情打磨成一种无话可说（即无话不能说）的亲情。

现在，我真的不知道自己是怎么回事。

最初，丈夫见我懒言少语，以为我怎么了。一天，他居然举着一本书过来问我，他说，书里的一个外国人讲，长久的沉默有多种意味，某些沉默带有强烈的敌意，另一些沉默却意味着深切的情谊和爱恋。他还举了例子，说，书上的这个人有一次接受另一个人的造访，他们才聊了几分钟，就不知怎的突然发现彼此间没有什么可说的了，接下来他们从下午三点钟一直待到午夜。他们喝酒，猛烈地抽烟，还吃了丰盛的晚餐。在整整十小时中，他们说的话总共不超过二十分钟。从那时起，他们之间开始了漫长的友谊，书上的这个人第一次在沉默中同别人发生了友情。沉默是一种体验与他人关系的特定手段。

我说："我们不说话，可我们之间并没有发生什么或改变什么。我的确需要你，离不开你。"

他疑虑地看了看我，想说什么，结果又没说。只是喉结动了一下。

我走到楼下买报纸的时候，注意到楼前的那一片绿草丛生的旷地上长起来几株灌木，还有一些杂色的野花可怜巴巴地干枯着。远处是一堆铁红色的废砖头和一只不太高的伸手摊脚的黑色脚手架，闷闷地发着焦渴的光亮，它们似乎都在烦躁地挥发着下午的太阳晒进去的燥热。

我想，要是下一场雨该多好！

从楼下买报纸回来，我没有乘电梯，我沿着模模糊糊的楼梯往五层爬。听着自己的脚步声，我忽然又有点神思恍惚，一种压迫的感觉像黯淡的光线一样覆盖在肢体上，这声音总是诱发我想起某一处那由远而近的高跟鞋的敲击声，我无法消除对这种声音的持续不断的恐惧感。

我有些慌乱起来，急忙加快脚步爬上五层，敲响自己的家门。

意外的是，我出去不过一刻钟时间，房间里边却没有应声了，也没有任何动静。

我又急切地敲了几下房门，盼望丈夫快点打开门，以便摆脱刚才那莫名而起的恐慌。但是，房门里边像一个久无人至的废弃的仓库，或者是一窟年代悠远的洞穴，无声无息。

我抬起头，猛地看到房门上红色的油漆赫然写着606。我急忙转身，犹如一只最敏捷的猫一般，迅速而轻巧地往楼下蹿了一层。我之所以蹑手蹑脚，是为了避免脚下发出声响。然后，我在与上一层相同的位置上敲响了自己的家门。

里边似乎远远传出一声游丝般的询问，"谁啊？"

不等那声音结束，我立刻大声喊叫，"是我！"

房门打开了，一位少妇站立在眼前。她一只手撑在潮乎乎的门框上，另一只手漫不经心地别在柔软的腰间。

刹那间，我被眼前的情境惊呆了，一个冷战把我打到身后楼道凉飕飕的墙壁上，手中的报纸散落一地。地上一片白花花的云彩。

少妇表情奇怪地迟疑了一下，只低低说了声"走错了"，就又关上屋门。

我这才看见房门上火苗一样冰冷的号码：406。

我再也沉不住气，落荒而逃。

这时的我，已经成了惊恐万状的兔子。

我在楼上楼下来来回回蹿跳，再也控制不了自己的脚步，双腿犹如灌了铅，大象一般的沉甸甸的脚，重重地踏在渐渐黑暗起来的楼梯上。奇怪的是，这会儿我听到的不是自己的脚步声，我分明听到一种由远而近的高跟鞋的橐橐声，这声音越来越响，越来越嘹亮。

当丈夫为我打开自家的506房门时，我已经被汗水淋透，我感觉到自己的头发变得一绺一绺的，像油画上的黑颜料。

我把湿淋淋的身体靠在他的锁骨上，气喘吁吁地告诉他刚才所发生的一切。他轻轻推开我，退后一步，站立在门厅四壁雪白的空旷之中，全神贯注地看着我。

隔了一些时候，他说："你一定是累了。"

我说："你不相信吗？你看我已经被汗水湿透了。"

"外边下雨了。"他的嗓音有一种古怪的沙哑。

我生气了，好像我在对他虚构似的。他怎么就不相信我和我的遭遇呢！

丈夫似乎看出我的不快，拉我到阳台上，用力把一扇半掩的窗户吱扭一声推开，显然是雨水把铁窗户的窗杆锈住了。"你看，下着雨呢，你怎么连雨伞都不带就跑出门？"

我望着那缠缠连连咝咝啦啦的雨滴，以及楼房背后那一条伸向远处去的湿淋淋的曲折蜿蜒的小路，惊愕得一句话也说不出。

当晚，我一夜没有睡好，辗转反侧，想不明白这一切是怎么回事。

今天一清早，我只是略觉眩晕，但还是准时离开家门去上班了。

一夜的小雨停息了，空气凉爽而静谧。路边的小水洼闪烁着乌亮的光泽，城市的景观被光线折射到水洼上，构成一幅静止的黑白图片，那图像似乎正安静地等候行人去踏破。一排排高大的树木或低矮的草丛，舒展地喘息着，尽情地享受着早晨的清馨。我身置这洁净的空气里，仿佛生活里所有的混浊都被洗涤了，身体的不适之感也被丢到一边。一夜的睡眠，即使不够安稳，也足以抹去昨晚"鬼打墙"的记忆。

清晨的凉爽使得天空格外的蓝。

我准时坐在财务部办公室里，一缕阳光斜射在眼前的微机电脑屏幕上，那光线被玻璃反射成一道散发着诡秘的白光。我目不转睛地盯住那光线发呆。

天气如此之好，我却不得不坐到这台机器前。我多么痛恨这台机器啊！每天，我都得死死盯住它上面的表格数字，算来算去，不敢有一丝一毫的懈怠与疏忽，可是差错依然会不备而至。每当这时，楼道里就会由远而近地传来那高跟鞋急促的橐橐声。

出纳员小李已经坐在对面的椅子上，她正在津津有味地享受着早餐——一只金黄的鸡蛋饼，她的胃口好得总是饥肠辘辘，随时等候着要饱餐一顿。她的丰满的下巴层层叠叠，滑溜溜的纹路如同一道道小路，可以通向任何开阔的方向。令我羡慕不已。

小李吃完鸡蛋饼，打了这一天的第一个愉快的饱嗝之后，用餐巾纸抹抹嘴，说："怎么大清早来了就发呆呢！"

我的身子忽然向后倾了一下，混乱的思路被她的语声切断了。

我说："没什么，没什么。"

我站起身，为我们俩一人沏了一杯清茶，然后坐下来。我重新调整了目光和呼吸，叹了一声，就打开微机。我努力把那屏幕想象成一盘香喷可口的菜肴，告诉自己我正准备进入它的芳香。

屏幕上的数据表格就像一间无穷大的空房子里的银光闪闪的蜘蛛网，我端坐在这个巨大蛛网前，开始了不停地牵一牵丝网、修补一些数据的工作。

我一边工作，一边走了神，就像有时候笔直的生活之路时常也会把我们引入偶然的岔路似的。望着屏幕上的"蜘蛛网"，我的眼前却进入了另一番景象。

……我走在去主任办公室的路上，我正准备取回主任校正过的一份单据。走过单位院子里卵石铺成的小路，我看到一枝桃树花掉下来，被人踩扁了，已经蔫干。一棵微不足道的小草歪歪斜斜，在砖头与卵石参差不齐的夹缝里顽强地滋出，它的扭曲的姿态使我看到了弱小生命企图改变命运的力量。

然后，我穿过一条阴暗错综的走廊，脚步把薄薄的瓷砖地板震得咯咯作响。我走进了主任硕大的办公室。

忽然，我发现，她的办公室里空无一人。可是，两分钟前，她还在电话里说在办公室等我呢。我纳闷地收住双脚，愕然伫立，向房间里边探着头。

屋子又高又大，我发现那一排一排超高的白色柜子上边，全是空的，那种空洞使我想到一张张没有了舌头的大张的嘴。那些柜子把房间切割得犹如迷宫一般，看不到里边会潜藏着什么。我心虚地环视着空房间，房间里似乎有一股呆滞而神秘的雾气，呈青蓝色，从屋顶到窗沿有一串蜘蛛网缠附下来，依稀可见。室内明显地缺乏通风，一袭腐朽之气迎面贴到脸孔上。几缕暗黄色的微光，从又高又窄的窗户斜射进来，外边临街，隐约可以看到窗外有一座坍塌半截的破败建筑物。这一切，使我立刻呼吸到一种严峻而恐怖的气息。

我急切地希望看到主任真实的身影，取到单据，马上离开。

果然，我的余光在房间的一隅看到一个小小的黑影。可是，那影子倏忽一闪就不见了，只留下一串模糊不清的语声，我没有听清。

我被吓得有些站立不稳，便蹲了下来。停了一会儿，那声音又模糊不清地哼一句。我仔细辨析，也许是我改变了高度的缘故，那声音从高处沉落下来变得清晰了一些。我听到那嗓音似乎在说，"让过去那个机密死去吧，不要泄露给任何人！"尽管这声音嗡嗡瑟瑟的，像口中含着一团棉絮，又像米粥撒到衣服上后洗涤时的那种缠缠连连的不清爽，黏黏糊糊的。但是，这回我的确听清了。这是我有生以来听到的最为刺激的声音。

我的身体立刻瑟瑟发抖起来，因为影子的声音并不是主任的声音，而是已经死去了的老主任的声音，他那特有的浓重的惠安乡音，抑扬顿挫，一板一眼，我永远也不会忘记。

直到这时，我才猛然想起来，我对楼道里的脚步声的恐惧，就是在老主任死后，由他的亲密伙伴——现在的主任接替的那一天开始的。

我冲着那形状模糊的影子消失的方向高声叫喊，"我一点也不知道你们的秘密啊！"

我一边说着，一边鼓足勇气站了起来，并且不顾一切地朝那个影子方向扑了过去。我想，虚幻总比真实的事物更恐怖，哪怕那真实之物是一只凶狠的老虎，也比暗处隐藏的阴阴怪叫的小猫更使人可以对付。

这时，房门不知是因为风还是被什么力量所驱使，忽然"哐"的一声关上了。

我一回身，正好有人走了进来。出纳员小李打开水回来了。

我惊惧地转移自己的思绪，回到眼前的微机上边来。

我站起身，倒了一杯水，又喝了几口，定定心神，准备重整思路。

可是，我喘息未定，就听到了楼道里那熟悉的由远而近的高跟鞋的橐橐声。这一次，是真切的橐橐声，近得就在我的耳朵边上，并且越来越清晰。它真实无误地降临了！

这绝不可能是我臆想出来的，因为出纳员小李说了声，"主任来了。"

当主任那一张冷飕飕的笑脸悬浮在我头顶上方的一瞬间，我的心脏如同一颗子弹从喉咙里飞了出去，射到对面的墙壁里边去了，我看到那雪白的墙壁震荡般地忽忽悠悠一鼓一缩，而我的胸壁一下子凝固成一堵死寂的无声无息的墙。我的整张脸孔都被她的永远亲切而莫测的微笑吸空了。

我再也支持不住，一个箭步就蹿出办公室，逃跑了。再也不想回来了。

我走到街上，日光似乎特别刺眼，我觉得有些晕眩，就闭上眼睛。可是，闭上眼睛的天空，又有一种强烈的万花筒一样的色彩，使我进入醉酒样的状态。我的注意力难以集中，视觉紊乱，无法连贯，视野在我的面前摇摆不定，周围的建筑似乎扭曲了，就像在曲面镜中所见一样。前前后后的人群看上去也怪模怪样，像戴上彩色的面具，有的变成了一堆形状不定的抽象物，使我极想发笑。我的头部、双腿和全身有一种间断性的沉重感，咽喉干燥、发紧，感到窒息。思维像闪电一样飘来飘去，使得我整个人都要飘了起来。一些字词和不连贯的句子喋喋不休地出现在我的脑中，我感到就要离开自己的肉体了。

我的身体就像一股水流被人为地改变了河床，流向与我本身不同的方向。

我挥手叫了一辆的士，立刻钻了进去。也许是由于车速太快的缘故，两旁的一切就像从流动的水面反射出来的一样，似乎所有的物件的颜色都在令人不快和不停地改变，物体的影子则呈现黯淡的色泽。奇怪的是，此刻我所有的听觉，全都转化成视觉效果，知觉转换为光学效果（比如一辆汽车疾驶而过的噪音），而每一个声音都激起一个相应的富于色彩的视觉，其形状和颜色像万花筒中的图片一样不断变化……

傍晚丈夫回到家中，把我从睡眠里摇醒，我一下子从床上跃起，环住他的脖颈不肯撒手，委屈的心情使我对他产生了最大限度的依赖。

我口中叫着"关机！关机！"

他说，"你还做梦呢，这不是财务办公室。"他掰开我僵紧的手指，"快起来吧，我都饿了。"

他走进厨房，打开水龙头，水管里边发出几声咳嗽般的怪声音，然后是水流如注的哗哗响。

我趿上拖鞋，走出卧室。

"我们吃什么？"丈夫一边说着，一边打开紧关的冰箱。

我本能地冲着冰箱高声叫了起来："关机！关机！"

他蹙了蹙眉，顺手关上冰箱的门，"你是怎么啦，还在做梦吗？"

他走到我身边，轻轻地拍我的头，体贴地说："你这些日子太累了，脸色都不对，整个人就像一株大雨中的麦苗，蔫蔫的。今天我做饭吧。"

我再一次把头枕到他的肩胛骨上，虽然我知道他无法分担我精神里那个最为隐秘的事情，但是，有这样一堵结实得墙壁一般的肩膀支撑在我的身边，的确使我心里充溢一种深沉的平静感和安全感。

我说，"也许，我真是累了。"

我靠在他的肩上不想动。

他说，"你在想什么？没有不舒服吧？"

我从冰箱上顺手取下中午睡前喝剩一半的红葡萄酒，一饮而尽，心里暖热了一下，清爽起来，浑身的神经也都活过来。"我的手指被车门夹了，"我举起食指给他看，"可我记不清是怎么弄的了。"

他拿过我的手指仔细看了看，说："好像看不出什么。"

"肯定伤到里边了，你看不见。"我说。

"凡是看不见的就别当事了，好吗？"

"我也想这样，可我的感觉总是提醒我有了什么事。"

我继续伏在他的肩头，像个灾难中束手无策的孩子信任父亲一样信任他，听任他引导我在日常生活的形而下学的混乱中前行。

晚上，我们早早就躺到床上，我穿着一件磨损得有些毛边的旧睡衣，它的毛茸茸的质感使我的肌肤感到特别的妥帖。长期以来，睡衣就像朋友或亲人一样，我总是喜欢旧的，无论多么磨损，也不忍丢弃。睡衣的淡紫色和卧室黯淡的光线浑然一体。我侧身而卧，丈夫背对着我，他结实的躯体在朦朦胧胧的月光下呈Z字形躺在我的面前。我一直以为，人的背影是一种无声的语言，而语言本身实在是多余之物。我一只手枕在脑袋底下，端详着他的背影，身体包裹在薄薄的被子里边格外温暖。此刻，我觉得十分舒适，有一种懒洋洋的感觉弥漫全身。

这一天的紧张焦虑终于过去了。

我很想搂住他的脊背，或者让他抚摸我。但只是搂着和抚摸，不想其他。这一天的日子我好像已经精疲力竭，再无多余的力气。我知道，如果我主动去环住他，在这样一个温馨安静的晚上，在这样一种岁月还没有把我们打磨到衰老的年华，我的动作肯定会招致一场不可收拾的暴风骤雨局面。

而且，纯粹的爱抚的感觉，与单纯的性的愿望不同，那绝不是靠要求就可以换来的。

于是，便罢了。

床垫在身子下边温柔地依顺着我的肢体。我看到厚厚的落地窗帘的一角没有拉上，一束发青的光线正从那缝隙斜射进来，使得房间比以往的夜晚显得亮了些。那光亮落在房间里栗色的半旧木质家具上，以及干净的陶器、根雕和晚间丢在床头茶几上的一小堆果皮上。我以惊讶的目光盯住这缕珍贵的光线，仿佛它是茫茫黑夜里唯一的安慰与奢侈品。墙壁上嘀嘀嗒嗒的钟声，心平气和地保持着一成不变的节奏，我的血液跟着它的节拍也宁静下来。我的身后，卧室的房门敞开着，我听见卫生间里淋浴器漏出的水滴正缓缓地垂落到浴缸上，那滴答声透过长长的门厅走廊若隐若现，像催眠曲似的柔软。这一切使我感到满足，我急欲进入睡眠之中。

正在我刚要掉进睡眠的一片空白之中的时候，我被什么隐隐的响动惊醒过来，睡意一下子被抛到九霄云外。我警觉地仔细倾听，终于听到了那是一个人攀爬楼梯的脚步声，那是一双皮质很好的硬底皮鞋，后跟很细，但并不很高，一双中年女性肥硕的脚。那双脚越来越近，越来越响，轻轻爬上了五楼，然后那双脚就站立在我家房门外边的垫子上。我甚至听到那人举起胳膊准备摁响门铃时袖管发出的咝咝声，只是在那手指尖即将触碰到门铃按钮时忽然停住，手臂似乎高悬了一会儿，好像犹疑片刻，才决定不按响。我的心跳第二次从喉咙里飞了出去，脖颈上软软的蓝血管，随着惊恐剧烈地起伏。

直到我听见那脚步声缓缓离开，才喘了一口气。那脚步依然很轻，但每一声都在我的脑中钉下一个坑。

我紧紧抓住丈夫的肩膀，并且用尽全身的力气抱紧他，我叫了起来，"听啊，脚步声，你快听啊，脚步声……"

他醒转过来，"什么脚步声？"

"你快听，有脚步声！"我指向楼道方向。

他倾听了一会儿，然后用那熟悉的沙哑的嗓音说："别闹了你，你总是与梦为邻。"

我说："是真的。"

他说："我怎么听不到？"

我说："真的是真的。"

我浑身抖个不停，死死抱住他不肯撒手。

他见我格外激动，就开始对我上上下下摸索起来。我攥住他的手，不让他动，只要求他抱紧，"别动，千万别动，你听不到了。"

他大概是听到了我小鼓一般急促的心跳，就说："别怕，肯定是你听错了。"

"不会错，不会错，真切得几乎可以看到。"我说，"你看楼道里的灯都亮了。"

透过紧临楼道的厨房玻璃，楼道的灯果然是亮的。

"你这样大声叫喊，灯肯定要震亮的。"

他打开床头灯，"屋里什么也没有。"

"真的，刚才真切得几乎可以看到。"

"看到什么？"

"就要掉下来了，哎哟，就要掉下来了！"我高声尖叫。

"什么掉下来了？"

"主任的脸！"

巫女与她的梦中之门

一

我和九月沉浸在一起，互相成为对方的一扇走不通的门。那是一扇永远无法打开的怪门或死门。我们紧密纠缠住无法喘息，不知怎么办。

空洞的窗子却永远被各种各样过路的敲击人叩响，特别是在懒洋洋的春天，小公猫们的爪痕留在我的玻璃窗上，像巨大透明的雨球，鬼鬼祟祟，寻找溜进房间的缝隙。我总是躲在关闭的窗子里，如一条离群索居的孤鱼，小公猫们闻见鱼腥味，便伺机行事。外边，乌云在摇晃，枯树在歌唱，这世界上的风景和故事无非就是这样。

我要告诉你的是九月。九月既不是一个我生命里不同寻常的时间，也不是某一位在我的玻璃窗上留下爪痕的神秘莫测的人物。我只能告诉你，九月是我这一生中一个奇奇怪怪的看不见的门。只有这一个门我无法去碰，即使在梦中无意碰到，我也会感到要死掉。

九月的父亲（"父亲"在此为象征词，正像有人称祖国为母亲一样），在我的冥想中是夏季里暴君一样的台风，专断地掀倒一切，狂躁无拦；我的父亲，一个有着尼采似的羸弱身体与躁动不安的男人，在我母亲离开他的那一个浓郁的九月里的一天，他的一个无与伦比的耳光打在我十六岁的嫩豆芽一般的脸颊上，他把我连根拔起，跌落到两三米之外的高台阶下边去。鲜血和无数朵迸射的金花在我紧闭的眼帘外边弥漫绵延，透过这永远无法弥合的两三米的黑暗而狰狞的空间，晕厥中，家像鸟笼在半空摇晃，男人像树在心里摇晃。我模糊看到我父亲被那个年代纷乱的人群捆绑着剃成的十字阴阳头，渐渐膨胀成中国的弯弯扭扭的城墙，他那怪笑般的长啸，凝固成夜幕里永远洗不掉的阴影。这阴影是我生命中无法穿透的男人的石墙。

我的父亲，他疯了。在茫茫黑夜的红彤彤背景里。

耳光，这算不上遭遇的遭遇，使我和九月走到一个故事里，使我在这个如同堆积垃圾一样堆积爱情的世界上成为异类和叛逆。我只与属于内心的九月互为倾诉者，分不清我们谁是谁。也许是我的潜意识拒绝分清楚。这个世界恐怕难以找到比我左胸口上那个悸动的东西更复杂混乱更难以拆解剖析的零件了。

九月，辣椒一般炽红的太阳把沥青路面灼成软软的棉花地，踏在上面像踩着重重心事，提不起精神。那男人，那个半裸着淡棕色光滑脊背的有如我父亲一样年龄的男人，高大的身躯遮挡住使我晕眩的阳光，我的恐惧光芒的眼睛被刺得淌着肮脏的泪水。他用一辆三轮车拉着我简单的行李，也拖着我那小母狗一样瘦骨伶仃的十六岁的身体，把我从那一个光辉灿烂的耳光下面死人一样提起来，我们走向一个去处，一个熟悉我的故事的读者已经熟悉的处所——城南那一座幽僻诡秘的已经废弃了的尼姑庵。

我们背朝青石大路，经过一大片盘根错节的放着绿荧荧鬼光的枯树林，一大片呈赭红色的怪石堆，又经过一座坡度很陡的破旧木桥，拐进那条半截细肠子似的胡同，胡同尽头是一个解不开的死扣，永远走不通。这是一条我生命里致命的岔路。

我裹在九月的绿雾里掩目沉思，那浓郁古怪的老树们半掩的庵庙庭院，总是细雨纷纷，水珠在屋檐滴滴垂挂。锈红色的地面上浮一层黯绿，树顶飘出薄薄淡淡的青烟。我把自己重新诱回到早年这个故事中去。我始终重复又重复地迷恋于在这种危险中穿梭迷失。

　　……

　　父亲们

　　你挡住了我

　　你的背影挡住了你，即使

　　在你蛛网般的思维里早已布满

　　坍塌了一切声音的遗忘，即使

　　我已一百次长大成人

　　我的眼眸仍然无法迈过

　　你那阴影

　　你要我仰起多少次毁掉了的头颅

　　才能真正看见男人

　　你要我抬起多少次失去窗棂的目光

　　才能望见有绿树的苍穹

　　你要我走出多少无路可走的路程

　　才能迈出健康女人的不再鲜血淋漓的脚步

　　……

二

　　我的这种沉迷危险与恐怖的爱好，始于那个废弃了的尼姑庵庭院。在九月里。

那个半裸着脊背有着我父亲一般年龄的男子，对于清纯少女有一种无法自拔的沉醉癖。他的身边总有一群叽叽喳喳、蹦蹦跳跳的未成年的小姑娘，我淹没在这群乳糖味的少女之中，不美色的我退缩在她们的美色身后。我的无端的忧戚像一株早熟的小桦树，在心里疯长，这一种成长彻底湮灭了我身上在那个年龄所应该拥有的灿烂。这男人他把我从那一巴掌连根击垮的台阶底下拾到这群小女伴之中，他把我当作一条鳗鱼撒在她们嫩嫩的歌声里，让我学会其他小姑娘的娇嗔与天真。

　　等那些刚刚发育的翘翘的小乳房们和着她们鲜艳的活力以及能够勾起这男人滂沱性欲的小姑娘们刚一离开，他便把我像噩梦一样揽在他隐隐作痛的心口窝上。他那富于探险的大手滚烫地在我冰凉的瘦脊背上爬来爬去，笨手笨脚地在我的小腿上滑个没完。有时他狂乱地在我身体上胡来一通，仍然无法排遣他糟糕透顶的绝望。于是他便耐下心来一根一根清点我身上的骨头，以镇定他那压不住的欲望。

　　"我的小羊羔，你要长大啊。"他的眼睛有如一双面临刀杀的最温情的老山羊的眼睛，湿湿地浸着水光，肢体瘫软成一堆绝望的残骸，死死揽住我的肢体——一个黑色的噩梦，担心着被别人或我自己的长大成人而劫持抢走。

　　"长大做什么？"我说。

　　"长大了，我好要你。"

　　我浑身倦怠，头晕恶心。他抱着我时我总是这样，要吐的感觉。但不是因为激动。

　　"可是，你有老婆啊。"

　　"有老婆的男人是鳏夫。"他说。

　　"为什么？"

　　"长大了你就会懂。"

"你不和你的女人睡觉吗？"

"我们每天都睡。但这不是忠诚，它只属于肉体。我的全部忠诚都归属于你。"

我听不懂他的话。我说："如果有老婆的男人是鳏夫，那么以后你要了我，我就成了寡妇。我不要当寡妇。"

他愣了一下，想了想，说："我的小羊，你哪儿来的这种思辨能力！"

他说过许多我听不大懂的话。有一次，在一个阴雨的午后，他睁大他那双温柔如梦又阴郁沉重的眸子，久久凝视我。他总是穿黑颜色衣服，仿佛在心里永远祭奠着一位忘不掉的亡者。他说，他是为自己哀悼。然而，我看到的却是罪恶的颜色。

那时候我喜爱读书，终日沉醉书中。他告诉我，子宫其实就是一座图书馆，不同的女人装不同的书。他说，我的图书馆天生是为他一人阅读的，他要做这一座图书馆不厌其烦的唯一读者及永不退休的馆长。现在，他将耐心等待这图书馆，并准备着为之殉身。

从此，"图书馆"在我心里就有了它词意本身之外的引申义。

有一天，我无事可做，穷极无聊，于是突发奇想，打算尝试一下吃安眠药的感觉。我的父亲总是服用这个，以镇定他那耽于兴奋和激烈的大脑。我不知道我产生这个欲望或好奇心的念头缘于什么，但是我对于这种药的危险略有所知。我从抽屉里取出药瓶，倒出九粒安定片在手心里，然后一仰脖就全都吞咽下去。

我吃九粒安定，并不是出于我知道这九片药会怎样或不会怎样。实际上，这只是出于我对单数这一数种的热爱，和对于偶数这一数种的厌恶。我的心理莫名其妙又坚定不移地排斥偶数。而"九"是个位数里最大的单数。

当然，也不能完全排除潜意识里那种朦朦胧胧、似是而非的关于死亡的胡思乱想，但那是不确定的，模糊并且自己也不知道的。

不知睡了多久，我醒过来的时候，发现他在用力摇晃我的肩。

我稀里糊涂，说，你干吗？打我？

他说，你这令人头痛的小浑蛋，你知道你在干什么！你吃了多少？

我告诉他，我吃了九片。我觉得很好。

他一把把我从床上提起来，像顺手捡起一件睡衣那么轻便。他命令我和他到庭院里去跑步。那废弃了的尼姑庵庭院遍地乖僻荒芜的旺草和阴森凄凉的老树。

正是夏季里闷热的黄昏，西边天际血红的夕阳躲在朽败高大的庵堂身后。我不明白他为什么这种时候要我和他跑步。吃过安定后的骨头是瘫软而松懈的，我懒懒散散，东倒西歪，纽扣潦草歪错地系着，衣裤不整。我说我浑身没劲儿不舒服，我要回到我的床上去睡觉。

他却独断地连拉带拖让我跟着他转圈慢跑，他一边跑一边生气地骂我。后来，我终于清醒到能够产生愤怒之情了，我冲他大叫：你不喜欢我，干吗不躲开我！还非缠住我跟你一起玩儿？请你远远地离开我！

我冲他大叫的时候，恨不得让那些从我嘴里射出来的词句全都变成一把把小刀子。

三

我又回我那个高台阶上面的家去了。

正是九月燠热窒息的夜晚，我犹犹豫豫、莫名其妙地又回到这里。那灰石阶在我心里高耸得有如一座孤山，危险得如一只男人的庞大阳具。我沿它的脊背攀缘，想走进我那凋谢枯萎又富丽堂皇的家。

我的父亲高高站立在灯光黯然的大木门前，那木门框黑洞洞散发着幽光。白皑皑的雪人般冷漠的父亲嵌在木门框正中，正好是一张凝固不动的遗像。只有一只飞来飞去刺耳尖叫的大蚊子的嘶鸣，把这废墟残骸般的"镜框"和它后面的那个家映衬得活起来。在这炎热的夜晚，我父亲白雪一样漠然的神情，把这座我在此出生的童年的已废弃的家，照射得白光闪闪，犹如一座精神病院。

　　我告诉他，我从很远的那个城南废弃了的尼姑庵的住所特地赶来，我是来为他干活的，我来清理垃圾和收拾房间，顺便来取我这个月的生活费。他站立在门口威严得一动不动，好像没听见我的话。

　　我用不着说第二遍，我的父亲拥有着全人类最敏锐的思维，他的耳朵从来都是一只猎犬，世界上没有任何一个声音能从他的耳畔不翼而飞。

　　他的神情告诉我，我来得不是时候。

　　在他面前，我永远来得不是时候，从我的出生算起，我的出生夺走了我母亲的全部爱心。

　　我父亲说，家里正有个人，一个我不认识的女人。

　　我说，我不妨碍你们，我只是来打扫房间。

　　我父亲说，她病了，她在流血，不能打扰。

　　我说，我不打扰她。

　　我摇摇晃晃弯身从我父亲的臂下走进那个家，那个阴风瑟瑟、门廊阔绰的房间。由于光线极暗，家里所有的物件都走了形，鬼鬼祟祟低声轻叹地向我狞笑，我觉得自己正置身于一场梦幻。我在尘土中抹来抹去，眼睛睁大得像个侦探（一种来自于无法自控的警觉力量）。

　　我总是听到我父亲用他那无坚不摧的会写书的手指关节叩击他的书桌声，看到重重的尘埃像在滂沱大雨里大朵大朵掉落的玫瑰花瓣从他的书桌上滚落。我猛然转过头，发现我父亲其实并没有在身后。一声紧似一声的叩击木桌声以及尘土们像花瓣一样掉落的景观，不是由于我的幻觉，就是由于那幕情节经过无数次重复，已经被这鬼气森森的房间里的光或物的什么"场"所吸收、再现。我不知道。

我忙这忙那，只在外间的书房里穿梭，我不敢踏进里边的卧房。但我还是在通往卧房的过道拐角处的一个缝孔中看到了里边的一部分景象：

一个幽灵似的苍白透顶的年轻女人斜靠在床榻的被垛上，她闭着眼睛，一头惊人的浓得发绿的黑长发顺着她光洁的面颊和硕大性感的嘴唇盘旋而下，像一条柔和如水的黑蛇缠绕在她完好无损的肢体上。她的领口开得极低，透明的雨幕似的一层在胸前一抹，乳房高耸。我看不出她哪里在流血，她的体态优雅、完整无缺。她美丽的骨盆平坦得像一本画册，随时可以打开翻阅。她始终没有张开眼，但是我却听到了她一两声怪怪的声音，嘶哑得如一只沙锤。

缝孔中，我看不到我父亲，我不知道他此时在镜头画面之外的什么部位。我只看到那女人模模糊糊像个梦。

这时，里间我父亲出了声，那声音极低极微。那声音使我战栗发抖，慌乱转身后撤。匆忙中我感到拐角墙壁上的一个悬挂物，像一道黑影，顺着我的脊背与墙壁之间的缝隙，哗啦一声滑落到地板上，摔了个粉碎。不用看我就知道那是什么。那是一个镶嵌在玻璃镜框中的一幅彩画，画面上是一条火红的漫游的水蛇。我从小就知道这幅画在家里具有相当高的地位，在父亲眼里它的价值起码高于我。在我冥冥的感觉中，它被安置在通往我父母卧房的过道里，充当着某种守护神的角色。

也许，在我的天性中，总有一种不自觉地打碎一切神圣之物和捣毁一切至高无上的声音的倾向。但这只是一种掩埋在心里的倾向而已，我绝无这种行动。我的行动从小就远远地躲在我思想的身后，像个永远迈不出脚步的幼儿或懦夫，步履蹒跚；而我的思想却在前面疯走。整个人就这么不协调地拧着。

在我父母的婚姻生活里，那个华贵的玻璃镜框无数次地无缘无故落地粉碎，奇怪的是每一次当它像一道雷一样掉地蹦起之时，我都很偶然地正在它旁边，或正从它身边经过，我永远说不清楚这件事。我不知命运为何如此编排、伪造我的错误！但我发誓那不是我碰坏的，没有一次是。

现在，它又一次粉身碎骨，确切无疑。

这时，我的父亲风驰电掣般冲将出来，冲我声嘶力竭地大吼："滚！你给我滚！你永远毁掉我！"

他冲我吼的是什么，我当时全没听到，有一阵时间我脑子里是空的，我只是听见一连串的雷轰隆隆炸响。

我惊恐万状，像那只在大木门外尖声嘶鸣的大蚊子一样夺路飞走。并且，永远地从这种男性声音里逃跑了。

四

我的脸上挂着两串热酒一样烫人的泪珠回到我的住所，那个九月的弥漫着苦痛的浓绿色的尼姑庵。我的嘴角挑起一丝邪恶的怪笑，有一种冲动在我心里蠢蠢欲动，酝酿上升。这念头使我抑制不住暗暗发笑，但这种念头到底是缘于对仇恨心理的抵抗，还是对自己也说不清的内疚之感的补偿，我不清楚。

我径直走进那有着我父亲一般年龄的男人的房间，他的女人正去值夜班。

我把自己当作一件不值钱的破烂衣服丢在他棕黑色的床榻上。那床单印满假的清水、红的晚霞、透明玻璃的天空，以及从情诗里飞出去的大鸟站立在光秃秃的枝桠上，他那松软的床榻皱皱巴巴，犹如波浪，我深深陷在浪谷里再也不肯起来。

他立刻慌慌张张靠拢过来，脸上划过痛楚的光芒。他把我发黑的细如钢条的手指抓到他的手里抚摸着，小心地试探着问我怎么了。

我忽然尖叫一声："你别摸我，我会死的！"

他立刻就把我的手松开，仿佛忽然发现那段细细的手臂是一截危险的电线。

我哭起来。边哭边笑。一声不响。只有泪水和笑意从嘴角滂沱而下。

那男人犹如挨了重重的一击，整个骨架都心疼得抽缩了一圈，他把我像一件贴心小棉袄一样抓起来抱在他的胸口上。

"你要告诉我小羊你怎么了？"他乞求着。

"与你无关！"我含着泪水。

"我要帮助你！"

"我不需要帮助，我不需要你们！"我仍然两眼放绿尖声高叫。

"你为什么跟我吵，你这自私的小浑蛋！"他用最温柔的语调骂了我。但是，等我还来不及反应过来，他已经又改了嘴，"小羊羔，告诉我你怎么了，你需要我为你做什么？"

我哭出声来，无法说话。

我的脑子里正在努力掩埋绝望的情绪，不动声色地把一切推向一个相反的极端。那个极端在某种意义上是一个未经世事然而已经破罐破摔了的小女人的刑场，我渴望在那个刑场上被这男人宰割，被他用匕首戳穿——无论哪一种戳穿。

终于，我对他说："我需要……你要我！就现在……就这会儿。"

他把我从他的怀里推开，一脸惊讶。仿佛在说，你说什么？

他不说什么，只是用他那滚烫的大手抹着我脸颊上好像永远流不完的泪水。他的手被心里的苦难磨砺得很硬，不断地在我脸上抹来抹去，使我觉得脸颊的皮肤很痛很烫。我厌恶地掰开他的手。

　　我说："你不是一直期待着我长大，等着要我吗？我这会儿长大了，我要你现在就要我。你难道还没有听明白吗？"

　　他摇着头，彻底脱开了我，向后退着，一直退到身后的墙壁根脚处。

　　我继续无声地哭，那男人望着我不知如何是好。

　　他沉默了半天，最后终于平静又平静地说："小羊，告诉我一件事，你爱我吗？'爱'这个字你懂吗？你这个小浑蛋你懂这个字吗？"

　　我立刻气咻咻一字一顿地说："我告诉你吧。这个字我一生出来就懂，我无师自通。我在不认识一个字的时候，就可以对这个字解释得比世界上任何一部字典都丰富得多。但是，我还要告诉你，我不爱任何一个人，也不爱你！"

　　他就那样一动不动靠着墙壁，脸上的颜色变得比墙壁还惨白，一声不响，全身冰凉而绝望地望着我。

　　他一流泪我就莫名其妙地不哭了，而且产生了想笑的愿望。我变得像个清醒冷静的女法官。我说："来吧，我准备好了。你来吧！"

　　那男人像没听见一样，没有反应。他一边流泪一边盯住我的脸颊、颈子和长长的头发。在他的眼中，我的黑锦缎般的头发似乎变成了一块粗糙而肮脏的抹布，他的眼神也变成了盯住一个乡下妓女的嫖客的眼神。

　　我说："你要还是个男的，你就来吧。就现在。过了这会儿，我就没情绪了。"

　　他的目光像刀子一样割在我的脸上。他变得无比陌生。我从来不认识这个流泪的生疏的拒绝着我的男人。他的目光从来都是一团鸷鸟般的凶狠，四处搜寻着我的声音，捕获着我的影子，等待着把他那在苦痛的心里疯长起来的常春树戳入唯一能救他的那个粉红色梦里，并与他一起被风刮起来浮到山峰。

"你听见没有？这不是你渴望已久的吗？"我愤怒着，声嘶力竭地高叫："如果你现在不要，我就到街上去，找一个英俊的年轻男人，就在街上那样，就在挂满高压线与贴着危险二字的电线杆下边那样，然后让警察把我抓走。"

说完，我从他的床上像一条鱼溜下来，朝着房门走去。我不想后果。

这时，那男人走近我，踟蹰着……然后，他忽然一反常态，像猛虎一样扑上来，一声不吭。他恶狠狠地撕开我的衣服，用牙齿湿漉漉地咬在我骨节空出的锁骨上。并且，打算把我啄瞎那样用力亲吻我的双眼。他那充当杀手的嘴唇流溢着冰冷刺骨的邪恶光彩。他扒掉我的凉鞋，用他那坚实有力的胳臂轻而易举地就把我凌空扔回到床上……

那个重量和热度对于一个十六岁鲜嫩的生命真是世界末日。

然而，我要的就是世界末日！

这世界难道还有什么比世界末日更辉煌更富有魅力吗？还有什么比醉生梦死、出卖灵肉更拥有令人绝望的振奋之情吗？

我们一同哭着做着，毫无廉耻与羞涩。他被我的行为激得狂怒地号叫，像一只疯狗。忽然，我觉得撕心裂肺地一阵痛，我一边害怕地哭着，一边好声乞求他停止，停止下来。他也哭着，像一架失去操纵者的机器停不下来。

然后，我开始高声咒骂他："你是个畜生，流氓，臭猪，刽子手！你毁了我的身体！"

他低沉而压抑地回击了："你这个小婊子，小妖婆，小荡妇，小疯子……你毁了我！你知道吗你毁了我的魂！"

然后，"小婊子小妖婆小荡妇小疯子"这些词汇就变成了毫无语词意义的一串串气泡似的声音，它只是一种节奏，循环往复。

这声音重复到最后的时候，我的嘴角开始卷起了笑意，我忽然发现这声音是那么的悦耳动听、美妙高贵，我发现我是那么地喜爱这声音，我想不出世界上还有哪一种对女性的呼唤比这声音更令人心情激荡，更纯洁尊贵。

喘息，吟泣，泪水，咒骂混成一片……

十几年过去，我又一次追忆那放浪形骸的故事，我发现它仍然没有死去。

今天，我在纸页上一字一字复述那遥远了的九月里的残忍故事，完全是出于一种自我较量的心理，面对九月我无能为力。

奇怪的是，当那些陈旧之事刚一落到纸页上，字迹马上就开始褪色变黄。我想，大概是想象力缩短了这漫长时光的缘故吧。

我心里仍然被刺得难过，像微弱的电流穿过去，但我毫无愧疚之情。

九月之门啊，我在门的这一边坚持着，无望又坚定地等候你的裁决！

五

当清晨醒来时，我发现自己的头正俯贴在他乳白色的大睡袍上，那睡袍上印满一只只毒蝎子状的黑色与赭石色交杂的花叶，刺眼夺目，使我觉得我正枕在一座凄凉荒芜的坟头上。那心脏像个激烈的鼓手，即使他在沉睡之中，它仍然在距我的耳朵三寸远的上方怦怦怦地狂跳着。我用心倾听了一会儿那胸腔里滚出的哀鸣般的铜管乐，才发现那怦怦怦的声音其实是来自窗外，那是九月的晨雨，房门被巨大的雨珠敲击得颤动不已，门外边还有病鸟摇撼树枝的声音。

雨声使我感到一种异样的凉意，整个房间像死了一样空旷沉寂。

我动了动颈子，脑子便运转起来。我首先想起我在梦境中出现的几幕切断连贯性的画面：

那一座雪白的图书馆的台阶高耸入云，一个父亲般苍老的男人在吃力地攀爬，他脸色灰白，面容憔悴，跌跌撞撞，呼哧呼哧的喘息声从他的肺腑里艰难地涌出，他大声呻吟，仿佛死到临头。我焦急起来，深入梦中走近去看他，并把手轻柔地放在他的额头上。这时，我才看清那原来是一具木乃伊……然后，是一些雄性的年轻笨驴在图书馆外围的大理石台阶下边的绿草坪上乱转圈，发出嘈杂急切的号叫……再然后，是一群松林般的绿警察包围过来，维持秩序，他们高高翘翘举着各自的手枪，从四周的早已摸索清楚的土红色羊肠小道探寻过来。可是，图书馆外边的拥闹秩序还没有清理好，那些围观者已经迫不及待地加入了公驴们的行列，变成了一头头急惶惶的绿驴……这世界是怎么一回事啊？

我倚着这个废墟般的老态男人的肢体，独自醒着，独自品味那十六岁的令人毛骨悚然的恐怖思绪。绝望的情绪蚀透了我的心。

这个有如我父亲般年龄的男人仍在沉睡，无声无息。我动了动，想让他醒过来对我说点什么。尽管说什么全是废话。

他没有动静。我侧身看了看他的脸，他的脸颊上刻满地图的纹路，你沿着那纹路便可以读懂他苦痛的内心景象。这景象被结结实实然而又残缺不全的爱情磨损得百孔千疮，满目疮痍，支离破碎。我用手在他的脸上轻轻拍了几下，他的头颅在我的拍打下沉甸甸地微微晃动，那种恬静安详之态仿佛是找到了生命与灵魂的双重归宿。

看着他，我忽然想起了我脸上闪电般滑过的那一扇无与伦比的耳光。我这辈子也没有尝试过打别人耳光的手感，尽管我在想象里一次又一次地像个复仇者一样打过伤害我的人的耳光。我摸了摸我的那一侧脸颊，想笑。果不其然，我真的就听到了哧哧的笑声，我真的笑出来了。于是，我再次用手掌轻轻拍他的脸。一个人发笑不免显得傻气。

他仍然没动静。我坐起来。

晨光已从窗棂的边角伸到床上来，他的身躯正向右侧卧，左边的半个脸颊便清晰起来。我发现他的样子冷静得瘆人，脑袋歪垂着晃晃荡荡挂在脖颈上。我这才猛然感觉到，我挨着他的那一侧身体以及拍在他脸上的手指飕飕发凉，他活像一只大冰箱，或是一座沉睡多年的纪念碑。

一个念头从我的脚底疾风似的蹿上头顶，我被这念头吓得目瞪口呆，手脚冰凉，血液立刻全部冻结起来。

我霍地翻身下地，赤脚退缩到墙角，远远地看他。我不敢拉开窗帘，但我想看见他胸腔上起伏的喘息，睫毛上闪落的颤动。我吃力而惊惧地看，但我什么都没看到。他看上去完全变成了这废弃的尼姑庵里的那一座停摆锈死的老钟。

我坚持着，抵抗着那念头，久久地看他，仿佛在说服自己。

屋外，雨声遁去，太阳已高挂东天，这残酷的太阳还是升起来了。时间的压力，一秒比一秒重。淡黄色的光芒穿透颤动的茂树和破损的窗子，斜洒在他的身上和床上，晃晃悠悠，隆隆作响，昏暗的房间变成一只墓穴。

这一切使我遍体生凉，这凉意像疼痛一样在血管里缓缓扩散。

最后，我对自己说：他死了！

这一结论性的判断，便结束了我悬而未决的恐惧。

我走过去，俯身凝视他。这张死人的脸孔使我看到了另外一个活人的脸孔：他那终于安静沉寂下来的男性的头颅，使我看到了另外一个永远躁动不安的男性的头颅，这头颅给我生命以毁灭、以安全以恐惧、以依恋以仇恨……

我终于再也抑制不住，哈哈大笑起来。

同时，我第一次从这张安详苍老的男人的脸上感到了自己心中升起的一片爱意。我一边哈哈大笑，一边抡圆了我那纤纤的手臂，在这张死人的脸颊上来了一个光芒四射的响亮耳光！这耳光充满了十六岁的绝望爱情。

然后，我发现，这耳光其实又一次是在我的想象里完成的。我在做此想象时，心里看到的已不再是眼前这男人。我的手臂一直柔软无力地垂在我右侧的肋骨上，从不曾挥动。

我用力看了眼前这男人最后一眼。这是我第一眼看见他，我的眼里猛然涌满了泪水……

接下来的事件情节过于紧凑。十几年的如梦时光似乎已使我记忆不清。

（即使如此，我仍然被我讲述的这个也许是虚构的恐怖记忆惊呆了。我惊惧地看着我故事里伪造的第一人称，我不知道她是谁。因为我天生是个作小说的人，所以我的任何记忆都是不可靠的。在蓝苍苍恬静的夏日星空下与在狂风大作的冷冬天气里，追忆同一件旧事，我会把这件旧事记忆成面目皆非、彻底悖反的两件事情。）

接下来的次序大致和那个梦里的一样：先是一片嘈杂浮动的人群，一片令我头晕的喧嚣；然后是一片森林般的绿色警察推搡着把我带走，他们在逮捕我时对一丝未挂的我进行了包裹；再然后是雪白的医院，大冰箱一样的太平间，和一份科学论文似的验尸报告。

　　　　×××，男性。死因是一种特殊的自缢——性缢死。死者颈部不易察觉的手指勒沟及斑渍，均与死者本人相吻合。医学解释为，死者为获得半窒息状态的快感，拒绝呼吸缺氧而亡。

我稀里糊涂，莫名其妙。一点也搞不懂这一切到底是怎么回事。

我没有被投进监狱，而是被重新放回九月里镜子般熠熠闪烁的阳光中。

那个尼姑庵庭院里，高大的树枝重叠交错，在头顶沙沙作响，响得我心底堆满了绿绿的寂寞和一种没有准确对象的思念。我的瘦鸭爪似的裸脚旁，浓郁得如蜜似酒的石竹、天竺葵、矢车菊、野蒿们古怪的吟唱，挽歌一般点缀着这世界末日。遍地艳花在我眼里全是撒在棺材上的祭奠之花。这世界遍地棺材。

我无比懊丧，想不明白为什么不把我投到监狱里去，而非要把我留在外边四敞大开的阳光中。那阳光爬在肢体上，不动声色，貌似温暖，却充满冷冷的杀机。

很多年过去，许多问题想得骨头发凉，仍然想不明白。大概是脑子里问题太多的缘故，有一天，我对着镜子端详自己模糊不清的脸颊时，忽然发现我太阳穴下边的耳朵上，坠着两只白光闪闪的"？"造型的奇大无比的耳环，我走路或摆动颈部时，那耳环就影子似的跟着我的脚步叮咚作响，怪声怪气，那声音追命地敲击在九月的门上。

我发誓那耳环不是我或别人戴上去的，它肯定是自己长出来的。

静寂之夜，我仍然习惯沉湎于九月这扇打不开的死门。我在设想自己的死期，这种没完没了、不厌其烦的设想，简直成为我生命里一个无法抵御的诱惑。死在九月，死在九月，我每天想，这是我唯一的梦想。

收音机里，那个闭着眼睛硬是唱了一辈子情歌的西班牙人胡里奥正在忧伤又欢乐地低唱《我已忘记生活》。这歌本身并无大波大澜，但我听来却如泣如诉，回肠九转，爱情的丧钟充当伴奏。仿佛是在夏末秋初的九月，一只被时光慢慢褪色的旧草帽挂在人家的窗棂上，随风轻摆，日子一天一天在帽檐上黯黯淡淡地凋谢滑落……

我无需等待那颜色褪到尽头，败局早已注定。

我想，那九月的歌为我而唱。

麦穗女与守寡人

一 附魂的钉子

从英子家的四层楼上我们摸着黑走下来，这时已是深夜两点二十七分。这一天是四月十日，是一个属于我私人的纪念日。实际上，在我拼命挽留、营救那奄奄一息、垂危可怜的婚姻生活和另一场绝望的情感生活而全盘宣告失败之后，我已经死了。

破碎的九月躲在那人身后秘密地将我遗弃，而我的内心永远无法把它喊叫出来。由此，我也懂得了这个世界上能够叫喊出来的绝望其实是一种激情；而只能把它密封在心底、你必须在众人面前装作什么也不曾发生、你只能躲在被子里偷偷哭泣的那种东西，才是真正的绝望。

九月之后，我再也谈不上什么纪念日了。

英子，我的一位诗意、温情而漂亮的女友，拉我到她家里度过了这个本应属于我独自一人去承担的日子。

英子送我下楼时，我们拉着手在漆黑的楼道里探着步子下行。我是在这一刻忽然发现了这个世界上居然存在着一双和我一样冰凉如玉的手。这个发现在一瞬间使我感到此时的世界不再孤单，此时格外温暖。

我一直以为，人类除了眼睛可以说话，人的手是最准确的一种语言，而嘴唇发出的声音只会给人们的心灵交流帮倒忙。如果一个人你能够读懂与你牵拉着的另一个人（无论男人还是女人）的手的语言，那么你们的心灵和情感就非常贴近了。

　　英子有一个温暖的家，温暖的丈夫。我是在四月十日这个弥散着稻草般淡黄色的阳光和清香的下午来到英子家里做客的。英子的家到处流溢着女主人的太妃糖似的暖红色情调。

　　我在她家里坐上一小时之后，有一秒钟奇怪的时间，我忽然走神怀念起旧时代妻妾成群的景观，我忽然觉得那种生活格外美妙，我想我和英子将会是全人类女性史上最和睦体贴、关怀爱慕的"同情者"。这堕落的一秒钟完全是由于我那破罐破摔的独身女人生活的情感空虚，以及我那浮想联翩的梦游般的思维方式。但只是一秒钟的堕落，转瞬即逝。一秒钟之后，英子的温和智慧的先生便在我眼里陌生遥远起来。这种陌生遥远之感来自于我内心对英子的深挚友情的忠贞不渝，和我的情感方式的不合时尚的单向感、古典感。

　　英子拉着我的手送我到楼下时，大约是深夜两点二十八分。楼前空地上散发着寂天寞地的黑暗，如一头东方女子绵绵长长的黑发缠绕在我们身上。大约凌晨两点二十九分到两点三十分这段时间里发生了一件事。当时英子正跟我说着什么，也许是问我冷不冷，也许是问我对她的先生印象如何。我什么全没有听到，我只是隐约感到英子那柔美的声音在我的被夜风吹拂的冬衣与切肤的身体之间温暖地穿梭，在我空荡的呼吸里滚动。我的理智命令我去倾听和判断那声音的意思。但我混乱的大脑却忽然锈在思维边缘处的一个钉子孔上，毛茸茸的黑夜使我的想象力变成一把穷追不舍的锤子，紧锣密鼓无声地敲在那钉子上。

　　于是，我看到五六米远处站立着一根墓碑一样硕大而耀眼的钉子，钉子后边半蹲着一个高大滞重的男子，他之所以半蹲着，是因为他想把自己色情的脸孔和暴力的目光隐藏在钉子身后。那钉子尖锐地步步紧逼，阴森狰狞，在它的牵引下，那男人向我和英子走近。我一把拉住英子，并且急速转身。倒转过来的世界再一次让我惊愕不已目瞪口呆：我发现身后的场景是身前场景的全部复制，那逼人的钉子自动地向我们咄咄走来，钉子的身后是另一个蓄谋已久的猥琐的男人。

我担心英子发现这突然袭来的意外会惊慌失措，受到惊吓，而她对于惊吓的本能反应——叫喊，反馈到我身上则是更大的恐惧。

在英子什么都还没有明白过来之时，我们的前胸和后腰已经死死地顶住了那两只催命的钉子，和两个男人猥亵的狞笑里展开的闪电般雪白的牙齿，那一缝亮亮的牙齿的确是这个暮冬深夜里的一线白光。

如果我是独自一人，我将百分之百地束手待毙，听之任之，在狼群里反抗挣扎是愚蠢而徒劳的。我知道，男人使用钉子作凶器时只是要我的身体，我身上、手上、颈上的贵重饰物以及皮包里的钱，丝毫改变不了局势，救不了我，除了束手待毙毫无办法。但此刻英子无辜地站在我身边，像一只什么都没发现、毫无自卫准备的迷人的羔羊，一株九月天里草坡上弯着颈子波动的母性的麦穗。于是，我莫名的责任和毫无力量的力量便鬼使神差而来。

我对着那两只逼人的钉子说："我跟你们走，去哪儿都行，但是你们要让她回家。"

两只钉子诡秘地相视一笑："为什么？"

难道不是吗？我这种守寡人专门就是用来被人劫持和掠夺的，我天生就是这块料。而且我早已惯于被人洗劫一空，我的心脏早已裹满硬硬的厚茧，任何一种戳入都难以真正触碰到我。

两个男人发出钉子般尖锐的咳嗽："如果不呢？"

"没有余地。碰她一下，我杀了你们！"我说。

又是一阵钉子般急迫的怪笑。

然后，四只老鹰爪似的男人的手便伸向我们的胸部和腹部。我急中生智，一脚朝身前那男人的下腹踢去。

吭当一声，那逼人的钉子和着那男人一同倒下。接下来我以迅雷不及掩耳之速抓起躺倒在地的那只尖锐的钉子转身朝身后的那男人的腹腔刺去。一股黑血像浓烟一样喷射出来，与这骚动而清瘦的夜晚混成一片。那男人被放血后顷刻间抽缩变小，欲望和血肉全从扎伤的钉孔中涓涓流淌，释放殆尽。一会儿工夫，他就像一只细如粉末的雨天里掉落在泥浆中的高靿皮靴，慢慢躺倒下去……

"你在想什么？"英子在拉我走远的魂。

这时，我发现我和英子已经漫过了黑得浓艳的狭长旷地，遍地瓦砾及堆积的废弃物伸手摊脚地伏在我们脚下。它们像水中浮物，不断闪烁沉浮，发出咝咝的呼吸声。一株看不见花叶的丁香树站在了我们身边婆婆娑娑，英子散发出丁香树迷人的清香。

有月亮的街已经躺在我和英子不远的眼前了。我搞不清楚是我们走向它的，还是它迎向我们。

这时，我趔趄地绊了一下。我和英子不约而同向脚下望去。

我定定神，模模糊糊看到黑暗中一只黑乎乎的胶靴在我们的脚下无声无息。

二　出租陷阱

"你听见没有？"英子的声音在凌晨两点三十分终于冲进我的被层层迷雾缠绕的大脑。

我木然地抖了抖身上的衣服，仿佛是在抖落血腥的痕迹，"你说什么？"

"我问你听到没有？"英子说。

"嗯……我刚才……"我脑子一片空白。

"你在想什么？"

这时，我的思路已经慢慢返回到英子的声音旁边，找到了与她思维的交接处。

"你呆呆地在想什么？"英子说。

"英子，你发现没有，楼前这片旷地太黑了，令人恐怖。我担心你送完我怎么回去？"

"没事。这地方我太熟悉了。"英子漫不经心。

"你没发现吗？这个世界到处都埋伏了阴谋，特别是埋伏在你认为不会有问题的地方。比如，隐匿在你每天都经过的一堵墙壁上的一块补丁似的安谧、老实的窗口里，隐匿在你单位里某个最熟悉最要好的朋友的笑容后面。"

"别那么紧张。"英子故作镇静。

"对于弱小的动物来说，生活处处是陷阱，时时须提防。"

"又来了，你要把《动物世界》里的这句台词复述到哪一天呢？那是台词！你得把生活事实与无边的想象经常分开才能放松。"

这时，我们已经完全穿越了瘦骨嶙峋的月亮角下那片杳无人迹的旷地。漆黑中我感到我和英子始终是两只凝固不动的阴性骨骼，彼此接连。腿脚挥霍着力量向前迈动，步子却像徒劳的语言一样原地低语。巨大的黑暗捉摸不透地从我们身边慢慢划过，枯叶在树枝上摇动着风桨，推动我们前行。我们的胯骨在黑夜慢吞吞的移动中不时地碰撞，夜晚便发出锈铁一般吱吱嘎嘎的声音。我想象这风烛残年的旷地肯定已经走过了历史上无数次血腥恐怖的格斗与厮杀，那些男人们的尸体正在我们身边潜身四伏，历历在目。他们身上的利器比如巨大的钉子，已经在岁月的延宕中朽烂成一堆废铁，然而那巨大僵死的骷髅上的眼睛却死不瞑目，大大地洞张着盯住每一个从他们身边款款走过的女人和长发，埋伏着随时准备来一场看不见的出击。

前边已经到了楼群的出口，那是一扇半开的旧木门。我一直认为半张半合、半推半就的任何一种存在，都是对人类想象力的最大的调动和诱惑，无论真理还是女人，彻底赤裸与披着模糊的薄纱所产生的引力的不同，就是我这一私人经验的有力证明。

关于那扇半掩的木门后边潜藏着什么的想象，一时间把我完全占领，门外边似乎也轻响起虚虚实实的脚步声。

我对虚掩着的门和停留在远处的看不见的脚步声始终怀有一种莫名的慌乱，我觉得那是一种隐患，一种潜在的危险，是通往生命出路的一条死胡同或者诱人走进开阔地的一堵黑色围墙。好像是有人总把砒霜放在你的面粉旁边。但是，倘若把门全部打开或者全部关闭，让那脚步声彻底走到眼前来，不安感就会消失。我知道，这种恐惧对于一个成年女子来说，的确难以启齿，但我无法自控。

我一把拉住正向那扇木门靠近的英子的胳膊。

"小心，危险！"我说。

"你怕什么？"英子仍是一副漫不经心的样子。

那扇黑褐色的木门已经站在我和英子的胸前，它在摇晃，庞大的身躯显得气喘吁吁。

我们走出那扇木门时，果然什么也没有发生。我觉得这真是一桩奇迹。

"看来，我得把你送回家。你紧张什么呢？你的手在发抖呢！"英子说。

一个男人从我们面前木然走过，我发现他的步子与我和英子的步子不同，那步子对夜阑人静的茫夜有一股无形的侵犯，而我和英子的步子却使夜晚安宁。

我想，这男人大概是刚才那阵看不见的脚步声的制造者吧。

"我什么也不害怕。"我说。

我知道，我唯一的恐惧只是我的心理。

我和英子刚刚走出那扇旧木门，一辆黄色的出租车就刷地从黑幕中驶到我们跟前，像一道刺眼的黑光让人不知它从何而来。

那司机长得温和勤劳，一副标准的老实人模样。他招呼我们上车时那种谦卑殷勤的神态，使我怀疑地掠过一个念头：这是一个蓄意已久、恭候多时的阴谋。

在这夜深人静、阒无人迹的街上，怎么那么巧我们一出门他的车就正好迎上来呢？我宁可相信长得像坏人的男人。

我想制止英子上车，但英子的一只脚和她那顶让人欢快的小帽子已经探进了出租车后门。于是，我只好孤注一掷拉开前车门坐在司机旁边。我想，我们一前一后分开坐可能会比较安全。这时大约是凌晨两点三十一分。

随着车子的启动，我听到英子一声刺耳的尖叫。我立刻转身。

这时，我和英子先后发现在后座边角处的阴影里坐着另一个长得像好人的男人，他只有半张脸孔和一只眼睛。

一直到一切结束之后，我也不知道这男人到底有没有另半张脸埋在阴影里。

我当时看到他那一只眼睛像一头最温情脉脉的老黄牛的眼睛，让人想到田园绿草、阳光尽洒、遍地牧歌，想到一只红嘴鸟在亚麻色的棉花地里安宁地滑翔。但是，我从这半张脸孔上还看到了另外一件事：他的身体里其实只有半条命。

人类的经验告诉我：使人不用判断就产生信赖感的，准是一个美丽而诱人的误区，是覆盖着玫瑰色樊篱的陷阱。现在，我和英子已经无法挽回地上了贼船。

车子在夜色里如一只自动爬行的墓穴，使人感到钻入了一场失控的梦魇。

我注意到那司机通过反光镜向后边的半张脸丢了个眼色。

半张脸说："按原路走。"

司机说："没问题。"

我猜想，他们已经开始交换暗语了。

车窗外是金属般尖锐的风声，我听到"时间"像小提琴手绷得紧紧的高音区颤音，悠长而紧迫地从我的耳鼓滑过。一座座火柴盒似的大楼向后边飞速移动，那些沉睡在市区中的大楼，由于高耸，使人感到它们总有一股慌里慌张、心怀鬼胎的劲头。

我注意到我身边的司机长了一双很鼓的眼睛，像甲亢病人似的，黑眼球从他那过多的眼白上凌面凸起，随时可以迸射出来，深深地陷到我和英子的身体里去。我还注意到，他的瘦脖颈上一根蓝蓝的青筋突显暴露着。我记住了这根青筋。

"要不要拐？"我身边的鼓眼睛司机又通过反光镜看后边的半张脸的眼色。

我变得忧心忡忡。我觉得鼓眼睛的话总是指向某一处我和英子听不懂的暗示。

作为一个娴熟的出租司机，难道他不知道我和英子要去的地方怎么走吗？我在想"拐"这个字，拐弯还是诱拐？我回头望望英子，她满脸惊慌，身体倾斜，坐在尽可能离半张脸远些的后座角上。

我故作镇静，对她说了声："快了。"

这时，车子猛一下急刹车。我的胸部一下子撞到身前坚硬的驾驶台上。同时，我听到英子咣当一下重重地跌在前后座之间的挡板上和随之而起的一声凄厉的叫喊。

"你们干什么？"这声音从我的喉咙里发出但那已不是我的声

音。

鼓眼睛嘿嘿一笑，"出了点故障。"

半张脸在阴影里闷闷地说："调一调那个。"

于是，鼓眼睛东摸摸西按按，还用脚踢踢驾驶台底下的什么家伙。我模模糊糊看到一颗亮亮闪闪的钉子从驾驶座底下滚到我的脚边，它在朝我眨眼发笑。我不动声色，慢慢移出一只脚把它踩在我的脚下。

车子又神不知鬼不觉地启动了，平缓行驶，仿佛刚才什么也不曾发生。

我用余光看到鼓眼睛正在用一只手握住方向盘，另一只手伸进自己的裤兜摸着，摸了很久，然后掏出一个什么东西握在手心里，从肩上递给了身后的半张脸。五颜六色的街灯在他的眼球上闪闪烁烁，不断变换的色彩使那对鼓眼球鬼鬼祟祟。

我心里盘桓着刚才半张脸说的"调一调那个"的"调"字。调什么呢？调仪器？调情？调戏？

这时，车子行驶到了一个光明的路口，虽然依旧没有人迹，但路口处空空站立的那个有如士兵一样挺拔的警察岗楼，使我觉得这是一个安全的地带。

英子把她那冰凉的手从后边搭在我肩上，对我说："咱们在这儿下车好不好？"

我明白她的意思。

我侧过头冲着鼓眼睛说："我们要下车。"

"还没有到地方嘛。"鼓眼睛和半张脸几乎异口同声。

"可我们就是要在这儿下车。"我说。

鼓眼睛那暴露青筋的细长脖子转动九十度，那双鼓眼睛当当正正对准了我。他嘿嘿一笑，"上来了就别想下去，到地方再说。"

我已经切肤感到他那双眼睛已经从他的眼眶里突奔出来射进我的身体了。

"你让我们下车！"我声嘶力竭叫一声。

鼓眼睛又是嘿嘿一笑，"如果不呢？"

半张脸这时阴森森地用他那半条命去牵拉扶在我肩上的英子的手。老天！他的半条阴魂已经在碰英子了。

我完全乱阵了，只听到自己脑袋里响了一声巨雷。沉思的驾驶台上那只咔咔跳动的表针也空荡荡鸣响。

"十三，十二，十一，十，九……"我在心里开始倒计时，等待那深入骨髓的诱拐命运的最后一刻。

出租车驶出了那条有着光明路口的街，进入了一条狭长的黑色甬道，小路两旁昏黄的街灯扑朔迷离。我知道，街灯——这个黑暗里唯一的见证者，早已像众多的人一样惯于撒谎，它已不再代表光明。

"八，七，六，五……"

……呵那黑楼梯走廊……狭长的旷地……黏糊糊死在细如粉末的雨地上的胶靴……栏杆围住的伸手摊脚的废弃物……睁大眼睛盯住我和英子款款走过的骷髅……看不见的虚掩着脚步声的旧木门……没有花叶的小丁香树散发出的英子的清香……

那钉子当当急响紧叩在魂上的敲击声……

时间在心里完全回转，逆退到了凌晨两点二十九分到两点三十分。

"五，四，三，二……轰……"

一声巨鸣震响了我永远的黑夜！

当我和英子从那翻倒的火团里逃出身来时，在烟雾中我看见鼓眼睛细脖颈上的那条暴露的青筋正喷射着如浆的血注，倒在方向盘上；他的身后是半张脸苟延残喘的半条命。

"你杀人了!"英子凄厉的号叫响彻这暮冬里瘆人的街头。

我和英子像两张白纸,醒目地站立在铜鼓般嘶鸣的心跳上,无助地颤抖。

我满身血渍斑驳。

天呀!那只从驾驶座底下滚出的被我踩在脚下的钉子,有如一阵尖锐的风声,莫名其妙地被攥在我的手中。

三　诱拐者

我面色苍白、僵硬笔直地坐在貌似宏大庄严却肮脏庸俗的法庭大厅里。我那厌倦了日常生活的耳朵和似乎还有一口气的枯白的嘴唇,还是感觉到了会场上的七嘴八舌、杂乱无章的窃窃低语。

我的身边是两个纪念碑一般庄严的警察。我有几次想伸手摸摸他们的嘴唇,看看他们呼出来的是不是和我一样的热气。他们肯定是把我当作一匹黑色的瘦雌马了(我此刻正穿一身女犯统一的旧黑衣),他们强壮的体魄用不着马鞭就可以驯服我。但我知道,所有的缰绳都拴不住我的心!

那样一匹瘦瘦的雌性马,你可以骑她、蹂躏她,你的鞭子可以征服她的肉体,你可以让她血肉模糊、看不见的累累伤痕布满全身,你可以让她生命消亡、永逝不返,但你就是得不到她的心!她的心只能醉于爱情和死于爱情。

法官端正地坐在审判台中央,他的坐姿使我立刻感到他才是一个真正的层层禁锢的囚徒。

我的辩护律师和法庭进行了一场模式化的乱糟糟的争辩之后,我看到法官终于转向了我。

"你有什么要说的吗?"

我说："法官先生，这里边的确存在一个诱拐者，否则我怎么会杀人呢？"

法官说："那么谁是诱拐者呢？"

我的脑子一片混乱。

我努力回忆四月十日夜晚凌晨两点三十一分之后的每一个细节，那两个男人的每一个动作和眼神，以及这些小动作和眼神背面所指向的暗示。我心里一个连着一个图像画面，像电影一样掠过。可我却什么也说不出来。

我抬起头，期待地朝英子望去。我的目光变成一只软弱无助的手臂，伸向我所依赖的朋友。这是我唯一能抓住的救命的"稻草"。这个时候，她肯定会站出来为我指出那个人，即使根本就没有这么一个人存在。这一点毋庸置疑。

英子端坐在那里，她那双深挚、静谧而美丽的大眼睛久久凝视着我。由于恐慌，她比以往更加动人妩媚，像一只受了惊吓的麻雀，远远地坐在摇晃不已的黑电线上。

我感到懊悔，我宁愿让事情听其自然，也不想把我的朋友牵扯进来。

终于，英子摇摇晃晃站了起来，有如一株暮冬里灿黄的麦苗，整个人就像一首情诗那么纤美慌乱、迷离恍惚。她终于举起了她那只木然的然而会说话的手臂。

那手指不偏不倚致命地指向了——我！

一时间全场哗然。

当当！法官大人在案头上重重地敲了两下："肃静！"

然后，法官的目光再一次指向我："你认为你的朋友说得对吗？"

我的眼睛已经游离了法庭上所有期待着我嘴唇颤动的目光，我的思维在所有幸灾乐祸者和等待落井下石的观众上空的气流里浮游。我没有看见一个人。除了英子，我没有看到还有一个人存在。

一滴不再清澈的泪珠从我那早已远离忧伤的脸颊上滚落下来，像一只红红的樱桃从枝桠上成熟地坠落。我把那一滴复活的泪水和着所有死去的往昔一同咽进肚里。

全场寂静，死亡一般空洞静止。

终于，我说："……我愿意……去坐牢。因为……你没办法听懂她的话。"

"你无视法庭！我们听不懂还有谁听得懂呢？"

"你是男人，所以你无法听懂。自以为听懂的，准是听歪了。"我说。

"你知道你故意杀人是要判死刑的吗？"法官继续说。

"权力总是有理！'强者'总是拥有权力。"我无力辩解。

这时，我的辩护律师再一次站起来为我辩护：

"法官先生，就我所知，我委托人的朋友在这里所指示的诱拐者不是本案所涉及的那个'存在'的层次上的。另外，我这里有充分的材料可以证明我的委托人是一个妄想型精神分裂症患者。"

我看见我的辩护律师从他的文件夹里抽出一份材料，"这是我的委托人在一九九二年夏季的一个夜晚写的。被她的家人发现后没有实施成功。内容如下：

关于死亡构想

一、方式：两瓶强力安眠药。先吃七片，待神志濒临丧失的时候，急速吞下两瓶。向右侧身曲腿而卧，左手呈自然状垂至胸前，右臂内侧弯枕于头下。

二、地点：在贴近母亲墓地的宁静无人的海边，躺在有阳光的雪白或灿黄的沙滩上；或者是一条蜿蜒海边、浪声轻摇的林荫小路之上。但不要距海水太近，要能聆听到安详舒展、浪歌轻吟的慰藉之声的幽僻之所。

三、时间：在生命还没有走向衰老的九月里的一个黄昏，太阳渐渐西沉了，天色黯淡下来，世界很快将被黑暗吞没。这个时候，善良的人们都回到温暖的房间里，谁也不会发现一个女人在幕天席地的海边静静地安睡过去，永不醒来。血红的九月是一个杀死我的刽子手。那人离开了，带走了世界。

四、遗言：不给任何一个人留下只言片字或照片。话已说尽，路已走绝。

五、遗产：销毁所有信件、日记、照片、作品手稿、录音带、私人信物，等等。其余，全部留给一位单身无依的、具有杰出天才和奉献精神的守寡人。决不把遗产当作最后的功名献给××机构。只把它献给像我一样追求和忠诚于生命之爱，但由于她无家庭无子女政府就不分给她房子的人。

六、死因：我死于自己的秘密——九月之谜。

七、碑文：原谅我只能躺在这里用冰凉的身体接受你的拥抱。

一九九二年九月

"请把此材料呈上来备案。"法官说。

我的辩护律师送上我的材料后继续说："我的委托人曾经多次向我提到'九月'，可以判断，她有一个无人知晓的关于'九月'的'情结'。我的委托人正是那种被称为'边缘人格'的人。这种人常常处于极端艺术化与精神分裂的临界线，在此二者之间波动，一般情况下不易辨别。边缘人格的人通常在家族史上出现过精神失常的现象，或者幼年遭受过性暴力行为，或者幼年出现父母多次分居、离婚现象。我的委托人正是这样的背景。"

"有证据吗？"法官说。

"我的委托人的母亲可以证明这些。还有一点，我的委托人自称她父母双亡，独自一人。这一点与事实不符，也可看作是她精神失常的表现。"

法庭上又是一阵骚乱。

…………

我最后一次朝英子望去，她像是被茫茫人海遗弃在城市角落里的一条无辜的小河，拼尽力气把人们随意丢到她那河水里去的易拉罐、空烟盒、避孕套等等废弃物推向堤岸，拒绝懂得世界上"阴谋"与"肮脏"这些词汇的含义。她的整个身体变成一株被众人眼里射出的背信弃义的耻笑所折断的小白桦树，瘫软的身体和硬朗的心，矛盾地坐在那儿，不知所措又坚定不移。

她根本不知道她刚才那致命的手指所指向我的命运是什么！她不知道。

但是，我懂得她，那么地懂得她！

在这个人头攒动、密如潮水的整个大厅里，我知道，只有这个指控我是"诱拐者"的人，才是我的同谋，只有她才是。

如果你是一个仁慈的法官，请你把我和英子送往两个安全的去处吧：把英子送往让人学会自卫的精神病医院，让从诗句里走下来的她懂得诗与现实哪个才是真的；把我送进封闭的牢房，让世界永远看不到我，让时光在"九月"以前变成一堵千古石墙。

我知道，我那与生俱来的等待，只是一只能装下两个或三个人的让我晕头转向的笼子，一只把我摇晃、摔碎、再扶起的笼子。我不要豪华的阳光和金子铺陈的沙滩，整个世界我毫无期待，我只要我那笼中人眼里的鞭子抽给我的温情的虐待。我的一年四季恐惧着四敞大开的生命，渴望那个围栏。

这个时候，一个衣冠楚楚的英俊男子从大厅虚掩着的门缝后边像一道危险的黑色闪电飞翔过来。我疲倦的心已经记不清他是我的第几任前夫，也记不清当初那一声令我们都想把对方杀死的互相背叛的缘由。只记得我们是在骚动的洛杉矶的一个"变心俱乐部"里彼此失踪的。

他义正词严地对着法官说："我代表男性公民向您诚挚地请求：给她自由。"

我的思想和肉体都分外清醒。我知道，他说的那个外边的自由，是想把我推向一个更大更深的阴谋和陷阱。

当当！法官终于站了起来：

"本法庭将竭尽全力查出或者否定诱拐者的存在，这是本案的关键。现在本法庭宣布——休庭！"

还有什么可等待的呢！我对法官的判决毫无兴趣。无论在哪儿，我都已经是个失去笼子的囚徒了。

那个九月啊，我独自守立在心里那条已离我而去的、漫游穿梭的虎皮鱼的虚影里。这座城市在我眼中已是废墟，它随你死去。

众人的眼睛，使我无法哭泣。

与假想心爱者在禁中守望

　　寂旖小姐在空荡的楼梯上独自攀爬，九月清爽的小风已拂出秋天的凉意。她那条乳白色的麻丝裤子像一条永不凋谢与投降的旗帜，在早已被改乘电梯的人们遗弃了的楼梯里寂寞地闪动。那裤子总是被烫得平展展地裹在她优雅纤秀的腿上，荡出乐声。

　　这乐声早已不足为奇，那凄凉的钢琴右手单音总是从她的裤管爬上来，滑过全身，然后那乐声便走进她的眼中，弥漫了她的大而湿的双眼。她的眼睛是一双充满矛盾的眼睛，既湿润得有如一洼浓郁的绿草，又干枯得像寂寞的路边一丛荒凉的残枝，一点即燃。

　　那钢琴的单音每一天都伴随她从最低一级台阶盘旋着拾级而上，她的心中总是喧哗着那个人的声音，她早已惯于在脑中与之对话。直到她哗然打开顶楼上自己的那一扇被封闭得很严密的油漆斑驳的旧木门——她看到那钢琴倚在门厅暗淡的一隅，尘埃遍布，无人敲响，活像一只冰冷的大棺材。这时，时间仿佛猛然凝结片刻，血管里一切混乱的声音归于短暂的寂灭。寂旖小姐每每拉亮灯，环视一下无声无息、安之若素的房间里的一切。房间里没有人。

　　她在脑子里对那个人说：

　　　　声音无非是一种哲学罢了。

几天来，寂旖每一次登楼梯，都感到秋天向她走近了一步。那凉意和空旷感是从她的光裸的脚底升起的。这感觉正像有人说"人的性格是由他们的早晨决定的"一样，无法解释。

然而，秋天的确是从她的脚趾和手指开始的。青蓝色的血管从她的手和脚的肤面收缩起来，隐进乳白而透明的肌肤，手背和脚面的骨架缝迹嶙峋鲜明起来。于是，九月的秋天就这样来了。

在楼梯二层的窗口外边，有一个椭圆形平台，那平台向空中笔直而忧伤地延伸，格外辽阔。这里本来没有花香鸟鸣，可是，有一天，一个英俊的少年安详而平展地躺在上边，他雪白的额头在冬日的冷风里因孤独而更加苍白，他的膝盖像个被遗弃的婴儿的头骨在晨风里微微摇摆。

起初，寂旖小姐看见他的时候，以为那是一个贪玩的少年在睡觉。可是，楼道里猛然而起的喧哗、混乱的脚步声，以及熙熙攘攘的议论声，使她警觉起来。

楼梯下边上来四个粗壮的男人，他们一边低语着："快把那个死孩子抬走，趁太阳还没有升起来。"一边粗粗地喘气。

寂旖这时才惊骇地发现，那少年的睫毛像一弯凝固的阴影，一动不动地垂挂在眼睑上，一绺秀发在他青白的脸颊上如波浮动，他却毫无感觉。僵硬的手指仿佛要抓住什么那样，垂挂在胸口，那手指不再醒来。

"小姐，请让一让。"楼下的男人们上来了。

寂旖从窗口让开身，没有惊惧，也没有感到不可思议。她没有向抬尸人提出半句疑问。他是怎么死的？自杀？为什么？这些并不重要，仿佛这是自然而然的事情。

她的心里这时却缠绕着一个古怪的念头：那少年死去的大脑还能

否梦想?

在她的逻辑里,死人与活人就是因这个来区分的。她总是害怕自己有一天像街上那些混杂在人群里走动的死人一样,失去梦想。

寂旖只是眼睁睁平静如水地在一旁看着四个男人像抬一根木棍一样,把少年僵硬的躯体从平台上那扇窄小的窗口传递过来,两个男人在窗外往里送,另两个在楼道里稳稳接住。寂旖第一次如此逼近地看到一个死人。她很惊异自己的平静。

一个抬尸人说:"这孩子从十三楼光秃秃的窗口探出身体,掉了下来。"

寂旖尾随着四个抬尸人慌乱而急促的脚步,向楼下移动。

"他从窗口探出身体干什么呢?"她说。

"也许是想够什么东西吧。"另一个抬尸人说。

"够什么呢?外边除了空荡的天空,什么全没有。"

"谁知道。天空只有鸟在飞,在唱。"年岁最老的男子说。

"难道那孩子在模仿一只笼中之鸟?"寂旖无声自语。

模仿一只鸟!模仿——

她忽然站住。她的心被一种模糊的东西击中。

寂旖折回身,重新上楼。

当她再次经过二楼窗口那椭圆形平台时她惊呆了:

一群麻雀灰黑的翅膀,惊涛骇浪般地浮动在阳台上,平台上的上空比城市里其他任何地方的上空都要湛蓝,雨水刚刚洗涤过一样。当麻雀们阴影般飞翔起来之时,平台上忽然绿草茵茵,绽满花朵,变成一个灿烂喧嚣的花园。

摇晃的云昏昏沉沉,寂旖感到整个宇宙混沌未开,却已经死去。仿佛全人类的哈欠布满天空,靛青色的烟圈在空中闪烁。

是鸟雀们翅膀扇动的回音,引来那幽幽怨怨、娓娓道来的钢琴声的。

寂旖小姐就是在这一天，在楼道里死人的窗口前伫立倾听鸟雀们翅膀的击拍时，第一次听到那钢琴忧伤哀婉的叙语。她放轻脚步，凝视自己的沾满乐声的脚尖，侧身倾听：

推开灰色窗户，我不能不想哭泣
把我带走，要不把我埋葬……

乐声在寂旖小姐的骨骼和脉管中流淌、生长。

请为我打开这扇门吧我含泪敲着的门
时光流逝了而我依然在这里……

九月的天已凉。浓郁的绿荫在空中招展。

寂旖小姐是一位国家级的优秀报幕员。她的面容把沧桑与年轻、热烈的性感与冷峻的清醒这些最具矛盾冲突的概念，毫无痕迹地结合起来。平常，她望着台下黑压压的人群，脑袋们如一只只鸡蛋那么易于破裂。她总是荒唐地预感，未来所有的观众都将是"独唱演员"，同一张嘴兼任伴唱、合唱、奏乐，且自说自演，没有听众，每人举一把忧伤的黑伞，舞台变成一个巨型陵墓，哀乐之声如绵绵细雨淅沥而下。世界除了剧场，再也没有别的地方了。剧场已经死亡。

这会儿，寂旖沿着二楼平台死者的楼梯和窗口，踏着凄凉的钢琴声，一步步回到顶楼上自己的房间里去。

楼在长高。

像以往一样，她知道那钢琴单调的声音，只是响在她的脑际之中。家里的钢琴沉睡已久。

声音是一种哲学。她重复想。

寂旖拉开灯，换上拖鞋，走进自己的那个卧室兼书房。

写字台上，那盏散落橙黄色幽幽光晕的木雕台灯旁边，那人正从一个半旧的栗色镜框里翩然走出，他斜倚在零经度的那个异域广场的环形栏杆上，双目凄然。背后远处的旷地上是飞翔的汽车，那疾驶的车身被速度摇晃得发虚地映在相片上。成群的鸽子咕咕地遍布他的脚下，像一只只会走动的黑色米粒。他的长衣同旷漠的天空泛着同一种忧伤的青灰色，长发同思绪一起飞扬。

他的头侧歪在一边的肩上。寂旖小姐只看到他一只半眼睛，一绺头发垂下来，好似一缕青草叶，正好遮挡在他那双空荡而又很有内容、茫然而又坚定不移的大眼睛的一个眼角处，或许是一缕草叶正好在拍照时遮挡住镜头的一个框角。

寂旖善于颠来倒去想问题。世界难道不是这样的吗？谁能保证我们眼中的景物是一张张正置的图片？谁能肯定人类不是倒挂在地球上看世界的一个群体呢？

照片上的那双黑幽幽的东方的眸子燃烧着，它忽悠一闪，就从镜框中走下来：

"你这会儿正在干什么？"他的声音好像从门缝外边虚而不实地传进来。

寂旖凝视着卧房的门扇，门没开。她努力地谛听门后是否有呼吸声，谛听静止不动的时间。

"我正在坐着。"她脑子里回答。

"坐着在干什么？"

"在想问题。"

"什么问题呢？"

"我正在想我和你这会儿对话之前在想什么问题这个问题。"

"你想出来了吗？"

他的声音与形体渐渐清晰起来，他的轮廓从长廊拐角处轻飘飘折过来，然后他便在地毯上来来回回走动。

寂旖的目光追随着淡棕色半旧地毯上那花瓣一般的鞋跟印痕，她的头随着那沙沙的没有脚足的脚步声转动，从房间的里侧摆动到光秃秃的窗棂那边。

"没有风，树就是死的。没有天，就看不见树。"他的声音窸窸窣窣。

"你说什么？"寂旖在脑中说。

"我说你应该到户外去。有病的树应该沐浴在阳光中。"

"出去干什么呢？"

"比如骑自行车，或者清洗自行车。"

"我没有自行车。"

他站在窗棂前向楼下俯视：

一辆火红的山地车正在楼下草坪上蹁跹欲飞。"'绿丛里的红嘴鸟'，我给它起的名字。"他说，"它属于你了。我马上就要离开这个城市了。"

"我对自行车极端挑剔，像我选择男人一样。"寂旖说。

"'红嘴鸟'可是辆好车。"

"只是与选择男人正好相反，我喜欢破自行车。"

"为什么？"

"可以免去清洗车子之苦。我把它随便丢在哪儿都放心。"

"脏了，总要清洗的。"

"那不一定。车子脏了，我就等着下一场雨，把车子淹没在如烟似云的水幕中，然后它就会洁净如初。"

他哈哈大笑起来，整个房间及走廊都被他的笑声震颤得绽满大朵大朵的玉兰花，芳香四散。

随着他彻响的笑声，他人影忽悠一下就不见了。

寂旖的嘴角挂着微笑。她温暖而湿润的舌头在嘴唇四周轻柔地环舔一圈，仿佛那嘴唇沾满记忆。

楼下，林立的树木与茵茵草丛之间，果然正有一辆火红的山地车。它的主人——一位陌生的年轻男子正骗腿而上，摇摇晃晃骑上车，驶向远处凝固的景物和阳光的麦黄色之中。

寂旖从窗前折回身，回到沙发里。

房间静寂了一会儿，那人又从卧房外边走进来，手里提着环球牌强力喷射杀虫剂。

"你要是再不出去，我可要往房间里喷药水了。"他说。

"你最好别碰那玩意儿，我宁可与蟑螂同居一室。"

"你是说，你喜欢与蟑螂一起睡觉，与它同床共枕？"

"不。"寂旖微微发笑，"我喜欢独自睡觉。如果非要与什么同榻而眠的话，我选择狗，或者男人。"

"你的话使我想起'华人与狗'所含的意味。"

"我不是那个意思。你知道的。"

"那么，男人？我——不是和你在一起吗？"

"你嘛，不是男人。"寂旖的声调有些含糊。

"那么，我是女人？"

"不。你也不是女人。"

"那我是什么呢？"

寂旖想了想，说："你是我的魂！"

她对自己的回答感到满意，继续说："你和我的心在一起，而睡觉是不需要心的。"

寂旖说罢，从沙发里站起身子。

她在房间里走了几个来回，把刚才忽然绽满居室、门厅与走廊的玉兰花，大朵大朵揽在怀里，幽幽香气从她的胸口钻入她的身体，她感到自己的舌尖上沾满玉兰花的芬芳。

她走向自己的床边。

一个怀抱鲜花的女人，一个将往事锁闭于心的女人，一个青蓝之中透出钻色的脑血管里永远涌动着怀旧情调的冥思默想的女人，慢慢仰躺下去，她的脸被窗户外边阳台栏杆及一根晾衣服的麻绳遮挡的阴凉，摇晃得有些模糊不清，且神秘莫测。

"性，从来不是我的问题。"寂旖说。

那人长长阔阔的青灰色风衣随着他的身体摇摆过来，如一只温情而肢体凉爽的鲸鱼在她的身边浮游。他的影子渐渐扩展，挡住了户外稀稀落落的几株黑树枝桠以及远处苍凉非凡的景观。那是被釉料涂染成和谐状的荒谬世界。

他终于伫立床边，纤美的手指仍然举着刚才那只环球牌强力喷射杀虫剂。

"那么，你到底要什么呢？"那张嘴柔和地说。

门厅的钢琴似乎是自动响起，奏出那段熟悉的单音旋律。

　　　　推开灰色窗户，我不能不想哭泣，
　　　　把我带走，要不把我埋葬……

寂旖侧过身子专注谛听，怀中的鲜花滚落到一边的床榻上。

　　　　请为我打开这扇门吧我含泪敲着的门，
　　　　时光流逝了而我依然在这里……

那无可奈何的忧伤调子，从一个不明确的模糊地方悠悠传来，声音的质地显得焦黄、陈旧且易碎，恍若隔世。仿佛是遥远的中世纪或中国封建王朝时期，某一位年轻妇人充满古典情感的清寂哀婉之音。而此刻今日的窗子外边，已是炸弹一样的重金属摇滚和一声声变得声嘶力竭的号叫。所有的心脏只能包上一层硬壳，才能抵御这刺裂耳膜的重金属节奏，才能听见自己的语声。耳膜如一片片破碎的鼓面，绽裂的薄片散落一地。

一切都消失了，再没有了任何声音，世界仿佛死去。

"那么，你到底要什么呢？"依然是那张嘴重复说。

寂旖拉过伫立床边的那人的手。

我要什么呢？

那人举起手中的喷雾剂，像冲锋枪那样，沿着床榻四周扫射一圈。

"好了，你首先不能和蟑螂同寝共眠。"

他的眼睛——寂旖书桌上木台灯旁边相片中的那一双黑大、空洞而忧心忡忡的眼睛，凝视着她。

然后，他的轮廓渐渐被一团青灰色雾气所模糊，渐渐地远远遁去。最后，凝固成那幅相片。

在寂旖的冥想中，首先是他的看不见脚足的脚步声，穿越摇摇晃晃、静寂无声的走廊，穿越一片坟土已埋没半腰的人群和故乡，穿越一片树木、一排房顶参差的砖红色屋舍和一截象征某种自由的海关出口甬道，走到那个零经度的异乡的广场上，那个有着半圆形围栏杆的画廊里，最后，走进寂旖书桌上的那一张相片上去。

这相片是他离开寂旖后，离开这座玉兰花幽芳四散、然而转瞬之间即可枯萎的房屋之后，在异乡，遥遥远远寄来给她留念的。

那死者的窗户敞开着，一条少年衣服上的布丝挂在半开的纱窗上，那布丝似乎不甘心生命的消失一般，从窗口倾身飘飞出去，随着西楼角拐过来的小风，舞动在平台花园上空。

就在那一天，少年死去的那个上午，寂旃从楼下踉踉跄跄重新返回顶楼自己的房间里去。在经过死者的窗口时，她发现平台花园对死人的事件宁静如水，毫无惊愕之感。冰冷的石灰楼板从她的脚下钻上来一种稀奇古怪的声音。接着，她便猛然看到了这个多年以来空洞、荒芜的平台，转瞬之间业已变成了一座凄艳的花园世界，无数只昙花一现的花朵，如广场上密集的人流，无声地哀号，鲜亮地燃烧。平台依旧，却已是景物殊然。

这里俨然已是通往天堂的哨所和甬道。——这花园，这景观，这时节，这岁月啊！

其实，一切只在片息之间，却已是岁月如梭。

寂旃的步态有点紊乱，她咚咚咚一口气跑上顶楼，楼窗外的城市随着寂旃从环形楼梯望出去的视角的转换，一片一片逐一滑落到她的脚下。

她跑到自己的屋门前，紧倚着门，投落在木门上的她的影子，在她的呼吸中起伏不定。回廊里幽暗的灯光在光秃秃的墙壁之间孤寂地回旋。

门终于被打开。

寂旃抓起电话，她的瘦骨嶙峋的手指微微发颤。

"我看见了，那孩子，一个少年，他跑掉了。"她喘息着。

那张嘴——相片上的那一张嘴，在电话线的另一端关切地启合。

他说："寂旃，你在说谁？谁跑掉了？"

"一个少年。住在我家同一屋顶楼上的一个孩子。"

"发生了什么，寂旃？那孩子从哪儿跑掉了？"

她顿了顿，无以言对。

停了一会儿，她低声说："从空旷的冷漠中。"

两边沉默。电话仿佛中断。

隔了片刻，那一边才又出了声：

"他若是活到你我这个年龄，就不会跑掉了。"他说。

寂旖无声。

她一只手举着话筒，另一只手捋了捋垂落到她空茫的大眼睛前的一绺头发，然后把这只手绕过前胸，插在另一侧腋下。她搂了搂自己，仿佛是替代电话线另一端的那只举着话筒的手。在她的生命中，那手，是一把在喧嚣又凄凉的都市中拨出温婉之音的竖琴。

"寂旖，你在听吗？"他问。

"我在听，"她的声音很低，"……那少年比我有勇气……"

"你记住，我不高兴你这么说。那不是勇气，那是懦弱。我就是死了，也不会逃掉；我就是死了，也会拼命与消失进行战斗。"

他这样说话的时候，她忽然感到整整一个清晨，自己那沉甸甸的头终于倚靠在一个支撑点上——他的肩似床垫一样柔软。

寂旖透过玻璃窗，望见户外青灰的天空，上午的阳光在对面一排低矮瓦房的屋脊上轰隆隆回响，好似丧钟齐鸣，响彻她的头颅。

她忽然觉得，她的头颅就是她向观众报幕的那个椭圆形剧场，那个剧场就是这个椭圆形地球。

寂旖坐在沙发里昏昏沉沉。

已经接近中午了，白晃晃的光线从外边探进她的房间，抹在她静寂无声的乳白床单上。这张同她的混乱梦境做过无数场激烈战斗的床榻，仿佛已经瘫痪，孤零零躺在房间的一隅。整个空荡荡的大楼就像一座城垛极高的死城。只有远处脱落了绿叶的枯枝老树发出窸窸窣窣的絮语声，伴着午日宁和的小风在骚动。

寂旖起身，到厨房冲了一杯绿茶。暖瓶里带着雾气的开水，清脆地撞击在茶杯里色泽清醇的板山毫峰的青叶片上，淡淡的绿意在水中弥散开放。这茶叶正是他留给她的。

清爽而悦耳的水声嗒嗒、嗒嗒响在茶杯中。这声音似曾相识。她一边端了杯子走回卧房，一边无意识地思索那嗒嗒声。

忽然，她记忆起来，那是他的BP机呼叫声。他在这个城市的时候，别在他身上的这个呼机曾经像无形的伴侣一样跟随着她，使他贴近她空荡的心。那是专为她而设的，她始终这样以为。在她需要他的任何时候，通过呼机蟋蟀般的鸣叫，她随时可以听到他的声音，无论他正在这个城市的哪个角落。

接着，发生了一件很小却使寂旖格外震惊的事——当她在心里默诵他的呼机号码时，她发现自己已经记忆不起来那号码了。

怎么可能呢？他才离开一年时间。她搜索枯肠。

那时候，这个号码她曾烂熟于心，在任何困乏疲倦、漫不经心甚至在半睡半梦中，她都能把那一长串数字脱口而出、倒背如流。说出那串号码就像把饭吃到嘴里一样容易。尽管寂旖向来不善记忆数字。

她打开抽屉，翻找那本旧电话簿。所谓"旧"，只是就时间而言，因为她并没有一本新的电话簿。他离开这座城市后，电话似乎也随之死去，那一截灰白色的电话线，如同被丢弃路边的一段坏死的废肠子。

寂旖翻到那一页，她的目光落在他的名字上。代表他名字的那两个汉字，在纸页上动了动肩架，仿佛是替代这名字的主人向寂旖打招呼。

寂旖开始默记他的那一长串呼机号码，一遍一遍，直到她熟练如初。好像日新月异的时光重新回到一年前他还没有离开这座城市的时候。

她知道，这行为毫无意义，甚至愚蠢。他离开时，那呼机码便已作废，它或者成为一串毫无声息的死去的数码，或者流落到某一位新主人手里，拥有了新的记忆者和追随者。

她不管这些。她只是一遍一遍默诵那一长串代表着那个人的数码。唯此，她才感到与他接近，感到正有什么东西填充着她日益发空的心。

寂旖这时想起了他曾经说过的那一句话：我就是死了，也会与消失进行战斗。她想，为了使他的消失不真正消失，我必须与自己战斗。

一种想说话的冲动占领了她。她知道，自己对这个世界已经说得太多，然而，她觉得自己已很久没有说过话了。平时，她站在剧场舞台中央，面带笑容，对台下成千上万的人群说话时，娴熟的台词从她的化过妆的鲜亮红润的嘴唇里流溢出来，好像那就是她的心声。这时节，只有傻瓜和天才才把台词当成内心之声，把舞台当成切身生活。然而，她只是一个平平常常的女子。

寂旖一只手擎着茶杯，一只手拨响了电话。

然后，她吃惊地发现自己竟对传呼台叫了那人的号码。

她有些迟疑，想立刻放下话筒，停止这种荒唐行为。

这时，话筒的另一端出了声：

"喂？"是那种柔软而温和的女人声音。

"哎，我……"

"小姐，您找哪位？"

"哎，我并不……"她一时语塞。

但她并不想立刻就放下话筒，她拖延着，然后，说出了那人的名字。

"对不起，我这里是星海钢琴修理部，没有您要找的这个人。"

"我正是找修理钢琴的人。"她莫名其妙地胡乱说着自己意想不到的话。

"小姐，您的钢琴有什么问题吗？我们愿为您服务。"

"不，没什么大问题。只是……"寂旖努力去想门厅里那架久已不动、尘灰密布的钢琴，"只是需要调一调音，已经一年没调过了，很多音已经走了调。"她为自己即兴说出的理由感到满意。

那边的电话表示，他们随后就派人来，调琴这事很容易。

寂旖留下自己的地址和电话号码，便放下了话筒。

寂旖和衣躺在床上，把头疲倦地向后仰去，双脚在床沿外边空荡荡地悬着。

这双纤瘦而结实的脚，多少年来被她自己上满了弦，它一直在被人们称之为"上坡路"的路上吃力地行走，那足印像一枚枚灵魂的印章，踏在既繁闹又凄凉的城市渴望着回声。而此刻，她终于感到力不从心了，鞋窝里似乎被流逝的时光注满了积沉下来的污水和沙土，沉甸甸的。地面已开始摇晃，她的年轻却已年迈的双足仍在攀爬。

这时，她感到有点冷，渐渐地，她感觉不到自己的脚了，那双脚仿佛已不再长在她的腿上，它们已经融化在空气中，床沿处只有一双黑色的鞋悬挂着，摇摇荡荡……

……那是双小斑马似的黑跑鞋，红色鞋带如一缕鲜艳的草茎抚在她的脚面……她自己也不明白是怎么回事——她的家住在冰雪封死的山里，任何车子也无法深入进去。夜已经很深很浓了，黑得连塔松上的白雪全是黑的。她的目光在旷野上来来回回搜寻，但什么迹象都没有，什么也看不见。她只穿着贴身的休闲服，风雪冰寒毫无遮拦地穿透她薄薄的肌肤，刺到她的骨头里面去。

她准备回到自己的住处。在她记忆中，她的家回廊长长阔阔，玫瑰色的灯光从一个隐蔽凹陷处幽暗地传递过来，如一束灿然的女人目光。她滑着雪，走过一片记忆中的青草地，前边却是另一片青草地。家，好像就在不远的什么地方，但她不知它在哪儿。她不识路，不知怎么走才能回家。她四顾茫然，惊恐无措。

正在这时，那个人——相片上的那个人，飞快地滑雪而来，能够在这样的渺无人烟的黑夜里遇到他，真是救了命。她恳请他带她回家，他家不知怎么也住在山林里。于是，他们飞一样牵着手滑行。两边山林的崖壁上全是凄厉的风声和狼的号叫，茫夜一大片一大片从身边风一般划过。

他们走到半途时，忽然他说："寂旖，我只能带你走到这儿，下边的路我们得岔开走了，你家在那个方向，我家在这个方向。"

他说话的时候，用他修长的手指清晰地指了两个不同方向的小道。寂旖注意到他的无名指上戴了一枚亮晶晶的钻石戒。她想，那肯定就是他妻子的眼睛。

"太晚了，我妻子该生气了。"他继续说。

她慌了："恳求你别把我中途丢在这儿，我跟你一块儿回家，或者你留下来陪我把夜晚度过去。我们在一起做什么都行，都随你愿意。"

他说："你可真傻。夜，又不只这一个。"

她哭了："我现在度不过去！明天太阳出来，我有整整一白天时间思考下一个夜晚的问题。可你现在不能离开我，把我搁在半途。"

他说："真的很抱歉，我不能留下来陪你，也不能带你回我家。我妻子会生气的。我必须得走了。"他一边道歉，一边松开她的手，向另一个方向滑去。

四周全是野兽，红红绿绿许多狼的眼睛像流星一样在空漠的黑夜里闪耀。一声一声狼嚎恐怖尖厉，一声一声如针扎在她身上，格外吓人。

她开始失控，惊惧得要崩溃。为了抵御这种恐惧，她开始一声一声学狼叫，持续地叫，大声地叫……模仿一只母狼……

她想，只有这样，真正的狼才不会吞噬她；只有这样，它们才会以为她也是狼……

寂旖的这一对付狼的灵活的举动、经验完全来自于人类而并非兽类，完全是她在人类关系中所摸索出来的"人狼共处"的防卫措施。

……然后，场景变了，忽悠一下，眼前腾起一团青白色的烟雾，那团烟雾沾满了她的整个视域，带着她走到一面陡峭斜坡的终端。然后那团庞然大物中的轮廓便渐渐清晰出来——原来，这是一座雪白的大楼。隆隆的疾风遁去了，四际悄然，万物俱寂。一小坡又一小坡连绵的绿草鲜花弯垂着腰肢向她致意，一派懒懒散散的祥和宁静。

她推开楼门，径直上楼。她感到自己攀登在石阶上的脚，似乎是踏在扩音器上，扩音器模糊地发出吱吱嘎嘎的交流声。她定睛一看，原来那石阶都是一排排堆起来的走不完的死人肋骨，吱吱嘎嘎声就是它们发出的。那些肋骨，白天走在城市的街上，在阳光下构成一群一群活的人流；夜间或者任何一种可以隐身的场所，它们就会恢复它们的本来面目，变成一堆冷冰冰的白骨。没有年龄，没有性别，反正都是死人。

她终于找到一个出口，楼道清寂幽长，房门个个紧闭。她前后寻望，记忆中像在电脑里按动Page Down键钮一样，一页一页翻过去，到底想不出这是什么地方。

忽然，那个人，站在楼道的另一端向她招手，确切地说，是寂旖望见他的身影站在从楼道另一端的门框投射进来的一束光线中，向她频频招手。

她的眼睛立刻充满了泪水，兴奋地奔过去，说："你怎么在这儿？我们一年没见了，你好吗？"

他平静地微笑，"我很好。我在这儿工作。"他说。

"噢。"她心里的惊惧慢慢踏实下来。

一年了，他依然如故。他的右侧嘴角和鼻翼处的那道沟痕，依然散发着沧桑的魅力。她无意间触碰到他的一只手，她指尖上敏感的神经立刻感觉到他的手变得如枯死的老榆树皮一般坚硬。

他注意到她指尖的抖动，说："在这种地方，手必须磨砺得像生铁一样又硬又冷；在这种地方，你必须长出这样的双手，才能活下去。"

他的声音使她心碎。

"这是哪儿？"她问。

他抖了抖衣袖，不动声色。然后说："太平间。"

他说话的时候，身边那一扇楼门咣当一声关上了。

接着，便响起了重重的敲门声……

寂旖一惊，清醒过来，发现自己躺在床上，汗水淋漓。

房门依然被敲响。

她定了定神，端起已经凉却了的茶水喝了两大口。果然是有人在敲门。

寂旖趿上拖鞋，迷迷糊糊穿过黯淡的门厅。

"找谁？"她问。

门外一个男人声音说："修理钢琴。"

寂旖打开房门。

一位中年男人穿一身半旧工作服走进来，风尘仆仆。进门后，把工具包放在门厅的地板上，包里的工具们哗啦一声重响。

他径直走向钢琴，"是它吧？"他问。

"对，就是它。"寂旖倚着里边卧房的木门框，不动窝，斜着身子看他。她的神情还没有完全清醒过来。

他掀开大红绒布，又打开深栗色的钢琴前盖和后盖，沙哑并且走调的琴音便与尘埃一起升起。

"这琴有一年没动过了吧？"中年男人说。

"对，有一年了。"

寂旖的喉咙发干，便回房端了茶杯出来，一边慢慢喝着刚才那杯凉茶，一边看着他忙碌。

"您也来一杯茶吧？"她说。

"好吧。谢谢！"

调琴人右手攥着一把小硬木槌，在钢琴后盖里边密密麻麻的钢弦上叮叮咚咚逐一敲击着；左手擎一把特制的钳子，在那些螺丝上拧来转去。单调而重复的琴声如落花流水，潺潺湲湲，注满房间。

发发发嗖嗖嗖啦啦啦唏唏唏……

寂旖在一旁望着这个中年男子忙着，他的手指粗拙而又灵巧。看上去，他大约有五十岁了，腹部和胃部像个平缓的丘陵，微微凸起。她凝视着他的肚子，她想，那里边至少可以装下三升啤酒、三十句脏话和三百个笑话。同时，她感到，那还是一个结实的容器，里边装着他的女人和他娇嫩的小女儿的琐琐碎碎。

在半明半昧的门厅，她一直站着不动，倚在过道拐角处通往卧房的门把扶手上，静静地观看他娴熟地操作，每一个音符都被他粗大的手指摆弄得犹如他的身体那样结结实实，稳稳当当。嗡嗡声像无数只小虫子在她的耳畔轰鸣。她看着他把一侧的耳朵和肩膀弯垂下来，专注倾听每一个音，那样子仿佛每一个音符都是一个日子似的需要一丝不苟地度过。

终于，调琴人说："好了，小姐。音全都调准了。"

"全好了？"

"全好了。"他拍了拍衣袖上的尘土，把前襟和领口拉拉平，表示一切都没有问题了。

"那么，能请您弹奏一支曲子吗？"

"当然。只是我不大会弹琴，我不过是个修理匠。"

寂旖用嘴哼了一段调子，那一段一年来像魂一样缠绕着她的调子。

"您会弹这支曲子吗？"她期待地望着他。

"我试试吧。"

> 推开灰色窗户，我不能不想哭泣，
> 把我带走，要不把我埋葬……
> …………
> 时光流逝了而我依然在这里。

门厅昏暗的光线低覆在钢琴的琴面上，漆亮的深栗色琴板星光闪闪，柔和地反射着流动的乐声之光，那光一直驶进她的心腑血脉。一股温热的情调从她的心底迸发出来。

她从他的身后向他敦实的肩贴近了一步，仿佛是在冷清的房中贴近炉火的光源。有一瞬间，有什么温情的东西在她的记忆边缘闪耀。她把寂寞的双肩微微弓起，一声不响、宁静倦怠地轻轻靠在他的背上。

钢琴声中断了，那流畅凄婉的旋律被贴附在他肩背上的柔软所中断。中年男子一动不动。

这忽然而断的音符撞在她的肋骨上。她摇晃了一下，向后闪了闪，清醒过来。

"对不起，我没有别的……意思。"寂旖含含糊糊。

他起身，一边收拾工具，一边说：

"若没有其他问题，我该走了。"

他丘陵般的胸脯朝向她。

她忽然感到饿了，一种莫名的冲动从她的喉咙涌出：

"我想请您一起吃午饭，喝点啤酒。"

调琴人抬头看了她一眼，她立刻迎上他的目光，亲昵地笑了一下。

"不必客气。我们只收费，不吃饭的。"他说。

"那当然。修理费是一回事，一起吃饭……是另一回事。我是说……我们像朋友一样坐下来，一起吃顿饭，谈谈天。"

他弯身缓慢地把木槌和钳子放进工具包，然后直起身体，脸上掠过一层阴郁的神情，和一闪即逝的不易察觉的紧张。

他起身之际，把目光穿过长长的走廊，然后向卧室敞开的门里边探了探身子，仿佛有什么东西吸引了他的注意力。

"那个人——书桌台灯旁边相片上的那个人，是你的情人？"

调琴人的疑问，从他高大耸立的、刚才被她轻轻倚靠过的肩头沉落下来。

"不，他不是。"寂旖感到心里有什么东西正在被无关的人触犯。

"那么，他是谁？"

她忽然有点厌倦。

她从钱夹里拿出一张大票放在他的工具包里。

"他是——魂。"

寂旖感到初秋的房中有点凉了，一扇半开的窗子正从户外吹进来低音键发出的那种昏昏沉沉的柔和风声。

"如果……我留下来，你打算收多少钱？"中年男子沉郁的表情慢慢开始消逝，某一种欲望似乎正在他温热的血液里凝聚起来。

"什么钱？"话刚一出口，寂旖已经明白过来。她的脸颊微微发热。

接着，她的嘴角掠过一丝平静的似有似无的冷笑。

"您弄错了，先生。我的职业不是您想象的那一种。不过——您提醒了我，也许以后我可以试试那个职业。如果我感到需要的话。"

寂旖一仰脖儿，把手中所剩的小半杯茶水全都倒入口中。然后，她把空杯子冲他举了一下。

"好了，谢谢您。"

寂旖把他的工具包提起来，挎在他的肩上，然后她自己也拿了一只提包，说："我和您一起下去，我要到街上去买东西。"

寂旖打开房门，他们走出去，从静寂的楼梯盘旋而下。

调琴人沉默了好一阵时间。在三楼与二楼之间楼道拐角处站住，他终于出了声，说：

"那么，你要什么呢？"

寂旖默然无语，径自往楼下走。

我要什么呢？

二楼的平台花园已经伸展到她的眼前，那些红的、白的、黑的、紫的鲜花，在光秃秃青灰色的天空中咄咄逼人地燃烧。她伫立在从死人的窗口斜射进来的光线中，把眼睛躲在窗棂遮挡住的一条阴影里，盯着那些浓郁的色彩所拼成的古怪图案，一动不动。

她侧耳谛听某种声音，那种实际上并不存在的、只流动于她的脑际中的陈旧的钢琴声，仿佛重温一种已离她远去的旧事。

其实，什么全都没有，整个大楼像死去的棺材，沉闷无声。

　　　　我早已惯于在生活之外，倾听。
　　　　我总是听到你，听到你，
　　　　从我沉实静寂的骨中闪过。

　　　　一个斜穿心脏的声音消逝了，
　　　　在双重的哀泣的门里。
　　　　只有悒郁的阳光独步，于
　　　　平台花园之上
　　　　和死者交谈。

她猛然想起，那死去的少年从顶楼窗口探伸出身体所够抓的那东西：

活人的温暖之声。

她自言自语。

秃头女走不出来的九月

此刻时间：一九九三年四月二十一日夜。

此刻地点：P城家中双人床上独自一人。

一

热风如火苗的一九九三年九月，P城却下了一场罕见的鹅毛大雪，那雪晶锋芒尖锐，刺骨扎人，白光带着匕首的寒气逼向大地。这一矛盾而奇怪的天气现象，实在使气象学家们目瞪口呆，匪夷所思。他们一成不变地认为，只有寒冷的冬季才能有足够的凝聚力把雪片固执地拉向大地的怀抱，而炎热的夏天下大雪纯粹是梦想者病态的幻想。

莫根却坚持说：这是天意，命中注定。就像我和你，充满危险和对抗的魅力。

莫根是一个靠着不断背叛和谋杀为营生的家伙，这是他的眼睛泄露给我的秘密；而他温柔的嘴唇在我的头发里亲吻时，他用近乎女人的缠绵声调告诉我他是一个诗人。

从中国古老的佛教密宗或者黑格尔、荣格等西方哲人那里，从近代物理学家们关于非物质起源的实验室或者我个人的生命体验，都可以证明：任何一个男人或女人本身就拥有某种不同程度的完全属于另一性别的特征。而莫根正是一个集男性的智慧、冷酷和女人的柔情、邪恶于一身的男子。

我想，我终于判断正确了一次——难道不是吗，以"背叛和谋杀"为营生的人与诗人有什么矛盾或不同吗？在我内心，这二者不过是同一行当的两种不同称呼而已。随着岁月的流逝，"忠诚"、"爱情"、"友谊"、"从此"等等词汇正在越来越失去可靠性和信赖感。我知道我无能为力地爱上了一个真正的坏蛋，而且一错再错地不计后果。

有一天，我长时间凝视他的激烈而混乱的瞳孔，我的沉寂又饥渴的目光居然从他那寻求冒险同时又拒绝世界的视网膜上读到了一首诗：

你想活下去吗
那么，背叛你的家人
我就是要当一个叛徒

我弄不清楚，这诗是写在他的眼睛里还是写在我的心里；也弄不清楚，我们俩谁把这诗涂上去的。

莫根是那种线条明朗、浑然天成的男子，眼睛里凝聚着柔水做成的刀光。那一双迷迷蒙蒙的深挚的眼睛总是闪烁一股不忠和放荡的神情，他望着我的时候，总是搅乱我那善于浮想联翩、胡思乱想的心。他的整个身体都在隐蔽地对我说：这是一个喜新厌旧、厌倦了忠贞与爱情的、渴望像一个钢琴家不断变换艺术手法那样不断变换情人的人。这样一双黑幽幽燃烧的东方的眸子镶嵌在这样一个男人的脸颊上，真是令我绝望。

莫根将于九月十三日携他的妻子返回墨尔本。今天是我们最后一次幽会了。为了九月十三日这个倒霉的星期一，我在内心已经整整哭泣了五个月。在这五个月里，我们的每一次约会都使我无望地感到我们正在奔赴破灭。

此时我们对坐无语。

终于，我说："你走吧，我会在你离开的第二天也就是九月十四日就嫁到爪哇国去。"

莫根说："是吗？让我来听一听那人是干什么的？"

我眼不眨声不乱，毫不迟疑地就从嘴里溜出来"打字员"三个字。

莫根说："那么，他叫什么名字呢？"

我说："他叫什么名字都可以。比如他叫'汪汪'。"我学了一声发情时的公狗的号叫。

像我这样一种无可救药地追求生命之爱的女人，如果不是嫁给致命的爱情，那么我绝不会退而求其次——嫁给友谊，我宁可选择另外一个极端：实用主义。眼下，我正缺少一位得心应手的打字员。

"很好。"莫根对我的话不屑一顾。

真正的坏蛋就有莫根这样一种本领：准确判断出哪种坏话是真的，是他的同行们操用的语言；而哪种坏话是假的，是我这种怀着复仇与爱情的火焰渴望挤进坏人行列的人的语言。在莫根面前，我真是小巫见大巫。

"到九月十四日再决定嫁给哪一位'汪汪'吧。如果那天我的电灯坏了，我也许就嫁给一位电工；如果那天我的电脑坏了，也许我就嫁给一位计算机专家。再说吧。"我说。

"很好。"莫根仍是怪怪地发笑，"这下我就放心了。"

我继续说："九月十四日我还要做另外一件事。"

"什么？"

"剪头发，短得不能再短的头发。我见不到你，就去剪头发，不断地剪。"

"这两件事有什么关联吗？"

"当然。"我说。

"这么说，等我下次回来时你肯定是个秃头女了。"

"估计如此。"

莫根不动声色，"很好。"

接下来，我们一阵冷声，谁也不说什么。

我终于抑制不住，一把拉过莫根，扶靠在他肩上哭起来，"你这人怎么这么狠……"我抽泣着，"你走吧。"

"你现在不是喜欢'残忍'、'变心'、'冷酷'、'不忠'、'阴谋'这些色彩的词汇吗？"莫根说，"再说，是你自己说的要嫁人。这个世界谁能挡得住谁呢？"

莫根这样说着，却把我的身体越抱越紧。我能感觉到他用身体里的全部生命力抗拒着他自己的语言，他的身体其实在说：不！你不能嫁人。我会回到你身边的。

窗外的一束在暮光里晃晃悠悠的街灯把它那团苍白的光晕从窗口投射到墙壁上。不知不觉中，外边已是凋谢冷清的晚景。我一直都觉得，黯淡的光线有助于精神紧张者的肢体放松，那一幕昏暗的颜色实际上是遮挡敏觉思想的一扇帷帘。莫根那如水的手臂轻轻滑过我的肢体，他的手臂总是使我产生绵绵不断、缕缕如烟的倦意。

我们最后一次脱衣、上床，那休养和缓解过我的某种重伤的床榻，发出吱吱嘎嘎的嘶鸣。奇怪的是，这一次我们并没有真正做爱。

我们完全沉浸到将要失去对方的心理紧迫之中，以至于其他的内容完全被这种伤感而惶恐的心理阴影所覆盖和掩蔽。我们只是长久地、彻腑地、绝望地彼此爱抚、拥抱。我产生一种前所未有的强烈的晕车感，仿佛一脱离开他的身体，我就会从车上掉落下来。它的意义在我心底已经远离并且超出了"性范畴"。但是，这绝对是我的爱情生涯里最致命、最辉煌、最震颤心灵的一次做爱……

"如果我不走了呢？"莫根平静地说，好像在谈论别人的事情。

我的眼睛刷地一亮，仿佛房间里燃亮了灯光。

但是，我没有接过来他的话。这得由他自己决定。

我继续原来的思路，我说："明天你离开P城时，我不能去送你了。你会失去控制的，我无法面对你的妻子。"

我嘴上这样说道，心里却在想：我等你的电话，告诉我你最后的决定。

"好吧。"莫根说。

二

我终日守在电话机旁，静静等待那哗然而起的铃声。可是，那个电话机却像一只死猫卧在我的床边一声不响。别人电话打进来，我三言五语就挂断，我只等待莫根的声音。

现在距莫根所乘的QANTAS航班起飞时间只有一小时十五分钟了。我知道我们必是雨散星离，分离在即，一切已是曲尽人散了。

我再也不能迟疑，我必须在莫根从我视线里消失殆尽之前，最后看一眼他迷人的眼睛和身体。这个从不"轻诺"但依然"寡信"的人、这个惯于以诗的伎俩背叛和谋杀的人，我从不相信他的语言只相信他的眼睛和身体。

九月里下大雪，这种自相矛盾的天气和活动背景的确是个难题，我选择不好该穿哪种外衣。像我这种很在意别人怎么看我（特别是在意莫根和他的妻子怎么看我）的女人，以什么"外衣"出现在世界上的确于我非常重要。在我心里，"外衣"的重要程度相当于一个人的历史。

也许是由于我对于选择外衣的犹豫，也许是这种矛盾而古怪的天气障碍，反正这一天我永远无法挽回。

当我赶到机场大厅时，那条通往墨尔本的红色甬道已空无一人，像通往太平间的夹道冰冷而凋敝，仿佛世界上所有的生离死别都诞生在这里。

我的心重重地扑了一空，只好颓然而返。

接下来的几天，我几乎不着家地在外边奔波于办理飞抵墨尔本的签证出境手续。我足足盖了四十九个印章，满载着我们可爱的官僚主义的油墨印泥之香，飞往了墨尔本去寻找莫根的踪迹。

在古老而悠闲的巴斯海峡北端，我穿越那片鲜亮耀眼的旺草地和无数飘荡着亚热带树脂芳香的林木，那条叫作BRUNSWICK PARK STREET的蜿蜿蜒蜒的小路已伸向我面前。我的心灵曾通过一张张沉甸甸的邮票无数次穿过这条林荫路拥向莫根的怀抱。

透过亚麻色围栏，是一套砖红色别墅。然后是一个栗黄色头发的女人和一条乳白的长毛狗。那女人正在歪歪斜斜的晾绳上恬静地晒衣服。

我走过去，站立在一株庞大古怪、长得瘆人的老橡树的阴影里，把脸颊掩埋在模模糊糊的暗处。我没有自我介绍，只对那女人平淡地说：我来找莫根。

那女人抬起头定神望望我，忽然变得格外吃惊。她说她的丈夫还留在中国的P城，要完成他那首未完成的诗。

我从那女人吃惊的眼睛里感觉到了她所怀的不可思议：一个中国女人跑到外国去寻找一个同样在中国的男人？

我此时眼里放射的光芒肯定能将她手里的未干的衣服点燃。

我不等她惊讶的表情从她那张美丽的脸颊上消失，就慌张又兴奋地逃开了。

莫根，莫根，你在中国。

我买了当晚的加急航班票，经过十几小时的如梦时光又返回了P城。两三天前，这个同样凋零又拥闹的机场大厅，此刻那种生离死别的伤感气息已荡然无存，完全变成了一派大团圆的秋天景观。

从机场回家的路上，我一直想象莫根此时肯定躺在我们有过很多欢乐时光的吱吱乱叫的床上追忆着我的温馨和痕迹。许许多多的燃亮我那沉默记忆的东西，像车窗外边晃动的风景，一一飞掠过去……

可是，当我推开自己的房门时，我发现房间里却空无一人，与离开时一模一样。我注意到我走前扎皮箱的那条带子仍然在地毯上的老地方像一条僵死的长虫；梳妆台上那瓶忘记封盖的银白色指甲油仍然挥发着一股古怪的草香。我的床上和烟灰缸里同样没有一丝一毫的莫根的痕迹。

我怀着希望打开了电话录音，于是我听到了我所熟悉的莫根的声音：

> 你吃惊吗？现在已经过了九月十三日QANTAS航班起飞的时间。可是，我在P城自己的寓所里，守在你的照片旁边……

录音带空白了一段，接下来还是莫根的声音：

> 你去哪儿了呢？我已经找你几天了……

我没能等待那电话录音全部放完就飞奔出去，直奔莫根的住所。

莫根的母亲——一个跛腿而肥硕的老妇人，颤颤巍巍地迎出来。她的右手用一把年代久远的长把雨伞当拐杖，支撑着她那使人感到随时可能轰然坍塌的身体。在幽暗的长廊外边的空地上，她的苍老的声音告诉我说：莫根不在家，他已经离开几天了。

我惊愕不已，急忙问：莫根他去哪儿了呢？

老妇人赤裸裸地用她那怀疑的目光打量了我足足一分钟，仿佛在考虑一个重大的机密是不是可以披露给我这样一个素昧平生的女子。她的左手食指与中指之间夹着一根雪白颀长的香烟，缓缓吸着，那一冥一亮的红烟头和着她漆亮的黑眼珠一同谛视着我。最后，老妇人终于按捺不住想找个无关的人分享秘密的快乐，她压低嗓音用气声悄悄地说：

"莫根他去爪哇国了。办理一桩情杀疑案。他说他知道那桩疑案的谋杀人，他必须赶到那里完成它。他说，死者是个打字员，还有一个年轻女人，名字叫……"

我听到我自己的名字从老妇人嘴里滑出来响亮地掉落在这畸形而恐惧的九月天里的白雪地上。

三

有钥匙转动门锁的窸窸窣窣声，然后是吱扭一响有如揭开一扇梦，莫根像一条阴影闪进我的卧房。

我望着他迷人的眼睛感到惊惧。他的眼里全是如水缠绵的情诗，诗的题目全都叫作《谋杀》。

"你呆呆地在想什么？"莫根一边脱下外衣一边说。

我迟疑了半天，从脑子里转出神来，"在想九月。"我说。

"还早呢。五个月后的事情不必去想。这是你想成为聪明人的第一条：只想现在。"

莫根走过来温情地俯下他树脂一般芬芳的身体拥抱我，把他的脸颊埋到我头发里。

莫根说："你的头发长了，该剪一剪了。"他低柔的嗓音从我们那张吱吱叫的老牛车一般的床榻上令我绝望地升起。

窗外，苍白而黯然的光晕粼粼闪烁，仿佛是一片片跳跃的鱼群来自遥远异邦——墨尔本南端的那个巴斯海峡的涟涟微波、绵绵轻漪。静静地独自观望它，便会看出喧闹的人流里某种无可奈何又无以言传的凄凉与忧伤。

我的内心一向孤寂，世界繁乱的嘈杂声永远无法真正进入我的身体。可是，我忽然感到，此刻莫根的声音带给我的是比以往更强大、更无边的孤寂。

"是的，我会不断地剪头发，"我说，"早晚我会成为一个秃头女。"

这声音小得连我自己都难以听到，我的耳朵似乎已脱离我而去，躲到安全的墙壁后边。其实，我的一生都在竭力倾听和期待远处的某种致命的声音。但，命中注定，我永远是个被人类之声所隔绝和遗弃的人，一个失去耳朵的秃头女。

只有暮春的晚风，从四面八方的远处传递过来不绝如缕、轻若泣叹的关门声。这此起彼伏、由远而近的声音弥漫世界。

四

．．．．．．．．．．．．

自一九九三年九月，莫根离开中国P城踏上奔赴爪哇国之旅，再无消息。

一九九五年四月，莫根母亲与妻子千方百计、迂回曲折地办好了经墨尔本绕路前往爪哇国探望毫无下落的莫根的签证出境手续。据爪哇国机场官方的电脑记载：没有一个叫作莫根的中国男人或者一个貌如莫根的中国男人于一九九三年九月进入爪哇国境内。

二〇〇一年八月，有人在美国的一个变心俱乐部里一个化装舞会上听到过莫根的声音，但因面具的缘故，无法肯定那人就是莫根。

二〇〇三年九月以后，我只身前往美国的一个叫作MCHGAN的幽僻荒凉的地方隐居。这地方的雪极大，仿佛覆盖了所有的岁月和往事，到处可见拄拐杖去上学的红红绿绿的学生，他们沉醉于DOWNHILL这项刺激的活动。而我已出现衰老的征兆，身心疲惫，厌倦人群，但我的思想还分外清晰，只是偶尔分不清虚构与真实的事情。我经常湮没在那个变心俱乐部大大小小的化装舞会的阴影里，我等待着那个熟悉的声音从寂寞的黑暗中升起——那个我亲爱的读者所熟悉的一段众所周知的台词：

"我已经老了，有一天，在一处公共场所的大厅里，有一个男人向我走来……他向我说，我认识你，永远记得你……那时候你是年轻女人，与你那时的面貌相比，我更爱你现在备受摧残的面容……"

沉默的左乳

其实，我真正的长大成人，是从我认定说谎是一种生活的科学开始的。

尽管，在这一天来临之前，我已经是个经历过婚姻生活的建立与毁灭的成年女子。我很惭愧在我拥有将近十年的工作历程之后，在我的足迹遍布中国的北方南方，并且被我那不安分的双脚贪婪地引诱到过澳洲和欧洲之后的今天，才醒悟了这一极为"初级"的科学。而许多曾被我轻视的人们，年纪轻轻就早已对此运用自如、轻车熟路了。为此，我不得不承认自己徒有一副敏感的脸孔。我也因此想到，为什么往昔的生活总是被我搞得一团糟。如果，我肯于早一些年就放弃自己的固执己见，学会放弃与这个世界的主体潮流的抵触与对抗，早一点住手写作我那部《与外部的关系使我成为问题》的鬼文章的话，那么，我的日子早就会其乐融融地简单起来。

我曾经花费许多年时光潜心研究生活中的一些边边角角的问题，比如我脚下的道路与绳索的形状，这二者之间是怎样的关系，诸如此类。但是，另外一些通常的事物，却被我完全地忽略了。

现在，在我看来，许许多多的女人们之所以把她们的嘴唇涂抹得艳红，其实是为了更流畅地撒谎；许许多多的男人们之所以一杯一杯往嘴唇里灌酒，其实也是为了更勤奋地说假话。

我已经开始学着对身边的事不去究根问底，甚至睁着大眼睛说谎话了。

比如，今天早上，太阳像蛋清一样把稀稀疏疏的乳白色光线从高大的玻璃窗中斜射进来，一枝春天的绿枝桠从窗前那株高大的栗树树干上探过头来，悠闲而诱人地晃动，天气既晴朗又不暴烈。我一边看着那枝栗树枝在清晨的玫瑰色光线里尽情地呼吸，一边喝着这一天的第一杯没有味道的速溶咖啡，台湾歌手蔡琴的舒缓而略带颓废的声音，源源不断地从音响中流动穿梭在我的房间里，低沉而抑郁，"时间的河慢慢地流……时间的河慢慢地流……"

我忽然产生出去走走的愿望，到外面的平和的空气里呼吸呼吸春天，我在房间里待得太久了。我所从事的是一种特殊的工作，平时，由于我天性比较紧张，除去自己的几个相投合的朋友以外，我对于广泛意义的外界缺乏自如和从容。我习惯于独立的个人化操作，对舆论界也缺乏随和精神，所以我很少参加外事活动。我一直认为，对于某种特殊类别工作性质的人来说，闭门深居的特殊的个人经验，比起众人皆知的常规化经验尤其显得重要，因为它需要独特、创新和不可重复。从这一点来说，它的个人化与社会化就不再是大与小的关系，一百个人与一个人并不能说明什么。

我对我母亲说，我到秀水东街看看外衣。我母亲立刻说，你已经有至少十三件外衣了，我正在考虑是不是要在家里举办一次时装展览。

我的母亲喜欢夸张，其实，我最多有三件外衣，而且其中两件的样式我已经不喜欢了。但我没有辩解，也没有说我只是有点头疼，想出去走走透透空气，因为我知道，那样一来她马上又会开始担心我是不是脑子里面长了什么东西。

我的母亲是一个正直得像墙壁一样缺乏灵活精神的知识分子，在活得认真这一点上，我敢说，天下无可匹敌。

我的母亲已是不可改变了，如同你可以让一棵树化作一阵风，但你绝不可能让一棵树成为一座石山。

遗憾的是，我秉承了她的一部分天性，并且把某些特征发挥到了极端，我常常在"此路不通"的前提下，硬是把自己的双脚煽动得奋勇向前，充满了不顾一切的牺牲精神，在这个世界上大有一种要把这个牢底坐穿的顽强劲头。其实，我一点也没有当烈士的爱好。

我知道，这种人即使活到了一百岁也是幼稚的，因为她（他）忽视了组成我们日常生活的重要部分还包括：装作没听见，故意忘记，以及真诚地说假话等等。

这一切的确太麻烦了！

当然，我说的是从前。我现在已经发现了说谎才是最能使问题化繁为简的办法。

于是，我开始说谎。

我对我的母亲说，我要去女友那里散散心。

我的母亲看了看我的左边脸孔，又侧过身看了看我的右边脸孔，说：你若是继续留在国外，我肯定你将来大有进入国会的希望了。

我的母亲虽然夸张，但是，她对于谎言的妙途，实在是一针见血，一语破的。

当然，这并不排除我的母亲是一个善解人意、知书达理的妇女。就在这会儿，在她讽刺我将来大有进入国会的希望的时候，她手里一边挑选着碗中的红豆，准备用来做午间的红豆粥，一边说："农贸市场上那些卖粮食的农民其实挺善良，你看，他们没有往红豆里边掺硬硬的小石子，而掺的是小土坷垃，土坷垃煮成粥就化了。"

我母亲的意思是说，他们虽然想压重分量，但并不想硌坏我们的牙齿。

这时候，我便很爱我的母亲。

当然，我对自己"成长"得如此迟缓，也不全是后悔。后悔是一种浪费时间的表现，与大多数喜爱自省的女性不同，我已经没有了后悔的习惯，人的行为总有她自身的逻辑和必然性，任何一个阶段都是无法逃脱的。经验不能教，大致就是这个道理。何况，我的确也从中得到了一些什么。

那么，就让我在这一篇小说里，练习练习说谎吧。

但是，既然我已经告诉了你我准备说假话，那么我将说的假话就成为假话中的假话。

我沉醉在这种乐趣当中。

我想，我不会被自己的绕山绕水绕到迷宫里去。

经过这一次的操作训练，我会很快成才。以前只不过是误入歧途罢了。

我离开了家。

早晨八点多钟的街道格外异样，人影稀疏，车辆也显得凋零萧条，大概上班的高峰时间已经过去。我一般在上午的这个时间还没有起床，我习惯夜间工作到很晚，所以我几乎没有看到过旭日东升朝霞灿烂时的街道，可以说我差不多忘记了清晨长得什么模样。

这会儿，我感到它完全不同于每天傍晚我把一天的工作告一段落后，从高楼上走下来时的那种喧哗的景观，清晨是一种从睡梦中醒来不久的懒洋洋酥软软的样子，松弛而悠闲，缺乏傍晚时人们下班买菜接孩子回家的那种兴兴闹闹热火朝天。我第一次发现，清晨的街似乎更合乎我的情调。异样感使我仿佛走在一个完全陌生的城市里，这使我感觉良好。

有人说，人的情绪是由她（他）的早晨决定的。这是一个好兆头。

我心中惬意，边走边向四周望。路边的商店刚刚打开半扇门，售货员在清清寂寂的橱窗里清理着卫生，晃动的活人与僵死的模特共处在橱窗里的景象，忽然使我觉得有点不安全，我当然知道这种不安全感是缘于什么，我对这座亦真亦假的城市还缺乏足够的承受力。早些年，当人们迎面走近一个站立在柜台边上充当模特的大活人时，猛然看到她那珠光似的肌肤下透出一截蓝蓝的跳动的血管，看到如此逼近的活人的黑眼珠却努力一动不动，嘴角含着一抹僵死的玫瑰色微笑，人们会身不由己地向后闪身，吓上一跳。现在，人们的承受力已今非昔比了，就是一个胶质的塑料模特像真正的大活人一样走来走去，向人们招手致意，也不会招致人们的惊讶。

　　许多事物已像谎言一样使人们慢慢习以为常了。

　　路过××报社的一扇玻璃橱窗时，我被里边眼花缭乱的小报吸引站住，我看到有一条关于乳房的传说。说是在南国边疆地带的一个少数民族部落有这样一个习俗，女人们的右乳不再是什么隐私部位，它像手一样是可以公开被人触碰的，男人们过来往去向女人表示友好的时候，就伸手抚摸一下她的右边乳房。但是，女人的左乳却被划为神圣的禁地，不能随意触碰，只有她的爱人才可以抚摸。

　　这个传说，使我的大脑神经兴奋起来，我的艺术职业锻炼了我非凡的想象力，于是我打算给女人的左右乳房起两个名字。我一边向路口走去，一边默默思考。在我看来，这件事一点也不荒唐和游戏，相反，这是一件相当严肃的事情。我注意到清晨的地面洒了很多的水，黑亮亮湿淋淋闪着洁净的银光。店外那些敞篷的货摊，像一只只空洞的绿盒子，又如同这座城市的胃，张着饥饿的大嘴等待着食品货物上架。

　　然后，我想了出来：我管左边的乳房叫"沉默小姐"，管右边的乳房叫作"说话先生"。

再然后，我无声地笑了，对这两个乳房的名字感到满意。

　　这时，我已经看到路口的那一扇熟悉的拱形圆门了，它紧紧关闭着，茶褐色玻璃黯淡地把屋门里边的影像遮蔽起来，也挡住了外边这个早晨崭新的清白色，使它看上去无论如何不像一个发廊，而是像一个酒吧或夜总会。

　　我朝那里走去，然后推门走了进去。

　　阿粼正冲房门站立，脸上挂着浅红的羞赧的笑，仿佛正在等候我推开发廊的门看见他脸上的颜色。

　　我喜欢阿粼这个样子。

　　"你好。"阿粼用他那仿佛永远不会着急的柔柔的吴侬软语说。

　　此时的发廊，也许是刚刚开门，除了阿粼，别无旁人。

　　我说："我刚好路过，进来看看你。"

　　然后，我坐到大镜子前的椅子上。

　　我从镜子里看到阿粼立刻条件反射似的站到我的身边来。他的藏青色的羊毛衫被系在乳白的牛仔裤里，纤纤的一束，颀长而挺拔的身体由于常年的职业习惯，微微前倾向下弯垂，透出一股谦恭、礼貌与温和。他的脸孔由于长时间的操劳和缺乏阳光，显得有些苍白。那双天生耽于幻想的细长的栗黑色眼睛，总是散发着一股薄荷型香烟的青雾，朦胧却不失诚实地落到每一个与他说着什么话的女人的脸颊四周，那目光里似乎含有一种羞怯，因为它并不直视你的眼睛本身。

　　我知道这种男孩儿，凭着得天独厚的手艺和漂亮帅气的外表赢得女人们的欢心。他们简单的头脑和心灵是向着所有的女人敞开的，女人们总会从这种年轻的男子身上发现某种桃色的空缺，并且误会地认为那个位置正是属于她自己的。

　　但是，这些并不妨碍我对阿粼的好感和想亲近的愿望。

　　这时，他的长手指已经自自然然地环绕到我的头发上来，像梳理易断的蚕丝那样小心翼翼。这漂亮腼腆而优柔寡断的手，天鹅绒一般与他指间的那些百依百顺的头发缠连在一起。

我说："我并不是来修理头发。"

"既然来了，"阿粼说，"就弄一弄吧。"

我一边听任他梳理，一边思忖着怎么才能把阿粼从这个公众的发廊约到我私人的寓所里去。他的手指优美的弧线仿佛是某种舞蹈，在我长长的发间——这个柔黑的舞台上缠绕。

我认定阿粼做我的固定的理发师是两年前的事情了，但是，我打算与他发展私下的关系，只是近来的想法。

凭什么总是男人勾引女人呢？

至少有一件事我十分清楚：我不可能爱上这种头脑简单的男孩儿。爱是需要在内心里与之发生某种有分量的碰撞及纠缠的。但是，此类情形对于某一些在内心里历经沧桑、头脑复杂而长于思考的女性，已是件太难的事情。那么，有什么必要拒绝我们的身体去享受生活里那些天然、本真而具体的欢乐呢？我并不以为引诱这个比我年轻至少五岁以上的阳光一般纯粹的男孩儿是一种荒唐的行为，贴近这个通体透彻、光滑得如同蛋壳一般的男孩儿是一种卑劣。相反，我从二十岁到三十岁所读过的所有的书本以及生活的经验告诉我，把庞大的整体的生活分割成具体的局部的去处理，把完整的一个人分裂成精神的与肉体的、灵魂的与世俗的单独存在，一切就会简单省事起来。

"人要经常试着离开自己才好。"我在嘴里含含糊糊，像径自咀嚼着一块来来回回的口香糖。

"你说什么？"阿粼轻声问。

"没有，我在跟自己说话。"

"我没有明白你的意思。"阿粼似乎不死心，但又不强求问什么的样子。

对面墙壁的镜子，使我望见了他那双美妙绝伦的长腿，由于室内光线的模糊黯淡，我看到那从镜中折射过来的仿佛是一双令人陶醉的长马腿，它站立在春天的到处弥漫着花草味的田野里悠闲地打盹，低垂着温柔的大眼睛，天空繁花似锦的云团散发着氧气的醇甜。

我轻悄悄抬起我的右手，那只手跃过我一侧的肩膀，迟疑了片刻，便向后伸去。然后那只凉凉的手正好落在阿粼的处子般瘦瘦的腰部。我仿佛触摸到了他怦怦的心跳，这突突蹿跳的铜管乐似的声音先是在他的体内喑哑了片刻，然后它才又随着他的醇蜜似的血液的流动，重新跳动起来。

这时，茶褐色幽暗的玻璃门外滚过一阵轰轰隆隆的重型卡车的响声，我的手在他的腰间迟疑了一会儿，就收回来。我注意到，他的脸孔由于紧迫的心跳而越发苍白，一抹淡青色的光线闪烁着从他的脸颊滑过。

我说："阿粼，你知道吗……"

我转身朝门外边滚涌而过的隆隆声微微蹙了蹙眉，停息片刻。

"知道什么？"他用吴侬软语柔美地说。

我转回头："我一直都喜欢你。"我从镜子里凝视阿粼俯在我头部附近的脸颊。

他的呼吸有些局促，两只瘦骨伶仃的胳臂像锈住了似的架在他的胸前放不下来。他没有侧过脸从镜中看我，也没有停止手中的活计，只是默默无声，好像忙得没工夫讲话。

我继续耳语般地说："阿粼，我想请你到我的寓所去玩。"

"我知道……你住在哪儿？上次你离开后，我一直跟着你，直到你进入了你家楼口大门。"阿粼怯怯地说，"你别怪我好吗？"

"你真的一直跟着我吗？"我有点兴奋。

阿粼抬起头，从镜子里看了看我的脸，见我没有一点生气的样子，就点了点头。

"那是我母亲的家。我是想请你到我自己的寓所去，你明白我的意思吗？"

阿粼又点了点头。

我感到他平坦坚实的胯部正在渐渐贴近我的脊背，暖热的气息传递到我的身上。他那弓着的身子抖动了一下，乳白的长裤奇怪地晃出一缕丝质的光弧，仿佛他的一条腿不由自主地失去了控制，像木偶一样被人牵弯。

这时，我感到我肩背上的倚靠力越来越重，似乎有什么梦一般的东西从我枯燥无聊的肩头升起。

我说："阿粼，我不是街上那种坏女孩儿。"我瞧着走廊，担心有人会忽然进来。我低声说："我是因为喜欢你。"

我再一次举起右手，从肩头向后伸去。

我的头倚靠在棕色的椅子背上，眼帘微闭，我的指尖仿佛触碰到了一团白色闪电，那感觉震颤着顺着我的手臂传递到我心里。一瞬间似乎有一种来自空气中的看不见的外力，嗡然一声解除了我身体里边的滞重和负担。

"我知道，你是有身份的那种女人。"阿粼说。

"我不是指这个，我是想说，我不是那种胡说的女人。"

"当然，我也不是那种男人。"

"你怎么觉得我是个有身份的女人？"

"你的整个举止，两年来你的漫不经心的言谈，我注意到的。"

"是吗？"

我的指尖在他的腰胯处轻轻抚摸了几下，然后我便站起身。

我背向大镜子，朝着阿粼的身体。他的敞开的衣领露出一截洁白的肌肤，我甚至看到了他锁骨骨节间的凹陷处，好像是一只盛水用的可爱的木槽。我抑制住自己想用手指尖轻轻触摸一下那只"木槽"的愿望。

我说："今天是周末，你下午能来我的寓所吗？"

阿粼有些不知所措的样子，把他那双在我的脸孔四周游索不定的目光落到我的眼睛上，仿佛需要最后从我的眼睛里汲取一些勇气。

然后，他点了点头。

我没有告诉他我的真实姓名，只是从皮包里取出一张纸，草草写了我的地址和一个假名字。

刚才阿粼的话提醒了我，有身份的人是使人们感觉他们不做这样的事的。他们就是这样，偷偷摸摸。

为了让他获得自信和从容，我还告诉他我不是什么有身份的女人，我的工作和他差不多，也是服务行业。

我母亲那一代人，有许多在很小的时候都参加过地下党。我时常觉得，有些前辈所以在和平年代面临另外一种严峻的现实时，譬如灯红酒绿、美女花香和大把的金钱面前，能够滴水不漏，如此的神工鬼斧，应该说早期的地下训练使他们受益匪浅，终生受用。

我这样说，实在是充满善意的，决无冷嘲热讽之嫌。因为我一直以为，政治体操对于一个人的成长是最为全面的基本功，而我恰恰严重地空缺了人生的这一课，这也是我不善人际的原因之一。

我对政治的无知到了令人难以置信的程度。我读报纸的时候，总是空过第一版和大多数版面的头条文章。有一次，我一边坐在阿粼发廊的长椅上等候剪发，一边心不在焉地看着台子上的电视节目，那电视的音响系统坏了，只有无声的人影晃来晃去。由于我好幻想的习惯，我格外喜欢看这种不出声的电视或电影，你可以按照自己的想象重新任意编排设想故事。可是，那一天的节目似乎有些单调。

我对阿粼说："这个说评书的怎么老也说不完？"

阿粼抬起头，望了一眼屏幕，说："那是××副市长，几乎天天都上电视和报纸。"

我的确惭愧。既然我已经无可挽回地失去了最为全面的训练机会，那么，我就得抓紧后来的时光从生活的一点一滴学起。

这会儿，我把地址交给阿粼，无意间触碰到了他凉凉的手指。我从他的脸孔上看到了这种触碰的效果，他的瘦瘦的下巴激动地颤抖了一下，那双细长的栗黑色眼睛扑闪着，密密的睫毛薄扇一样一张一阖。我的双手扶在椅子的把手上，上身尽量倾斜地向着阿粼的躯体探着，无比温柔地看着他，沉溺在他的表情的细枝末节的变化之中。我要用真挚的目光摧毁他心里最后残存的一点疑虑。

然后，我离开了阿粼的发廊。

出了巷口，迎面而来的建国门大街充满了穿来往去的流动感，车辆以令人惊讶的速度从我的略显懒散的身体旁边呼啸而过，转瞬即逝的感觉涌满我的心里。这是一条永远不会沉湎于往事的街道，每一个崭新的早晨都会原谅它昨天的黑暗，随着太阳在东边地平线边缘处像一辆红汽车似的摇摇晃晃地远远走来，一切都会烟消云散。

这使我产生了一种错觉，仿佛不是我走向了宽阔的大街，而是它走向了我。

这有点像阿粼的逻辑，两年前我第一次到他发廊的那天，他正在给一个年轻的漂亮小姐做头发。我侧立一旁观看，想看看他的技术。结果，一会儿工夫，我就被他娴熟的技艺和他那双仿佛是在用黑竖琴弹拨爱情浪漫曲的长手指吸引住了。

我说："真的不错，你简直闭着眼睛都可以准确无误地剪掉该修理的头发。"

"其实，"阿粼说，"是那些头发在寻找我的手。"

就是那一天，我认定了阿粼做我的长久的理发师，并且喜欢上这个与他的手艺同样漂亮的男孩一般的男人。

两年来，我不能说我多么喜欢自己的生活方式。很多时候我对此已厌倦透顶。平时我忙忙碌碌，每分每秒都像是在赶火车。前边提到，我的工作比较特殊，我在一家大公司里做艺术总参，说白了其实就是一刻不停地胡思乱想，像电脑一样思维敏感，想出各种各样的点子。我每天案头的工作，堆积得比世界上任何一个国家的那些泛滥成灾的爱情故事还要快。我经常是夜间一点或者两点钟，才拖着已经木然睡着的双腿和靠着梦境运转的脑袋，离开我的办公桌。我真不知道我当初选择这样的生活方式是出于什么理由。

我的寓所就在公司办公室同一层楼道的最西边拐角处。所以我常常是周末或节假日才像一只疲倦的虫子回到我的母亲家里去。

公司里有一个男同事，总是大叫，"我有太多需要活下去的理由：要付房子的贷款，车子的贷款，组合音响的贷款……"他对于活下去的理由叫唤的频率之高，使得大家称他为"花腔男高音"。结果，一个月前，他忽然心肌梗塞死了。

正是他的死，开始使我反省自己以往的生活。

这会儿，我在清晨的街上无所事事，逍遥自在，清爽而宽阔的街道使得我心里豁然开朗。我已经在人群里漫不经心地独自漫走了一个多小时，城市生活的那种荒诞无稽的紧迫，完全被我抛置脑后。我感到无比惬意。

我知道我这会儿已经完全是另外一个人。一个月前，在我的身体里总是同时存在着两个人，这两个人经常争吵、告密，不共戴天，甚至想杀死对方，多年来她们无法达成协议，和平共处。现在，终于一方战胜了另一方。我想，哪怕只有两个小时，我也会沉湎于两个小时的解放了的喜悦当中。

我感到我身上所有的细胞都活着。

我向秀水东街走去。

下午，我没有回到我母亲家去，独自等候在公司大楼我的私人寓所里。

阿郲果然如期而至。我为他打开房门后，首先看到他修长的腰部像一道白色的闪电，凉凉的蛇一样滑了进来，妩媚妖娆如女人。我情不自禁伸手放在他的腰上，仿佛触摸真丝的质感。

我说："阿郲，你知道吗，我非常喜欢你的身体。可我依然想能和你说说话。"

"你说吧，我听。"阿郲说。

我把阿郲引进屋里，递给他一杯加了冰块的椰子汁，然后一同坐到长沙发上。

我说："我觉得，这个世界没有什么是值得的，我想不清楚……"

"想不清楚什么？"

阿郲一边说，一边用他的长手指试探性地抚摸我的肩。

"想不清楚这一切是怎么回事，每天在奔个什么？真的，我不想再奔了。"

"那你想干什么呢？"

"告诉我，你每天在奔什么？"

"我每天剪头发，然后，还是剪头发。"

"你每天想什么呢？"

"没想什么。有时候，想你再过几天该来找我修剪头发，算算日子。"阿郲说着抬起头，那双属于东方的细长的黑眼睛望着天花板，专注地想，"还有，发廊的那个燃气热水器又该清理了，上边已经被熏黑了。还有，我想有一个你这样的好女人。还有……"

"好了，阿郲！"我忽然不想再谈下去。

"怎么了，你？"

"没有。"我说，我叹了一声，"阿粼，你知道我想什么吗？"

"什么？"

我说："我想快乐。我不是一个你想的那种好女人。"

我转过身去，哗一声拉上暗红的拖地窗帘，房间里立刻被一种恍恍惚惚的氛围所笼罩，一股玫瑰香气从窗帘上莫名其妙地飘悠下来，仿佛帘布上边那些假的玫瑰花瓣活起来，被窗外的春天的下午风吹拂着，幽幽荡进房间里。

其实，许多事情，只要你那样去想象，它就会变成真的。

我一边望着阿粼，一边退着自己的脚步，向我的大床移动，然后慢慢仰身躺到床上。

我看到阿粼略显惊慌的神情，呆立在原地一动没动。他的脸孔由于忽然而至的激动变得有点发红，蓝蓝的血管在他白皙的皮肤下微微胀出。一只初次外出觅食的小公鹿的不安与欣喜。昏暗的窗帘挡住了外边漫射进来的光线，这慵懒的色调反衬出他的躯体如一束摇摇欲坠的白光。

我微微闭上眼睛，仿佛黑色的睡眠降临一般全身松软无力，在这环形的梦境似的颜色里，我的双眼失去了一切洞察力。我听到房间里有个幽魂似的轻轻的声音：

"阿粼，你过来。"

然后是一片茫茫宇宙的空寂，只有两米以外阿粼的正在慢慢张开的嘴唇和闪亮的牙齿。

我不愿意再想什么，比如想那声音是否出自我自己。我知道，贴近阿粼，就是远离和摒弃人类骨头里边那种矛盾的自我纠缠的哲学毛病的最好办法。

阿粼的如同抽泣一般的脚步声嘶嘶啦啦向我移动过来，我听到那声音伫立在床边像一个热烈的光芒四射的叹号。然后，他的丝绒般的肌肤便轻轻抚压在我的身上。

洗发香液的味道。

巧克力的浓醇在唇齿间穿梭。

阿粼不住地用他颤抖的嘴唇亲吻我的脸颊、眼孔，使我无法睁开眼睛欣赏他优美的体态，他的实实在在的体重把我身体里边那些抽象的莫名其妙的重量，立刻挤压得烟消云散，杳无踪影。

窗外无风，摇晃的树枝也尽量不发出声响，枝液沿着躯干流溢出糖浆似的蜜汁。

我的双脚像两只空荡荡的靴子，悬挂在床沿，那双脚仿佛再也踩不出声响，软绵绵地垂着，疲乏和厌倦从我的脚底缓缓升起。

房间里墙壁上的那只黑色的挂钟嘀嗒嘀嗒响嗒，像打字机不断地在纸页上坚硬地敲击，这声音从墙壁那边水一样袅袅涌来，很遥远地显示着时间的绵延。我漂在水泊之上浮荡，梭鱼在有吸引力的漩涡处隐匿又浮现。

时间的发条正在上紧。

房间倾斜。

墙壁即将坍塌。

一只埋伏着诱饵的水杯……一条金色闪亮的梭鱼……

遥远模糊，记忆丧失。

阿粼一边来来回回动作，一边说："我是不是你认识的最好的男人？"

我说："你是我见到的最好看的男人。"

阿粼再一次重复地问我，"我是不是你认识的最好的男人？"

我不回答，阿粼就一再问下去。

终于，我说："是。"

"那么，你爱不爱我？"阿粼的问题接踵而至。

我不再想。生活无非如此。谎言才是可爱的。

我说："爱。"

阿粼的热情一下子高涨起来。

我不想询问什么，我对他的激情充满了信赖，这信赖来源于他总是询问我。他对于我的感觉的不放心，使我对他格外放心。

忙乱了一番之后，阿粼打算脱掉我们不知不觉中早已散开纽扣的衬衣，我的乳罩也被他从肩上拉下来。我仿佛看到两只红灿灿的苹果从一株细细的果树两旁跳跃出来。

忽然，我想起了什么。

我请阿粼稍稍脱开一些我的身体，然后，用一只手指了指自己的左胸，对阿粼说："你记住，它叫'沉默小姐'"。我又指了指右边胸口，说："它叫'说话先生'。'沉默小姐'有个习惯，它是不让别人触碰的。"

阿粼笑起来："你真有意思！"

我用很严肃的表情说："这不是玩笑。"

"好吧，我尊重'沉默小姐'的习惯。"

阿粼的话音刚落，他的身体和手臂就又像铺天盖地的绵丝被一样，把我彻底包裹起来……

只有我自己知道，我把"沉默小姐"留给了谁，即使我明白那个远离或者并不存在的人非常的不值得，即使这种等待将会成为永久的空缺，我依然顽固地把它留给那个人……

我必须虚构那人，靠谎言维持自己的梦幻和生命。

我在街上闲逛了一整天，精疲力竭。

太阳落山了。黄昏的街显得有些心不在焉，模糊不清。

我像一个梦游者从街旁琳琅满目、散射香气的食品摊旁缓缓经过，那些花花绿绿点缀了过多色素的食物和油腻腻的烧烤肉串，对我毫无吸引力。近一时期，我彻底地成为一个素食者。这当然不是我本心的意愿，我一向都热爱着肉食，可是我的胃像我的头脑一样，已经不再与我的身体配合，那个胃拒绝消化一切肉类，我毫无办法。

这些都是一种征兆，肯定孕育着某种大的分裂。我知道问题出在哪里。

我不记得自己是沿着哪条路回的家，整整一天，我魂不守舍，仿佛看到了很多街景又什么全都没看到，喧哗的街头场景一点也没有搅乱我的潜意识流动。我也不记得我一路的思绪落在了哪里，那光怪陆离的念头一闪即逝，人的思想在一瞬间的运动也许会超出光速。

我从秀水东街回到母亲家的时候，已经是傍晚时分。在街口处，我看到了阿郏的发廊，那熟悉的拱形圆门依旧关闭着，茶褐色的玻璃门扇呈现出富有幻想的格调，仿佛里边正有什么神秘的故事发生。我已经很久没去过那里了，头发已有一个多月没有修剪。我一边盘算着明天什么时候去找阿郏理一理头发，一边向家里走去。

穿过长长的楼道，走过回廊甬道，打开一扇扇保险的安全铁门。所有的戒备已经把春天的暖热气息彻底地锁在了外边。

我穿着刚刚买的乳白色的亚麻外上衣。我的母亲立刻转身走向我的衣柜，打开柜门。她刚要冲着我那些乱七八糟的衣物大发感慨，说我多么没有必要再买衣服。

我抢在母亲的话前，对她说："我去××女友家玩，她送了我一件外衣。"

然后，我发现我的母亲便停止了手里的动作，也放弃了准备对这件外衣进行一场严格挑剔的念头，朋友的心意总是美好的。我们都很满意和高兴。

从任何一个角度来说，我告诉她那件衣服是我自己买的，都是愚蠢而荒诞的。

我回到自己的房间，独自坐在沙发里，想，谎言使自己、使世界和谐与安宁。

我感到累了，和衣躺下，环视房间里的书籍、衣物，它们随意零散但有极有条理地安置。我忽然觉得这一切都格外陌生，好像不曾在这里居住过。

从厨房那边传过来哗哗啦啦的流水声，这真实的声音告诉我是母亲在洗菜，那绿绿的菜香使我觉得饿了，觉得自己就要变成一只羊了，漫山遍野寻找着清脆的绿草吃。这是我们的家，我们的现实生活。既然是羊，那就再也不要"执迷不悟"、固执己见了啦，否则将被世人当成一只迷途的羔羊了。

凡墙都是门

被这久违的光滑如绸的晨风一吹，裹在身上整整一个夏天的温温吞吞的汗渍忽然就干了。

清晨，首先是我的脸孔醒过来，然后我感到一些碎玻璃似的亮片刺在眼孔上。我睁大眼睛，发现亮脆而饱满的阳光已经穿过窗棂，透过习习浮动的白纱帘，把大朵大朵的不知叫作什么花的古怪图像投射到地毯上。我在床上伸了伸懒腰，把自己蜷缩了一夜的肢体像一匹布料那样展平，然后起身下地。

我在房间里来来回回转了一圈，浑身清爽，觉得今天将会有好心情。然后我就朝窗外一转身，一瞬之间，我看见了秋天。

我莫名其妙地掠过一丝怅然若失的感觉，但很快，那种抽象的空落之感就被另外一种具体然而并不清晰的欣慰之情所取代。

现在，我坐在桌前，拿着笔，我还不知道我要写什么。但我知道我必须拿起笔写，因为这就是我的生活，或者说严重一点，这就是我的生命得以延续下去的方式。

早已过了立秋八月，但是在今天早晨到来之前，整个P城就如同一座过于勤奋而不肯关门歇息的浴池，湿闷、燠热、嘈杂。三个多月以来，一条条彩旗一样的真丝半长短裤，在我的喜欢赤裸的瘦长腿上，轮番披挂，使我看上去像一个外交事务繁忙的城市，旗杆上不断变换异域城邦的旗帜。湿热让人无法穿上长裙或长裤。所以，我一直拒绝日历上宣布的秋天已经到来这个规律性的说法。

直到今天早晨，我才从窗外吹落到地毯上的噼噼啪啪的太阳花身上看到了秋天。

在那一瞬间，我之所以忽生一阵失落，是因为我听说地球在未来的岁月中将越来越热，热到人类无法承受，纷纷逃离，飞上其他星体，地球最终走向燃烧、毁灭。我对于这一预测充满兴奋，我渴望变化，无论往好还是往坏，变化就行。

但是，在我还没有感到如科学仪器所预测的那么炎热时，夏季就这样马马虎虎、不痛不痒地结束了，我心里不免有点落空。而后产生的那种仿佛是近在身旁却依然模糊不清的欣慰感，也许后边我能说清。

我想我先坐在那儿，拿起笔，写什么再想。也许只要摆出写字的姿势，就能写起来，一满页一满页哗哗啦啦写下去，想停都停不住。就像你有时候并不感到饿，但你吃起来，吃着吃着你就觉得饿了，觉得该是吃饭的时候了。

我真是活得没有一点预感了。

本来睡醒觉，我想给谁打一个电话，想了想给谁，没有想准。我的目的是想约一个比较随便轻松的旧友，来家聊聊，一起做顿晚饭，喝点黑米酒，然后在一起听歌看看录像什么的。我很怕见了面就讨论哲学或艺术的人。哲学留给自己去想就够了。至于艺术，没什么可想的，因为它已经成为我的本性或生活方式的一部分。朋友聚会就是为了放松愉快的。我一时想不好给谁打电话，就耽误下来。

我躺在床上翻英语，学了八年仍是张不开嘴。我发现我对幼儿英语印象颇深，那个PIG硕大的臀部使你非得记住不可。然后我又想我可不能这样翻下去，一天的光阴就这样一页一页地翻掉了。于是我坐到了桌前，拿起了笔。

我先想起那天我骑车穿过使馆区在林荫路上记下的一段话。

那天我当即停在路边，一只脚歪踩在马路边上，拿出铅笔和小本记了下来。若是不记，到了房间里就会忘得一干二净。思维是不能长时间记忆的，我确信这点。

那天我在小本上记下来的一段话是：

天天活着，天天想为什么要活着。想得到的很多，已经得到的就留下，而没有得到的也不可能有了。比如逝去的时光。谁也不能解决你的疑难，甚至不能理解你有吃有穿有房子住有书看有钢琴弹还空虚什么。也许有人认为你缺少一个爱人、情人，可偏偏就是这条你绝对不能接受，因为你认为什么都可以努力奋斗去争取，唯独这个是捕风捉影一场空的事。倒不是埋怨别人什么过错，恰恰是自己无法说服自己。

这世界最大的规则就是无规则。那么，活着这个无规则可言的过程，有什么道理不随方就圆呢？！负载着你身体的双脚，若挪动得过于认真，那么脚下的路就不再是路，它就会变成一条绊人的绳索。

爱默生有一次曾经提道："所有的墙壁都是门。"我想，如果我们把生活看成是一堵巨大无边的墙壁，那么，我们不要到墙壁之外去寻找出口吧……

我在小本上记下的最后一句是：

这世界，谁跟谁呀！

那一天，我还记下了正在构想的一个老人小说的零零琐琐的片段。

我虽然不是一个老人，可是我的母亲已是一个老人，我的父亲更是一个风烛残年的老人。母亲常常说希望我赶快长到五十岁，那时我们漫步在秋大的林荫路上，枯黄的焦叶啪嗒啪嗒一声声落在我们身前身后，但是你决不会由于那叶子枯黄而感到它轻飘，失去生命的分量，它们犹如一声声滞重的叹息，沉甸甸落在地上。我们一起走向哪儿，或并不打算去哪儿，身边偶尔经过几个学生，回过头来看我们，对同伴们说：看，那两个老女人！我母亲想象，那时我们就可以像姐妹，会有更多的共同的语言。

母亲凄惨地说，老了，一切都将背叛你。

我安慰她说，您老了心却儿童一般，是金子。我呢，可比不上您，人不老心老！

我又说，这年月，死都不怕，还怕活吗？

母亲说，老人就是儿童。却没有了儿童的智慧。

前些日子，母亲忽然迷上了飞碟科学，整日研读UFO。并且常常冥思苦想自己问自己：我们是谁？从哪里来？往哪里去？她跟我讨论太极图，说什么也许宇宙不应按区域分，而应按阴阳分；她说飞碟技术高超，可以穿梭于阴阳等等。

有一天深夜，她竟痴迷入魔，我正在梦中紧张不安地睡着，母亲慌慌张张跑到我的房间，把我摇醒，说："我真怕你忽然就没了，我必须得过来看看。你知道吗，外星人有劫持人类的嗜好，如果有一天，你忽然发现自己的思维或身处的场景不对头了，那你千万别害怕，也许是外星人用你做做实验，然后他们还会把你还回来的。"

我说："你神经什么呀！您得自我控制了，别再看那种书，不然要走火入魔了。"

母亲说："我有理性，懂分寸，还没老……"

然后，她转身，趿着拖鞋，摸着从门厅透射进来的玫瑰色灯光，晃晃悠悠回到她自己的房间去。

望着母亲的瑟瑟背影，我心不安。

我想母亲大概是出于一种老人的心理，一种潜在的对死亡的恐惧，才处心积虑地思考起宇宙来。但我只是在心里这么想，并没有对她说。

散步的时候，她也是总要问我宇宙的边在哪儿？它在什么里边或外边？总得有个尽头吧。

我说那是您的脑子里有个框子。

她想了想，对我的回答不满意。说，好像你很明白，你是不是觉得我很保守才不明白？

沉默起来。

接着，她话锋一转，开始抗议我在小说里丑化了父母。

她说："固然是小说，固然写的不知是哪家父母，但你以第一人称写，变着法儿地夸张、想象，人家当然会随便想。天下这么大，为什么偏要糟蹋父母？"

我说："无论怎样写，人家都会随便想，您看过××的小说吗？他写他的祖父是个狗熊一般壮实的盗贼，浑身泥土脏得可以种庄稼；写他的祖母是个小婊子，她一边啃着手指头上的倒刺，或是一边嚼着多汁香脆的水果，一边与那些不知叫作五老爷还是叫作李秀才的男人们做着爱。小说就是小说。"

"这么说，你没写我们是盗贼和婊子，还得感谢你了？"母亲说。

"您知道我不是这个意思嘛。再说，婊子自食其力，比某些作威作福不劳而获的人，令我尊敬。"

由宇宙谈到了婊子，到此打住。今天是绝对没有好气氛了。

在我和母亲这两个单身女人所组成的生活里，既充满温馨和睦，同时又矛盾百出。

比如，我们关于家的认识。一个家是靠什么建设起来的呢？

我认为一个家是靠不断地扔东西建设起来的。

然后，我以实例证明自己的观点。

我说，我父亲现在的家为什么杂乱胀满得无立足之地，不像一个家而像一个仓库呢？就是因为他家里没有人扔东西。今天用完一只醋瓶子，明天解下一段捆书的塑料绳，后天又多出一个包装微波炉的纸盒子。想想，醋瓶子可以卖两角钱，塑料绳可以再捆其他东西，而那个纸盒子可以用来装破烂。结果，东西越胀越满，好好一个现代化物质文明之家，就被堆得不像一个家。其实，谁也没把那只两角钱的醋瓶子当回事。

而我和母亲这个家，之所以至今被保持得如此整洁，被建设得如此文明，就在于家里有我这样一个人不断地扔东西，三天两头地把多余之物丢进垃圾箱。

母亲与我的观点相反，她认为我是一个败家子。我一收拾房子，她就像一条忙碌而勤奋的影子，眼花缭乱地在我身前身后闪烁，紧紧盯住我那双"无情"的、横扫一切的手，生怕她的什么宝贝之物，一不留神就被我"大方"掉。

而且，她很会"升华"，总是把一个家严重到一个国家。

我说，就是一个国家，我这样做也没有错！

我可爱的母亲还有一个"注意影响"的习惯。她称我是一朵晴空里的乌云，总是乌云席卷地扔东西，让别人看见影响不好。

我和母亲居住的是一幢十六层的高楼，它坐落在当今这个拥挤而杂乱的空间里显得格外悠闲。楼里多数人家都是学院、研究所的人，不坐班，一天一天不出门，埋头在铺天盖地、伸手摊脚的书堆里。平日，这座大楼安静得就如同一个巨大的建筑模型，无声无息。

有一次，正是靛蓝而辽阔的夏季，我站在阳台上，看见初升的太阳把东方的天际涂染得如一件墙红色的晨衣。这时，楼下有人喊了一声"刘老师"。结果，只听得楼里一阵砰砰嘭嘭杂乱的门窗响动之后，足有十三个小脑袋从各自的阳台窗子里探出来，合声齐唱般地浑然响起一片"哎"的应声。

由此可见，这是一个教师、学人之多的楼；也由此说明，这是一个人民币之少的楼。

在这样一座楼里，肯定不是家家户户都要扔掉醋瓶子而不把它送到楼下的废品摊的。所以，我母亲的"注意影响"不是无中生有。在这样一个仍然是"互相主观"的不成熟的时代，随时注意自己在别人眼中是什么，当然是必要的。

可是，我觉得，谁与谁到底有什么关系呢！一切都合理，一切都很好。

难道不是吗？！

关于家，我和母亲也有相同的观点。

譬如，我们一致认为，做家务劳动时，活儿是越干越多，而不是越干越少。

——你本想只用抹布擦一擦茶几，结果发现茶几上的茶杯已经有了茶锈。于是，便拿到厨房去清洗，又发现洗涤灵只剩下最后几滴，而且，那个放置洗涤灵等物品的柜子门上有一颗螺丝钉已经松动。等你忙完这一切，放好洗净的茶杯，忽然又看见茶几下边的报刊已堆得太满……

所以，活儿是越干越多。

总之，我们的生活既和睦又分歧，既激烈冲撞又相依相存。

这就像没有了战争，就感觉不到和平；没有了束缚，就体验不到自由一样。没有了矛盾，就等于失去了和谐依存。完全一致的两个人还叫作两个人吗？那就变成了一个人。世上不存在一个人似的两个人。

……

不是任何时候都可以写作的。我坐在椅子上想。写作需要一种心态。认为应该写点什么，但是没有心情，这是常有的事。而随波逐流地打发日子，总觉欠着什么，脚没踏在地上，像风筝飘浮，或一根长错地方的闲草，无着无落。只好钻进书堆里，或者重又萌生出到偏僻地方去隐居的欲望。

到个荒僻镇子去隐居这个念头，已经一而再、再而三地进入我对于自己生活前景的构想了。那镇子里要有清水、有电力、有几户朴实的人家，大家吃自己种植的蔬菜和麦子，吃自己饲养出来的新鲜鸡蛋和肉食。棉花也不再是P城豪华商场里时装领口处的抽象的百分比含量，它们真实地一大朵一大朵饱满地在土地里绽开，柔软、清香、切肤地贴近你的肌体。

我那深栗色的房子，坐落在树木葱茏的山顶，低矮的小山是土黑与红褐相间的颜色，连连绵绵望不断。我从自己的木窗口四顾环望，可以看到一条条羊肠小道从山顶蜿蜒而下。山下是安详愉快、与世无争的小镇。

镇子中心有一个兴兴隆隆的、凌乱杂满的小百货店，斜坡似的木架上，要有一些天蓝色花边的航空信封，一些日常家居必备的中草药，和一些木质碗、铁菜锅、原汁调料等物品，小店里总是弥散着淡淡的薰衣草的清香。

横过这条街，再远一些的地方，有一片野草灌木丛生的旷地，再往前，枯黄或浓绿忽然被一堵低矮的篱笆拦腰截断，一些形状不一的大大小小的红砖头和几块长长短短的黄木板，歪歪斜斜地砌成一扇围墙，里边是附近镇子里的几十个顽皮的孩子，正在心不在焉地朗读课本……那是一所学校。

身边自然是要有母亲的，还要有雨若。如果我或我们当中的哪一个能拥有一个男人，那么则是再美好不过的一个团伙了。

傍晚，我们聚在一起，环绕在屋檐下的石桌旁，或者围坐在院落里的一株树冠庞大的山毛榉浓荫下，镇子里前前后后都很空旷静谧，菜地黑幽幽的边缘处从四面八方弥散过来殷殷的绿香，青草们悠闲地窃窃私语，臂弯一般纤长的石子小路自如地伸向天空，无一丝重负。

我们慢慢喝着清醇的啤酒，或者暖融融的黑米酒，絮絮而谈，彼此叙说着一天的琐碎而从容的生活，安宁中的所思所悟。没有车水马龙、人声鼎沸，没有醉舞狂歌、嫉俗愤世，没有上司的脸色，没有催命的合同像钟表一样在耳边敲击着嘀嗒声……

喜爱秋天的雨若，总是和秋天一起降临到我身边。她把长发披散下来，瞪着那双茶褐色玻璃一般乌亮妩媚的眸子，嘲笑地说：

"活得怎么样？"

两年前的这个时节，我认识了雨若。当时我刚刚从一场死去的婚姻中活过来，觉得我的生活差不多已经结束，一时间平静得犹如经历另一种死亡。我穿着一件黑毛衣，脸色苍白，眼眶凹陷，终日躺在床上胡思乱想。雨若这个时候像一支山歌从遥远的一个北方小城飘来。我为她打开房门时，只是平平淡淡说了声，"呃，是雨若吧？"然后请她换了拖鞋，便引入我的房间坐谈。

雨若后来无数次向我描述我们第一次见面时的场景——我是如何在她进门时向后闪了一下身；我的眼睛如何黑洞洞地像是躲在什么事务后面，让人抓不到质点；还有我的低嗓音，是如何浮游着好似晚风歌栖悬挂在树枝上。当她问到我的写作时，我的嘴角又是如何厌倦地一撇，仿佛是提起了腻烦透顶而又离不成婚的"爱人"……

雨若对于描摹这一旧场景的爱好与执著精神，有点令我感动。当她第三遍向我追忆往事般地谈起这一记忆犹新的温馨的初识时，我做了个停止的手势。

我说："行了吧，雨若。"

雨若说："我再说一遍不行吗？请你再听一次。"

"沉湎于回忆，可是衰老和退化的表现。"

"时间本来就潜藏着危机嘛。"

这会儿，当雨若半嘲笑半当真地问我"活得怎么样"之后，她举起一支烟，心神不定地吸起来。

我说："能怎么样呢？你有你的活法，我有我的活法。谁也无法替代谁什么。"

雨若说："看来我得拯救你。整天憋在屋子里写什么！"

我不出声了，那正是我的痛处。

雨若辞去工作已有两年，穿梭于北京、深圳和海南干美术广告业务。她说她已把身上所有的"证"都丢光了，最后一次是在火车上让扒手拿走了皮包连同身份证。

她说："中国人的证件和图章多如脚印，活活自己把自己捆死，自己把自己麻烦死。不他妈要了，我就是我自己的证明。"

就是那年秋天树叶即将落光的时节，深褐色的秃树们满腹心事地枯立街边，雨若到P城来找我。她说破釜沉舟决计辞职不干了，不再受那份窝囊气。她认为自己就是五十年代阿瑟·米勒写的那种"不合时宜的人"，她非常理解那些不愿吃工资而冒着生命危险去狩猎野马的男人。她神经兮兮地说，那层叠的山峦，那悬崖绝壁，那旷阔的平川，在爬满树荫的斜坡上呼吸阳光……跟狗一起睡在毯子里……在长满鼠尾草的沙地上撒尿……然后就开着卡车去追野马群……这是一个男人！我们女人也有我们女人的方式。

雨若说："你知道世界上什么东西最难看吗？你上司的脸色以及猴子的屁股。"

我说："我听说过西方有一句话，说世界上有两件事比较难办：去攀缘一堵倒向自己的墙壁和去吻一个倒向别人的女人的嘴唇。你看，正好和你的话配成上下联。"

　　就是那次，雨若辞了她那个北方小城的电视台工作，来到了P城。

　　母亲说雨若生在了好时候，她说自己活了一辈子也没自由地挑选过工作，而是让工作挑选自己。不过做人还是要本分一点，十三亿人都由着自己的性儿，还不乱了套。

　　母亲只是这么说，她还是很喜欢雨若的勇敢，说我不能吃那种苦。

　　难道我要把每一种苦都吃到么？难道我是专门为了吃各种苦才在世上活着的吗？

　　按照我母亲的说法，中国人是最能吃苦的，中国人吃了全世界的各种花样的苦。她以为我若有了承受多种苦的能力，就会拿苦不当苦；若是达到了以苦为乐的境地，就会获得幸福。

　　母亲那一代人的逻辑啊！

　　我在杜撰或想象中生活已久，仿佛我是一件精致的衣服，被悬挂在阳台的晾衣绳上飘荡。衣服充当表演者，阳台即是舞台，雨声和清风成为喧哗的掌声。一种被我虚设了的生活。有很多次，我厌倦得想把那衣服摘下来，但我本人又不愿意站到阳台上去替代它，因为那样将更加接近危险。而且，那件衣服本身已经和晾台、绳索以及风雨飘摇、明明暗暗的自然，构成一种固定的景观，日久天长，那衣服也早已形成了一种习惯姿势，已是在劫难逃。只有任日子一天一天在那曾经是好端端的衣服上褪尽颜色。

　　生活难道非如此不可吗？这无声的戏要演到何时为止呢？

　　我的判断力常常站立在我的身体之外几步远的地方，像看待另外一个人似的审视我自己。

最后，我想，既然这种生活还在继续，那就说明它肯定有自身的合理性与必然性。这世界谁也没强迫谁非如此不可。进而，我判断，这种生活方式肯定就是我的选择，虽然我没有主动去选择它，但我放弃选择其他的生活方式，这种放弃和这种持续原状的态度，就是一种选择。

难道不是吗！

你的左脚自我怀疑地四顾环望，但你的右脚却依然被原来的惯性紧紧吸附，稳稳地站立不动，那么你脚下的那块土地，就是你的选择。

我想虚构一篇关于老人的小说已有多日。这念头缘于对母亲的思考，后来又常常想起我那与母亲同在P城却另辟家园的父亲。我决定把小说主人公写成一个老头，写一个老头找老伴的故事。现在，老头找老伴可不是一件容易事，找老伴之难难于上青天。不知为什么，在老头老太太中我比较同情老头，就男人和女人而言，女人的独立性和排他性较强。大多数老太太有个性、爱挑剔，尤其知识分子老太太。而老头稀里糊涂，需要女人却又粗心大意，只好东倒西歪地忍受着孤独。如同一盘无人问津的过时菜，等待着别人上前来吃。

夏天的时候，我经常独自走过林荫路旁的老人院，那所终日沉睡无声的老人院在我家楼后灰暗的围墙外边的一扇残破的小木门里。从我家的窗子到这里只有一堵围墙之隔。

由此我常常想，这个世界人们之间的距离真的不只是由空间决定的，除了常言所说是由钱和权决定的以外，我忽然产生一个想法：人们之间的距离还是由时间决定的。

我十几岁的时候，激烈躁动，情天义海，觉得活到二十多岁就够了，像莱蒙托夫或普希金什么的；二十多岁时，愤世嫉俗，压抑绝望，想，决不活过三十岁；等到了三十岁，我忽然就再也不想死了，心平气和地看世界，能活多老就多老，让人见了你就问：你怎么还活着哪？

最近，又忽生一念头：八十岁改嫁。并且，已经想好，拟用《于八十岁改嫁》为题目，另写一篇让人总想笑但又绝对笑不出来的小说。

时间可以改变一切，时间是世界上最强大的一堵人人都必须得攀缘的墙。

我想，这就是时间的力量。时间使一切淡化——爱情与仇恨，理想抱负与失落压抑。时间改变了人自身，也改变了人们的关系与距离。

那所养老院狭窄而凋零的木门上，没有挂出什么牌子，铅灰色石砖墙毫无声息地随便一围，里边人声隐落，仿佛是一个堆弃旧物的旷场。如果一个陌生人从这里经过，他决不会想到那是一所老人院。

我经过这里的时候，常常从木栅门往里边探望，一些老头、老太太们像一条条影子似的歪歪斜斜坐在院中的椅上，喘息纳凉。一个个目光呆滞没有表情，谁也不同谁说话。倘若仔细观看，你将发现老头们的那些目光是觑向老太太的，倒是老太太们毫无情义固执地坐在那里，目不斜视挨着空荡荡时光，仿佛除了老天下雨或太阳升落，这世界已没有什么指望。

有时我和母亲一同走过那里，母亲站在那儿看着里面，然后她转过脸对我奇怪地一笑，说："这是另一种托儿所。"

我立即拉着母亲离开那里："行了，咱们走吧，将来就是杀了我，我也不会把您托存到这种地方来。倒是我自己有可能把自己存进这种托儿所，我无后无嗣嘛。"

母亲说："你怕什么，我还没怕呢！能正视它，是勇气。"

而此刻，我心里已经填满了关于人类的孤独与绝境。夸张与想象的习性，使我一时间看到路边那些擦肩而过的面孔，比冰还凉。

不知为什么，同母亲一起的时候，我非常不愿意观看这地方。直视那些呆若木鸡、形容枯槁的老人，使人感到尘世与时间的冷漠、残酷。我总是立刻去拉母亲的手，像回避医院里太平间的大铁门一样，扭头绕开。

然后，我便会对母亲感叹一番：

> 活一次不容易，赶快抓住今天，生年不满百，常怀千岁忧……昼短夜苦长，何不秉烛游……功名啊钱财啊死去活来的爱与恨啊，比起生命本身来是多么的渺小……
>
> 再然后，抬头望望秋天凉凉的月亮，傍晚的P城霓虹闪烁，林立的大奶油蛋糕似的宾馆饭店充满诱惑。想想自己每天的大好时光全都泡在看不见摸不着无形无质的哲学思索中，整个人就像一根泡菜，散发着文化的醇香，却失去了原有生命的新鲜，这多么可笑……

就宇宙意义而言，整个地球也许只是外星人的一个实验场，自己那点蚂蚁般的力量，又是多么可怜……用美国一位宇宙科学家的"宇宙生命的生存测验"的观点来看，如果外星人的先进文明来到地球上衡量地球生命的价值，那么我们人类会排列于老虎之前还是排列于蟑螂之后，都还是一个问题。五十多亿之众的人类试图在仅有的绿洲上分崩离析、各存异心地生存至少几个光年，从宇宙观念来说，破坏性的人类对于地球的意义甚至低于低等动物蟑螂，而最终先进的外星人可能会投资于蟑螂身上，这一切使我们感到自己是多么的愚蠢……

最后想到，享受生命也许正像参禅一样，比起"积极的生活"，属于更高一个段位。于是，我便会拉着母亲走进一家正好路过的餐馆，觉得饿了，觉得母亲很亲，觉得要好好待雨若——这一份人间馈赠与我的手足之谊……

几年前我曾发誓给母亲物色一个老伴，便试探地与她谈要什么条件。

她沉静地想了片刻，然后说："不知道。无从说起。"

我说："没关系，颠倒了次序也不要紧。人怎么能完全地清楚自己呢！随便想起一条就说。"

"真是说不清。"母亲又说。

我叹了口气，说："摊上您这种有文化头脑的女人做母亲就是麻烦，家庭妇女都能驾轻就熟、战无不胜的事，却让您从简化繁地复杂起来。"

我像个客观地议论世界的局外人，"您总不能活得像一场梦那样，无声无息没动静，内心里却云翻雾滚吧。"

母亲不同意我的说法，她说，你以为像你一样吗？她说她内心里也早已宁静如水，古井无波。

接着，母亲又说："那你自己怎么就无法找到一个合适的男人呢？"

我立刻噎住，无言以对。

街上永远涌动着那么多人，我的目光磕磕碰碰滑过路人，他们匆匆忙忙提着菜，热热闹闹打着孩子，悠悠哉哉在路崖边上摆着棋子。人们与街市的关系是那么亲密融洽，仿佛他走在哪条街上，哪条街在那一刻就是他的家。人们是那么容易适应，容易找到自己的立脚点和位置呀。

我发现自己真的像个局外人，即使我走在林荫路上，也像是误入歧径，踏进了别人家的花园，惶悚不安。

我对自己失望。

这时，母亲忽然张嘴就说了一句："有房。"

我转过神来，笑了，我知道母亲与父亲分开后，她没房没怕了，好不容易才分到我们现在住的这套房子。记得当时我俩订了一个不成文的契约：拿这里做最后的碉堡、大本营，谁嫁人就走出去。

那年，搬入新居以后，她用彩色的毛线在草板上绣了一幅画挂在壁上，是一簇高高矮矮、形状不一的房子，看上去就使你感到温暖和安全。梦中的房子象征子宫。这就是女人。

可是，我忽然想起了另一件事。我说："哎，那次人家给您介绍的那位可有九间房呢！"

她不讲话了。

我说："没关系，再说一条您更看重的。"

她慢吞吞地说："只有房子，当然不行。他得能听得懂我说的话。"

"这条可不太容易。您放弃了吧，这世界谁能听懂谁的话呢！"我说。

母亲曾对我说过，她希望有一个朋友，能与她一起听拉威尔的波莱罗舞曲，她说但愿能对那小鼓的循环往复的敲击声产生共同的感觉。

我说："能一起沉醉地听音乐，不是懂不懂音乐的问题。您要的是一种共同的生命经验的感悟，这并不比能听懂彼此的话容易。其实，在一起生活也不必老说话，哪里有那么多话呢？"

她想了想，说："全是纸上谈兵。你还是给你父亲找一个吧！"

是的，父亲是寂寞无助的。他现任的妻子和孩子都去了国外，只他一人在家留守，每天对着那一面墙壁的书，自言自语。平日，眼镜悬挂在鼻梁上，低下头翻书，抬起眼睛从镜框上边看人，一副吃惊不已的样子。总是想不明白这世界的道理。

父亲和我一样，是个偏激而钻牛角尖的人，只不过我们的思路是两个不同的方向——

父：怎么会是这个样子呢？这世界不应如此！

我：难道还能是别的样子吗？不如此才奇怪呢！

……

我很小就离开了父亲，与母亲相依为命。我对于父亲这个有声有色、有形有质的男人本身，知之甚少。我对他的理解更多地源于他的著作。一个女儿要通过父亲的著书来了解自己的父亲，这事情本身就挺荒诞，就会令我父亲百思不得其解地发问"怎么会是这个样子呢"。可我认为这自然而然，太正常不过了。

这世界谁跟谁呢！即使是血缘的生身之父，谁跟谁到底又能有什么关系？

所有的存在都合理。再也没有什么是不可思议的了。

但是，我无法否认我的确关心母亲这个事实。这不仅仅因为她是我的母亲，还因为她是我忠实的朋友。另外一点不合常规的是，她同时又是我的孩子。这决不是一般意义的血缘和友谊关系。因为我不相信那些。我觉得我们是缘分。母亲这样一个对于我来说一身兼三职的人，不能不让我牵肠挂肚。

不过关心归关心，谁又能管得了谁呢！

我说老头比老太太好对付，不是无中生有。因为我深信，即使母亲想象中的男人一旦找到了，她也会转身逃掉的。

的确到了秋风瑟瑟的时节，天阴着，沉甸甸的云像个心里装着什么伤心事的多愁善感的孩子，隔一会儿就下一阵小雨。灰蒙蒙的雾气伸进人家的窗子，沉滞到心里。楼群四周的林荫小路上，落满一层卷边的黄黄苍苍的杨树叶。风吹过来，叶子被刮得簌簌地乱跑；它自己也不知道往哪里跑，反正到了冬季，地上的树叶就都跑没了，无踪无影，不知去向。

总是秋天，雨若要归来和我们团聚。

雨若是个迷恋秋天的女孩，她有一种在内心里夸张事物原本状态的特点，这有点像我。每每当我也处于夸张的时候，最好是不要和她交谈，否则两个人一唱一和，添油加醋，她的激动情绪就会被调动得铺天盖地、一泻千里，最后泛滥成灾、难以控制，还得我出来收拾残局。

比如雨若对于秋天的热爱。坦白地说，我觉得已经和秋天本身没什么关系。秋天所带给她的心理上的影响和震撼，总是那么猝不及防，就像一不小心遇到一个情人，渴望遭遇，又怕遭遇。

再比如，雨若对于我的表情所产生的过激反应。关于"表情问题"，她已正式向我发表抗议，她说我情绪不好时，我的表情简直是"一把杀人的刀子"，同样的言论，若从别人的嘴里说出，可能没什么感觉；若由我说出，那言论被我的表情、手势一衬托、配合，简直天塌地陷、世界末日。

我反驳说："我情绪不好时，也和别人说过话，人家怎么能接受？这只能说明是你太敏感、太偏激了。"

……

雨若的出现，使我和母亲在阴雨天沉郁的日子里赫然一亮。

雨若晒得很黑，脑门亮亮的、宽宽的，浑身散发着亚热带的褐色香气。一头充满梦幻的长发，像吉卜赛女郎那样随意而流畅地披散在半裸露的肩臂上。她穿着一件满身都是衣兜的亚麻色坎肩，那衣兜多得使人感觉很忙。她那只帆布挎包也同样拥有很多口袋，雨若喜欢这种风格。

我曾经对她说过，口袋多适于两种人：一是记性好，二是权力大。而雨若与我一样忘性大，一样无官一身轻。

我说，你要那么多口袋干吗？

有一次，我还举例说明口袋多的弊端。我说，如果我们一同去你的房间，你两只手都提着东西脱不开。到了房门口，你请我帮你从衣兜里拿出钥匙开门，可你忘记放在哪只兜里了。那你怎么告诉我找呢？你说，看看左上边那只……再摸摸右中偏下那只……再翻翻中间靠左偏上那只……你累不累？我的方位感又差，我会把我身体左边正对着你的那边当成左，把我身体右边正对着你的那当成右……全乱了全乱了！幸好你没当官，钥匙少。

可是，雨若的浑身上下依然坚持着挂满口袋。

在这个初秋阴雨天，雨若来了，她在门厅换完拖鞋，然后她那光滑修长的小鹿般的大腿如一道闪电，一步就跨进了我的房间。

她先是说笑了一通，接着眼泪就流出来了。

"怎么了？又受了谁的窝囊气？"我说。

她说没有。潇洒来回走，挣了不少钱。在海南的一个小渔村跟别人合伙盖了一幢二层别墅。是黯红色的。

我说："别人是谁，遇到什么人了吗？"

雨若说，就算是。找工作还不如找个男人。

"那你还哭什么？又不是爱上了什么人。"

她说，这个人不是傻子，就是个哲人，一点魅力没有。两年前改行做了渔民，他说他要从无垠的苍穹和大海吸进什么，以填补他空洞苍白的灵魂。

"这不挺浪漫的嘛，正好表演'老人与海'！"我笑起来。

雨若说："你别开心了，哪里有什么浪漫，全是实实在在的问题。每天打鱼、晒网、修理船上的轮机。跟着他出海，浪头把我的肺都快颠出来了。他挽着裤腿、赤着背，一身的腥臭……我还带着油画夹子呢，画个屁啊！"

我说："当然就是这个样子，你以为会怎么样？渔民可不就是打鱼，你还想让他跟你一起描摹彩云、抚摸海风吗？与你一起聆听海底深处令人愉悦、音色富丽的座头鲸的声音吗？每天从早晨到黄昏都陪你观看那些飞来往去、鸣唱着集成曲的鸟吗？"

雨若说："不过，他样子很好看。全身都是瘦瘦的肌肉，长长的四肢黝黑得像夜光，眼白反倒衬托得如朗朗的天空下蓝蓝的海风。鼻子很直。会吹螺号，还会测天气和画鬼符……"

"天啊，多少条优点。这世界上能凑齐这么多条优点于一身的男人，已经是罕见了。"

"他的样子只能让人看，不能说话的。一说话就全完了。我第一次见到他，是在一片海湾荒凉的礁石上，他望着铅灰色的天空发呆。我在远处冲他喊，你以为鱼群是星星，长在天上吗？他转过头直愣愣地望着我，忽然叫了我一声大姐。也许他以为当地渔民都这样称呼女性，把我的感觉全破坏了。"

"不过你还是跟他住上了二层小红楼。"

"我睡卧室，他睡客厅。真的，造房我投了资的。"雨若认真地说："那次夜里海啸呜呜的，还是我跑到他房间里去的。他把我抱得紧紧的，出了一身的汗，什么事也没干。你信不信？他说别怕，就是海水掀了房顶，他也能把我驮到岸上去。"

雨若手里雪白的香烟在她的指间内行而娴熟地抖了一下，很帅气地弹掉烟灰，像呷啤酒那样深深吸了一口，然后吞吞吐吐说："我想跟你商量，结婚是不是挺麻烦的一件事。谁能预知未来呢！"

薄薄的青烟在我和雨若之间弥漫。她的样子总是使人以为她是个彻底的颓废派，也许是她崇尚"颓废是才智的第一表现"的缘故。你必须穿透她迷惑人的那一层颓废气息的外表，从她的仿佛是寒夜中两朵星光一般的眼眸深处，才能捕捉到她本质的纯真。也正是由于这一种被我们俩以不同的行为方式掩埋起来的纯真，才使我们像姐妹般地信赖和亲密。我看着雨若，想了想，说："我以为，这世界上要结婚就跟傻子结。"

雨若说："又来了，你这坏蛋，你要我嫁一个傻子啊！"

我正正经经地对雨若说："雨若，你活得比我强，脚踏实地。至于幸福，十天里有一天幸福，就算幸福。长久是没有的。你以为一个人很有魅力，是个哲人，你一见钟情，开始梦想。可是不定哪一瞬间，你发现什么也没有，于是你立刻叛变，并且误认为生活欺骗了你。其实原本就是那样的。而傻子一开始就傻，反倒会越看越聪明。"

雨若说我这套逻辑才是荒诞和颓废的。而她要为长久的幸福而奋争，要按自己的意愿去创造一切。她说她可以豁出命来。

我说只怕命运不能全听你的，豁出命来也无济于事，人的目标是随时要调整的。

我说别人的时候总是比较客观。其实，我知道，一个敢于结婚的女人，就是明知山有虎偏向虎山行的女人。从这点看，雨若是勇敢的。

我继续说："自己选择的生活必须自己去体验，糊涂的情况下有时倒是可以办成事。若是十分清醒，那就只有面向孤独了。"

雨若早就对我透露过，她总是隐约感到她未来的爱人以及她真正的亲人，都在远方。一到节日，她就像一条无法靠岸又永远不能沉底的小船，或者像一只断梗飘蓬，在街上浮游。那些鲜脆欲滴的瓜果蔬菜，霓虹闪烁的橱窗货廊，以及一只只擦肩而过的艳丽的红唇、摆阔的领带，使街上堆满嘈杂的颜色。这一切越发使她感到与亲人的远离。

她甚至说她总有一个怀疑，朦朦胧胧地觉得她不是她的父母所生，她另有亲人。几年前她曾偷了父母的钱跑了一个多月，到北方的一个偏僻的小村去寻找亲生父母。现实的爹娘在家急得老泪纵横，可她回来却无动于衷。

我说你神经有毛病。

她说自己也不明白，总感到最亲的人远在天边地角，故乡是他乡，老是在找寻，思念着远处不知在哪儿的模糊不清的家乡。

秋天的阳光和树荫，在疲倦地旅行了地球一圈之后，果真站立在我的窗子外边了。它的到来终于使我那混乱不堪的总是胡思乱想的大脑，清晰了一些头绪。

我依然坐在桌旁，握着笔，构想一个老头的故事，我对老头情有独钟。虽然母亲时时对我倾诉男人的自私、无情和种种阴谋诡计，但我对老头永远怀着一种模糊的亲和与同情。

我的脑中已渐渐形成了一个完整的线索。接下来就是要经过一番对现实生活的去真存伪，经过一番用心良苦的虚构与想象，那在脑中的摸不着看不见的东西，就会变成一篇有形有质的小说了。

我的生活就是不断重复地做这项工作。我总是想，如果像照片那样复制生活，该是多么的简单省事。

每天，我依旧像钟表一样准时地在太阳沉落之前，离开自己的房间，到街上散步漫走，黄昏的沉甸甸的殷红色已在空中鸣响。秋日悠闲的清风爬上我的颈间，干爽的落叶在脚下的砾石小路上嘎吱嘎吱尖叫。我注意到一座座栗色的木质拱桥和一条条铅灰色的石板小径，全都伸着懒腰散漫地洒落在丰饶的树木浓荫之间。这一切，使得我那刻板而规律的生活，混杂在漫不经心的风景和随意组成的人流里，显得极不协调。

但是，我并不觉得我这种刻板而规律的生活，是丧失了人本身的自由；并不觉得它所呈现出来的某种形式上（或表面上）的古典，而否定它具有现代人的反抗性和革命性。恰恰相反，我以为这才是真正意义上的个体的自由生活。

法国一位叫作阿尔贝·加缪的人曾经说过,自由的艺术家是那种非常困难地建立起自己的秩序的人,他要整理的东西越是杂乱无章,他的规则就越是严格,他就越是肯定了他的自由。

我深有同感。

我喜欢走有浓荫的长长的街,不管它是幽僻还是嘈杂,思路都可以旁若无人地随着脚步一同延伸。而那种总是需要拐弯的小路,我不太喜欢。"人生的急转弯"已经太多太多,谁知道在哪一个路口弯里会潜藏着什么危机呢!

我家楼前一棵茂密的大槐树下,几乎天天坐着一个戴草帽的、满脸泥沟的老头,他算命兼职收集废品破烂。我觉得他的轮廓有点像我父亲的,深奥不可测。只是父亲是一个读书人。这个老人从不吆喝,不搭讪,整天坐在地上或躺在一驾两轮的破木车上。每天每天,从早到晚。楼群里有人送来废报纸旧什物,他就买下捆在车上。没人卖废品他就坐在那儿待着抽纸烟。

我走过他身旁,常常想他在想什么。难道他就心甘情愿每天坐在尘土飞扬的街头,任凭时光流逝而不再有其他的向往?

有一天,我决定与这个收废品的老头说几句话,就搬了一摞报纸去卖。

走近跟前,我看到老头双颊似火,乱舞的头发仿佛在风中尖叫,目光抑郁地凝视着远方。就像一幅油画。

我把杂乱无章的报纸堆放在地上,说:"大伯,总在这看到您。"

老头呃了一声,从远处收回目光,露出一口雪白的闪电般的牙齿,眼镜在阳光下反射着斑驳的白光。

我说:"您看这世道会怎么样?"

老头微微闭了眼,眯成一条细缝。然后声音收敛,用平平淡淡的语调说：

> 今年热死人
> 明年饿死人
> 后年冻死人

他说话的时候，嘴唇一动不动，腹腔仿佛是一栋空房子，寓言般的声音如同一束无法破译的光，从那空房子里滑出。他脑门上的深沟沟颤动着，好像也在嘟嘟囔囔争先恐后地自言自语。

我愣了一下，没再说什么，把报纸都给了他，也没称分量就离开了。

我一般不大相信算命先生的玄机之谈。这么多哲人和修行之人都无法预知世界，说明这不是件谁人都能做得来的容易事。

我想，那老头故作玄妙深奥之态，无非是换几个钱过活，无非是适于他的一种生活方式。

我回到自己的房间，瘫坐在泛滥成灾的人类知识的书堆里。在这混乱不安的时代迷雾中，我唯有用力攥住自己脑中那仅存的一点洞察力，感叹这个世界危机四伏。这个时候，我格外想念我那假颓废真质朴的老朋友——雨若。不知此刻她正在回程的路上，还是正在奔赴一个新的远方，是否依然在忙着怀念她那缺乏真实感的故乡……

傍晚，我说与母亲听。玩世不恭早已使我厌烦透顶，所以我怀着无比的怜悯之心，叹息楼下那个算命兼职收集废品破烂的老头，在尘土、大风以及一声声刺耳的汽车尖叫中，是多么的不易。

母亲静候一旁，听着我滚雪球一般越滚越大的感叹。然后不动声色、不紧不慢地说："这么大的一个惊叹号装在你的脑袋里，你不觉得脑袋太小了吗？"

我动了动身子，喘息了一下，像是展平我那两条自作多情的双腿一样，把我的发烫的目光伸向了窗外。

　　户外那些麻木不仁的树枝，正在有条不紊地脱落叶子，它们把摇晃的褐色影子投射到我和母亲房间的窗廊和阳台上，仿佛正在专注地表演一出现代哑剧，使得我们天堂似的房子涌满荒诞的凄凉。

　　我收回目光，等待母亲与我来一场"应答轮唱"。

　　母亲说，有时，你看着一个人挺惨，劳苦不堪，若是换上自己肯定就以为活不成了。其实生命力的顽强，是人自身无法估量的。生存方式的快乐与不快乐也全是个人的体验。因此，我对楼下老头的同情是没有道理的，是不公平而且多余的。说不定，他还格外地同情我的生活呢……

　　父亲忽然打来电话，说他从保姆市场领回来一个小阿姨。是个勤快、腼腆的女孩。第一天从安徽山村里来到父亲家时，一身红袄绿裤，并用她那不洁净的手指往脸上涂满浓郁鲜艳的颜色。她往我父亲家门口的墙角一站，就像家里忽然栽了一枝会说话能走动的鲜花。

　　父亲一看，笑了，就是她了。

　　父亲说，已签了三个月的合同，管吃管住每月一百元工资。

　　这件事本来很平常，父亲早就跟我母亲说过要请一个小保姆，只是一直没有落实。可是这个电话竟使我们全家震动不已，仿佛父亲那里来了一个外星人。两边的电话打来打去，议论的都是那个小保姆。

　　父亲满意地告诉我："哎，她管我叫爷爷，十七岁又瘦又矮。萝卜丝切得细如棉线丝。我这辈子也没吃上过你妈做的这么细致的青菜。总干活还总高兴，麻雀似的从这屋飞到那屋，我心里却踏踏实实，写书的事也指日可待了。"

　　父亲感叹说，跟我母亲生活了大半生，盘子也摔过了，灯绳不知拉断了多少条，暖水瓶像炸弹似的也不知响过多少个，真是想不明白这好好的夫妻到底是怎么个回事!

我说，如果您和我母亲也像查尔斯王子与戴安娜王妃那样，分别住在两个宫邸里，那肯定你们会白头偕老，永远谈恋爱的感觉。可现实中，你们整天活活地关在一套房子里，不想见也得见。多么才子佳人，到头来也得厌倦。说不厌倦的，绝对是骗局。中国的《婚姻法》里真应该加上一条：请把自己的爱人当外人!这样，就会给予对方相当的尊重，因为对方毕竟不是你自己，任何人也没有权力要求自己之外的人完全与自己一样。

父亲说，他老了才发现，这世界上，雇佣关系才是平等的，情人关系肯定是不能平等。若是成了夫妻，还能白头偕老，绝对只有一个结果：相敬如宾，相对无言。两个人必须不断地向对方妥协，去掉对方不能接受的所有的棱角，把两个人活活折磨成一个人，合二为一。你想，一个人还打个什么架?一个人对自己还有什么神秘的吸引力可言?这有多么的不人道!

父亲像个哲学家，终于悟出了点什么。

总之，父亲像捡了一个宝贝，开始了新生活。

父亲认为他已找到了晚年最满意的生活方式。于是，我建议母亲也找一个小保姆。我不在家的时候，也可以放心。

母亲说："你随便到哪里去，不用惦记我。我就是自己最合适的保姆。"

"您总有走不动的一天。"

母亲说日子还远，她喜欢独自走，慢慢走，走哪儿算哪儿。人总要想得开，到时候该活就活该死就死。她说最烦身边有个人围着自己转，屋子再大，也会显得小;而一个人，房子再小，也是宽敞的，空气是宁静的。

母亲说倒是我该为自己的前景想一想了，三十多岁还是一个人，老了还不如她呢，只有死路一条。她说你瞧雨若和你父亲，都有了着落，你不能老当一个理想主义者和一个空想家。

我安慰她说，我从来也不想充当最后的一个理想主义者，最后的一个圣徒。活到今天这个地步，我是绝对的脚踏实地，这正是我所选择的生活。妈妈您不也正是如此吗！

我知道，无论是我母亲、父亲、雨若，还是我自己，我们的生活选择较之其他所有的人，无非是一种象征关系而已。

那个长久的在神秘和谎言中违心的时代已经过去。

秋天是必然要来到的，当然它是轮回而来。

秋天总是满地厚厚的卷了边的落叶，风瑟瑟的呜呜的。

人类感叹生命短促，而蜉蝣却在津津有味地度过它的二十四小时。我想，蜉蝣或许还感觉自己的寿命太长了呢！黄昏的时候，它活得正在兴头，觉得离死亡还有十万八千里。

那是它自己的感觉，谁又能代替谁的感觉呢？

我坐下来写作那个老人的故事，我总是想写黄昏成熟的凄凉与浓醇。我真的对他们情有独钟。

我是以一种结局作为那篇小说的开始的，我写道：

> ……我是个年迈体衰的鳏夫，形容枯槁，老眼昏花，行将死去。年轻时我曾像一个国王，颐指气使，血管里流动着火苗般蹿跃的激情，我的胸膛像海上行驶的巨轮，充满对远大前程的展望。可是如今，衰老使我丧失了一切梦想，我已向所有的豪情壮志缴械投降。
>
> 久已盼望这一天了——在自己屋前的绿园中，看着太阳渐渐落下，蓝色的月光如一群声音从庭院的石子小径上溅起。那蓝色是休闲缄默的颜色，是智慧沉静的颜色，是世事沧桑心事定的颜色。我的视线已经模糊，听力也正在失去聪爽，但我已不需要再

佩戴眼镜和助听器。我累了，不想向世界伸出羸弱的求助之手，一切都将毫无意义。世上的一切都将会消亡。我身体里那一点残余的力量，还能够支撑老迈的我安详地挪着跚蹒的脚步，走进那一扇天国之门。那里烛光朵朵，银河悠悠……我终于快到家了。

我回身最后望一眼人间的花园，我心满意足。我活过，努力过，爱过……也曾经憎恨过。我在心中默念我曾爱过的女人们的名字，最后一次呼吸她们玫瑰色肩膀所散发的芳香……然后，我俯下身，在自己孤零零的墓上，放一株麦黄色的闲草，提醒墓里睡去的人，下一生自自然然，从从容容。

如果有来生，我将再不像西方哲学那样四处寻找生命的意义，也再不会质疑东方的"活着本身就是意义"。

放弃意义，将是我来生唯一的意义。

现在，嗡然而响的沉重回音已从上空徐徐飘下，仿佛一只神秘的巨手正在敲击苍宇之门，天国那扇洞门悠然打开，我已经看到那一束圣洁之光了！我已触碰到那扇门冰凉的把手了！

我该上去了……

我转了转僵紧的手腕，我那似睡非睡的衣服在它的主人身上打了个冷战。

窗户外边墨水色的夜晚，喂养了我茂盛的想象力和洞悉世情的能力，使我在这废墟一般的稿纸上不断地着色涂抹，不断地虚构。

我的生活只能在不停的虚构中绵延，在心甘情愿的骗局里伸展……

难道这世界上还有什么人不是在以此为象征的关系里活下去吗？

世纪病

一　山子失踪了

过完寒假的第一个星期我就逃学了，我深深陷在一件动感情的事件中，这件事把我的生活搞得昏天暗地。于是我在学校给班里的考勤员写了个字条：本人于二十世纪八十年代第六年冬日夕阳沉落时分用左轮手枪结束生命。

一提左轮手枪、自杀什么的就让我兴奋，就如同我说脏话一样感到一种刺激味的快乐。最初我学着说脏话时只是为了潇洒一下，那时说得很吃力笨拙，后来越说越帅，瘾也就来了。有一阵，我若不说出那个要命的×，心里的痒处就好像没法解决。

整个中文系都知道我是个爱恶作剧的女孩，所以同学对我的那个字条压根儿就没往心里去，他们知道我又陷到自己制造的世界中去了。

那件使我的私生活昏天暗地的事并非出于我自己，而是我的男友，确切地说是我男友的傻子妹妹被人强奸怀孕了。其实这本来碍不着我的事，可是后来有一天我男友的母亲把常去家里的男孩儿并列一排站在傻子面前时，傻子咧嘴一乐，一手指定她的亲生哥哥。从这天开始我就像中了魔一般神魂颠倒，我的男友也是从这天开始失踪了。

我的男友叫山子，他是那种高大剽悍的小伙子，低前额厚嘴唇，一副运动员的体魄，完全是力量的象征。我和他站在一起很不相称，我全身的热量都让脑子偷去了，所以那儿很发达却留给我一副瘦小的身架。他常常一只胳臂就能把我悬起来。我们在那个地方——也就是我想用左轮手枪朝自己的太阳穴点一下的那个地方很少有对等的交流。然而，当他一条腿跪在地上把头枕在我膝盖上时，那种眼巴巴望着我的痴痴的真劲儿和他的粗大的手指留在我小腿上的轻轻的抚摸，总能让我深深地陷在一种磁场中，我全身就像通了电一般麻酥酥起来。我不知道这是否是爱情，但我的确在这种阳性力量的感召下感到自己的弱小、疲劳和崩溃。

在学校里，我颇有几位智力相当的男朋友，我们也很要好，可就是和他们在一起总让我忘掉自己的性别，我以为我和他们一样是男孩儿或他们跟我一样是女孩儿。特别是在探讨什么"人生到底是不是一场死缓"、"太阳灯能否替代旷野里的阳光"和"死到底是不是最高艺术的完成"这类扯淡的问题时，即使他或别的他把手放在我最敏感的地方我也没有任何感觉。

我和山子虽然在智力上并不对等，但他的确说过一句大智大慧的话，我想那可能是他一生最高的智慧了。那是有一次我给一本流行文学刊物写了篇故事，我想给它起一个让所有的人都感兴趣的题目，于是我问了山子，他严严肃肃正正经经一丝不苟足足想了十分钟之久，冷不防冒出来"鸡巴旅行记"，我当时差点笑晕过去。这是我和他唯一的一次"探讨问题"。他不是愚到了傻瓜蛋就是聪明到了天才。

我对山子有一种天性的依恋，他有一种魔力。山子的失踪的确让我感到肉体和灵魂的离异。每天每天，我的心智和肉体就那么别别扭扭生生硬硬地强行组合在一起，支撑我走路和说话。于是我常常在要吃饭时却走进厕所或者该哭的时候乐起来。

山子的傻妹妹我见过一次，高高胖胖的女孩儿，和我同岁却比我身体发育得充分，光会哭和乐不会说话，由于心里一片空白没什么可分神的事，于是全身的劲儿就都用来吃饭和拉屎。山子和父母是那种顶规矩顶本分的知识分子，他们总是那么客客气气相敬如宾，让人看了总以为他俩在演话剧。他们最大的苦恼就是女儿每次的月经，这弄得他们狼狈不堪——当着这么大的哥哥她却肆无忌惮地把月经弄得满房间哪儿都是，他们在那几天总要围着女儿团团转，生怕她干出让人尴尬的事。山子的妹妹的怀孕，终于使他父母的戏演到炉火纯青的地步——目标一致，追查元凶。

二　M得了国际流行性感冒

两年前也就是我上大学一年级的时候，还是个腼腆羞涩的女孩儿，见了生人就哆嗦。有一次在一个小站遇到耍猴的，那个蹦来跳去的猴子让我同情极了，几乎落下泪来。这时候那只可怜的猴子过来掏我的兜，耍猴人在一旁低声下气说：小姐可怜可怜吧！我那天一个零钱也没有，掏出一元钱递给它，弄得旁边所有的人都看我，我的脸刷地红了。其实，我真正是个穷学生，但我总是像个财主似的对钱那么不在乎。

那天，整整一路上我都想着那只肮脏的猴子，并为自己的脸红而懊恼。回到家见到M后说的所有的话也都是关于那只猴子。当我说到脸红的事时，M理解地一笑："以后就不会脸红了。"

我真的应了M的话，现在我真成了厚脸皮，而且成天价胡说八道，有时候我自己都不知道在说些什么。

M是我的母亲，也是我无话不说的用不着一点掩饰和做作的朋友。她是那种在风花雪月、阳春白雪教育中长大的高级知识分子，我小时候的性格多是从她那儿潜移过来的。她已经是个历经沧桑的中年女人，但却还是经常说一些我都不屑用的酸词：什么"我心残缺"、"我求鱼得蛇我求食得石"。当我第一次在她面前说出那个要命的×（我现在不说了，因为我偶然从一个朋友那儿知道了它的含义），她倒脸红了。但她的确是那种爱女儿爱得了不得的女人，她发现我说脏话并没有改变我那种见了生人就说不出话来的熊样儿，于是她也就任我的性儿了，她不想让我成为一个在模子里长大的或是在雕塑家的刻刀下成形的女孩儿。这样，初次说脏话的尝试以后，我便得寸进尺起来。以至于当我有一次和她开玩笑无意中说出"去你妈的"时，我立刻感到失言，然而她却没有急，而是说："我告诉你姥姥去！"她实在可爱得像个大孩子。

我管她叫"太太"、"大人"、"M"，还有时叫Pig，倒不是她胖，M是个极瘦弱的女人，但她的属相是猪，反正我很少叫她妈妈，除非有客人需要使用外交上正统规矩的语言；她大多时候叫我"儿子"，尽管我的长相、身材是个道道地地的女孩样儿。我们很默契。

山子的失踪，给我们家带来懊丧也带来瘟疫。那些天，我和M如痴如醉地沉浸在流行性感冒中。M首当其冲，我第二个冲上去。她高烧好几十度，我却没有烧起来。或许是我善于摸索自己的感觉，哪个地方生出哪种类型的不舒服我都能马上找到对症的药；或许是我的体质越来越不如小时候，根本就烧不起来。反正我除了满脑袋的鼻涕眼泪以外，没有更大的痛苦。

M，也就是我的母亲一有病就躺在床上哼哼或者独唱，唱的都是老掉牙的歌，并不是为了唱歌而唱，只是为了发泄。有人说，大声叫喊着哭去火，也许M的行为和这是同样的道理，是生理需要。

"发烧你怎么就不呢？"高烧弄得她语无伦次胡说八道。

我现在是家里唯一好些的人。于是询问了她的感觉，找出适宜的药让她吃了。

"哎，我简直成了你的妈了。"

"那你就当小妈吧。"

"那你是我什么？"

"小姐姐。"

母亲说话实在像个孩子。我直想笑："那咱俩什么关系？"

"姐妈关系。"

真能胡抢！

我满心想着山子，想着山子正在漂泊流浪。很早以前有一阵，我曾像当年欧洲人崇拜拿破仑或堂吉诃德崇拜骑士风度一样崇拜过流浪生涯，这个使人感到没家没业、孤独疲劳、艰辛磨难的字眼，曾那么强烈地吸引过我，大概是我有家有业物质享受惯了的缘故。现在轮到山子真的漂泊流浪去了，我却无比悲哀，仿佛自己也没着没落一般。

M一个劲儿地在床上哼哼，大概是感到憋闷。据说全世界都在流行这种病，有人称之为"世纪病"，我不懂那玩意儿。只是从书里或电影里我知道美国人的症状反应是狂欢、暴饮、纵欲、歇斯底里；我们中国人比他们有涵养得多，我们在拼命地搞事业谈主义。只不过有时忘记屁股长在哪儿，但那只是偶然的片刻遗忘症发作。屁股是个顶倒霉的地方，拉屎时受冻，挨打时受疼，我们总是忽略它是人体的中坚环节，比如坐着时没有它就不行。可是有人偏偏看不到它的价值，几乎忘却它的存在；或是把它看得过于神秘而做出不屑于说的姿态。

这会儿，M感到饿了，我给她做了汤面并放了无比多的姜粉让她发汗，可是她忽然想起吃那个我们家八百年也不做一次的饺子。尽管我心里让山子的失踪搅得一片昏暗，但还是强打精神做起了饺子。我什么事都爱走捷径，所以选了一个做起来简单又神速的办法。当我把奇大的饺子端给M时她一看就饱了：

你做的是军舰。

天呀！

三 我不知道自己怎么了

我第一天坐在教室里的时候，发现同学都向我投来陌生或淡漠的眼光。那天是一个被中国古代一位多愁善感的女词人描写过的天气："乍暖还寒时候……"我穿了一件人造毛的黑红花纹的外衣，颈上系着一条黑色纱巾，看上去又忧郁又死气沉沉。我当当正正坐在第一排正中位置上。凡是上大课或看内部参考片什么的我一律大大方方选个好位子，从不掩饰这种欲望，不像有的人空着好位子不坐专拣犄角旮旯不得看的地方坐。班里有一位羞涩得像个小姑娘似的男生就是这样，我总觉着他可怜，但我无论如何也劝不动他离开那个蹩脚的地方，仿佛离开那儿，他就会掉下裤子来。

那天，不知为什么我脑子里无尽无休缠绕着"心似已灰之木，身如不系之舟"这句话，又由此联想到老庄的"形如槁木，心如死灰，不以物喜，不以己悲"的境界。想着想着，竟至飘飘然起来。也许是由于老先生正在讲授禅宗的缘故。

我很喜欢听别人谈佛论道。我并不真信那玩意儿，只是想从中吸取那种看破荣辱、清心寡欲、超尘拔俗、因任自然的静而达、淡泊而自持的超然境界。

我从没有像那天那么认真地听过课，眼睛都直了。老先生很震惊，在他眼里我向来是那种调皮的而且能举一反一百的学生。他不时地向我丢过来疑虑的目光，可我当时并不知道为什么。后来他讲到一指禅时就老举着一根手指头，我忽然想起一个比我大的女孩儿告诉我的这个动作所表示的最淫秽的意思，就是莫泊桑在《一生》中写的那个男主角强奸他家里女佣人时说的那个词儿。老先生一直举着一根手指头，我一直按捺不住地笑，一直到下课老先生向我走过来，一直到他站在我面前大喊一声：

我建议你到校医院神经科去一趟。

我刚止住乐，结果又乐起来，乐得眼泪都流了出来。他吓坏了。

这会儿我正坐在校医院神经科，并不是我听从了老先生的建议，而是因为那整夜整夜折磨我的失眠，这还不算，要命的是黑暗中隐隐传来的远处的火车轮撞击铁轨的哐当哐当的沉闷声，仿佛是山子的足音敲击着我的胸口，这简直要了我的命。我的神或魂似的东西仿佛伴着这声音离我远去，于是我和我自己分离了。我不能再忍受这种折磨。

看病的大夫是位挺年轻的小伙子，脸文静得像个白雪公主，是那种绝对不知道大米白面多少钱一斤的男人。他用一个小镜子照我的眼睛，又用一个小锤子敲击我的膝关节和肘关节，还在我的脚心划来划去，然后就用一根手指头在我眼前晃悠，看我的眼神反应。我又差点乐出来，不过满处的白色叫我心里发凉乐不出来。他的手是温和的，他触摸我的关节或其他部位时总让我觉得他是个挺不错的大夫，我差点就爱上他，要不是他说："你正常得出奇，你正常无比，你什么毛病也没有你回家去吧。"我失望极了，我巴不得我有点神经病，好为我的失眠和无缘无故的自我分离感找个理由。

山子失踪了，我憋了一整天的话就都攒到晚上和M说。我说起话来总是很兴奋，由垃圾说到现代派艺术，由夕阳说到死亡与毁灭，由高雅的舞会说到可怜的私生子。我的兴奋点很高，尽管我已经很体贴自己地开始服用谷维素和安定，但那点药劲儿就如同一个弱小的女孩想拦住一匹受惊的疯马一样无济于事。我一直说到连夜风都开始安眠打鼾，一直说到嗓子没了声。M很同情我，不时地过来代表山子在我额头上亲一下，我被激怒了：

"又是山子山子……"

"那我代表别的人亲你一下。"

"别恶心我好不好？没有。"

"我代表安徒生亲你一下。"

我受宠若惊，这位慈祥善良充满爱心的老人我是不能拒绝的。

"再代表尼尔斯亲你一下。再代表一休小和尚亲你一下。再代表……"

M可爱极了，她想亲我就没完没了做别人的代表。

"代表小和尚，真是亵渎！"我对M无可奈何。

睡觉前我和M达成一项协议，让她带我到精神病医院去一趟。

"你觉得不正常吗？"她说。

"不，老师认为我不正常。我只想去开开心，跟大夫探讨探讨弗洛伊德是怎么回事。"

在一个阳光明媚的下午，我又像找到了一件什么开心的事兴奋起来。我坚定不移地相信，我能做得比精神病人还像病人，到底看看这位弗洛伊德先生使用什么方法了解人的心理和潜意识。一种恶作剧的快感使得我两眼光亮照人。这种兴奋一直持续到我迈进精神病房M被砰的一声关在铁门外面——我傻了或是明白了。看病的老头先把门闩上，让我坐在一把由铁链子捆得牢牢的椅子上，从眼镜上边望了我足足五分钟。我吓坏了，真的目光呆滞、语无伦次、茫然不知所云起来。我拼命狂喊："我只想来开开心，我要出去我害怕。"他什么也不说，只拿了一个什么家伙往我太阳穴上一点，我就成了木头。

在M的苦苦解释下，我才被释放出来。临走时我只送给那老头一句话："你是一只猪。"

他这时反倒笑眯眯望着我："姑娘，我钦佩你的献身精神，你的疯劲儿大有前途。欢迎你来探讨。"

但愿我一辈子不再来。

四　山子的回归

在一个狂风尖叫的夜晚，山子回来了，他带着满身寒气和满脸忧郁卷入我家的屋门，我的心跳一下加快到足有一百五十下。

"山子你去哪儿了，山子？"我的泪流下来。

山子消瘦极了，进了屋就直奔沙发，重重地坐下去就忙着一支支吸烟。

"你去哪儿了山子？"

"我哪儿也没去，也可以说走遍了整个世界。"他的眼神、语言和以前不一样了，深邃得像个哲人。

"山子，我想你……"我把手环在他的肩上和脖颈上。他闷头吸烟却不再看我。

"山子，你不要太压抑，我知道不是你干的，山子！"

"我知道是谁。"他吐着烟圈，从烟圈里看我仿佛透过"五倍"望远镜那么遥远。

"这么多天你在哪儿山子？"

"我知道是谁！"

"我不在乎是谁，只是想你山子。"

"我知道是谁！那个杂种、伪君子，他早就该和我妈离婚。"

"我真的不在乎这些。"

他向我瞪起眼睛，我向后退着。以前那眼巴巴望着我的痴劲儿哪儿去了？那对异性的不加掩饰的依恋哪儿去了？那温憨童真的山子哪儿去了？哪儿去了山子的童真温憨？哪儿去了不加掩饰的对异性的依恋？哪儿去了痴劲儿望着我的眼巴巴的眼睛？

在弥漫的烟雾中，他像个真正忧患意识者那样目光深邃地给我讲了一个神话故事：

在远古时候，一个遥远荒芜的国度有一个智慧的男人，他绝顶聪明，连上帝都看不透他的智慧。村寨里有个很先进的约定俗成的法律：一个男人只许和一个女人通婚，直至这个女人死去。但这个智者非常不幸，他的配偶是一个石头造的女人雕塑，她永远没有热气也永远不会死去。他乞求上帝给他一个有热气的女人。但村寨里的臣民都嘲笑他违背了那个约定俗成的法律，他自己也觉得羞愧难当。可是后来他还是感到不公平，别的男人都有自己的热乎乎的女人。于是他向上帝讨了一个女儿，他对女儿爱护备至。女儿出脱得又高大又丰满。在女儿长到初次有了那种成熟的标志后，他再也压抑不住心中的欲火，在一个寒风彻骨的夜晚，他离开他的石头女人，爬到女儿柔软的细嫩的身上……

上帝并不知道这件事，他只看到他的臣民井井有条按部就班地生活很满意；臣民们看到这个智者死心塌地守着自己的石头女人也投来钦佩的目光。智者也就这样年复一年日复一日地生活下去了……但终于有一天上帝在闪电的时候发现了这个秘密，他为自己的心安理得而惭愧，并感到自己存在的虚伪，于是打了一个撼天摇地的雷，把这个虚伪的智者劈死了，可上帝自己却依然存在下来……

夜已经很深了，M过来问我们要不要吃点什么。我让她去睡，这些天她已经精神起来。

"我走了。"山子到门厅穿那件满是灰土的长大衣。

"你去哪儿？"

"我不知道。"

我拍着他身上的尘土："山子你要再来呀，山子。"

"不了。谢谢你小主人。"

"山子，我没有奴役你我爱你山子我怎么是主人？"

他用手指着自己的太阳穴："是这儿的主人。"

我明白了，什么全没说，让他走了。

山子学会了思考却不愿再来找我。也许是他不愿回忆自己低幼时的事。他走了，山子；山子，他走了……

五　我真的病了

山子失踪那些天，尽管我魂不附体，神思恍惚，但我相信即使山子远在天边他也是我的；现在山子回来了，却永远离开了我。这让我深深陷在一种无法排遣的忧郁之中。我脚下发飘眼眶发青头疼欲裂。

我想去校医院要点安定什么的。家里的那一小瓶尽管我万分节省地舍不得吃，但还是被慢慢蚕食了。可是到街上的药店去买，那简直需要比一口气吞进一整瓶安定更大的勇气——售货员会用一种同情无比的眼光凝望着你，然后开始用万般柔情的语言开导你想开些，这个时候你不是一名忧郁的失恋者就是个确定无疑的癌症患者。这真让我受不了。

"怎么了？"校医院的小大夫问我。

"头疼。"

"吃点APC就好了。"

别管你头疼还是屁股疼，只要沾"疼"字就打发你去吃APC，这是校医院的传统。

"只要不是毒药就行。"我真的让头疼搞得连喘气都累。

大概是我的胃不吸收APC中的阿司匹林和非那西丁，所以吃了老想吐，后来又开始一个劲儿地打哈欠，打了足有一百八十个，再后来又开始一个劲儿地吐唾沫，那一天吐的唾沫足有一条河。

课我是上不了了，我找到先生告假，就是那位讲授禅宗的老头。老先生是个很倒霉的人，又怕烟熏又怕尘土又怕怪味，更怕寒气，一年四季总得有四分之三的时间出门戴口罩。

他一听我请病假马上兴味十足地跟我探讨起来。那天我的确连睁着眼睛都困难，根本没心思掰开揉碎地述说病症细节。我于是不管他说什么或问我什么都举着一根手指头，做一指禅动作，什么意思自己想。他讲过，一指禅具有这个功能，通过静虑能够顿悟，然后达到一个超然的境界。我并不想让他或自己顿悟什么，只是从古人那儿偷了个省气力的办法。

他有一种和别人述说病情的癖嗜，经常地一走上讲台就先来一段，好像唯此心里才舒服。上次说的那段是得了肠炎，三天三夜没吃没睡，躺在床上打点滴。现在他正跟我述说一走路就头晕一上楼就气喘的事。我做一指禅状听着，先生之言不可违。可惜，他忘记了病症的名称，因为那是一长串夹杂着外文字母的名称。他真时髦，连生病都得外国病。我想跟他说我得的是最大众化的最下里巴的病，可是我的确一点劲儿也没有，什么都没说。

他说完了自己的病状，就开始说我如何的没有生病，什么我的气色之好超过最健康的人。他就是这样，倘有谁发烧，他就会摸着人家额头然后说人家比正常体温还要低那么二十度。闹不清他什么心理。

"你什么病也没有你别想逃学你老老实实上课去吧！"最后他宣

判。

我转头就走向教室方向，然后从另一端回家了。

山子没有来看我，他又没了去向，电话和信都叫不来他。我深深靠在沙发里，整日整日地从阳台上望天空。那些天是明媚的天气，阳光便暖暖地爬了一身。这几天我把一辈子需要的紫外线辐射都吸收足了，即使我以后永远躲在阴沟地槽里骨头也不会发霉。我想着我的学业也想着山子，想着想着脑子里就冒出一句禅语："不立文字，见性成佛。"我虽然在学校喜欢谈佛论道，但我谈佛并不佞佛，论道并不放弃人生，只是拿它当作学术来探讨。可在我生病这几天，我忽然软弱不堪地相信静虑默念能够顿悟，使我和山子发生心灵感应。我敢说那完全是由于我神经的衰弱和心力的殚竭。

M这些日无暇顾我，她忽然被晴天里一个灼人的闪电打蒙了——三十年前念大学时一位追求过她的男人找她来了，可是那个人明明在1957年自杀死了，现在又从天边地角冒了出来。这件事足以让她兴奋得神经错乱。从她的表情我知道她很快会结婚。我的家庭向来冷清，因为人口少便总觉寒气过剩，以至于我总是担心连夜梦都冻凝住，使我从此失去白昼与黑夜的记忆。这时，忽然要从天上掉下来个"爸爸"，还多了好几位小兄妹，而且他们都分布在不同的国家中，我的家庭一下子将要成为人丁繁盛、关系复杂的大家庭，这让我感到前所未有的"富有"，同时也感到越发的孤单。M每天很晚很晚才回家，见了我就还只会眼泪汪汪地说一个字：命。

我这时才发现，我还算正常，她比我病重得多。

六　山子，这是永别吗

我去找山子了。认识他两年来我很少去他家，原因是他父母总是用半阴半阳的眼光打量我，仿佛是我勾引了他们的儿子。其实，在认识山子之前我在性方面的知识实在是个白痴，我曾经以为一个女人只要到了一定岁数就能自己生孩子，跟男人是没有关系的事，因为孩子需要有个爸爸，母亲才去找来个男人。在这方面山子是我的导师，他使我发现了自身潜藏着的那么美好的愉快。

山子的父母用从未有过的热情接待了我。他们俩依旧客客气气、相敬如宾。见了他们，我忽然也受传染似的演起话剧来，连笑容甚至咳嗽甚至喘气都做作起来。弄得我累得不行。

山子妹还是成天价高高兴兴欢欢笑笑，叫着喊着，大拇指一天到晚含在嘴里。我敢说全家只有她一个人真心地快活。山子的父母笑着跟我说："山子妹压根儿就没有怀孕的事，纯属谣传。"我不再多问。发现山子的父亲一下子苍老了十年，他更加卑躬更加赔笑脸更加不自然。

我实在难受，询问了山子的去处就离开了。

我坐了多半天的长途车来到郊外山子的祖母家。这儿除了天就是山，到处是荆棘和枯藤。这是一个阴湿的天气，山区的黄昏就更加惨淡，血红血红的夕阳仿佛把人类的血都吸了去。

"五天前他上了山就没回来。"老人沙哑着嗓子，那脸上的皱纹至少也得有一百多岁了。

一种鬼使神差的力量把我引上山顶，然后我就在云气弥漫的山顶一直向西。我忽然有种预感，在太阳沉落的地方能找到山子。我要把他找回来，跪在他的膝边倾听他那哲人的智慧。

我一直向西走去。

是黄昏了，我正在谛听，也许村里有人呼唤，虽然天气已经很晚。泰戈尔的诗。

我用心和山子对话。

我留神年轻而失散的心是否已经相聚，两对渴慕的眼睛是否在祈求音乐来打破他们的沉默……②③④均是泰戈尔的诗。

山子，你在等我吗？

如果我坐在人生的海岸上，竟冥想死亡与来世，那么，有谁来编织他们的热情的歌呢？②

山子，我要和你对等地谈一谈，我们现在对等了，山子！

早升的黄昏星消失了……③

山子，你要等我，夜晚除了星，还有其他的光亮替代光明。

如果有什么流浪者，离家来到这儿，通宵无眠，低头听那黑暗中喃喃的自语；如果我关上大门，竟想摆脱尘世的羁绊；那么，有谁来把人生的秘密悄悄地送进他的耳朵呢？④

山子，我来了，你要把手伸给我，你要引导我你压根儿就比我大智大慧你知道人生太多的秘密……

夕阳沉沉地下滑，尽管我伸手可及，但无法拽住它，它轰鸣着挣扎着滚落下去……

在山巅阒静的暮色中，在晚风徐徐的低吟中，我终于见到了山子——

他斜靠在一块岩石上，头颅仰向茫茫苍天，他苍白、安详又舒展。要不是他的眼睛一动不动盯住上天，要不是他的五脏已被秃鹰噬空，他仍然是完好的。我轻轻地跪在他身边，没有震惊也没有悲哀，我早已知道这是必然，就如同我无论如何也挽留不住沉落的夕阳一样。

他的上衣兜里有一个字条：你向我讨寻智慧，那么，你去读苍天吧……

天色完全黯淡下来，我把衣服脱掉盖在他身上，连同往昔那些快乐或者悲哀的记忆一并留下来，留在山子身边。我跪在那儿，既没有做一指禅也没有想什么，一片真空，只是默默地跪着，我相信那是我灵魂真正的一次升华，也许在那片刻我和什么东西对了话。但当我意识到自己在干什么的时候，一切都已结束，我又看见了山子想到了自己。

晚风来了，我站起身，打算沿原路走回去，也沿往昔那些智者的额痕走回去，沿所罗门所罗门：旧约圣经记载的古希伯来神话传说中的人物，以智慧闻名于世，聪明的代名，传说他能解兽语。明晰善辨的耳管走回去，沿盘古氏盘古氏：中国古代神话中开天辟地的人。传说生于天地混沌中，后来天地开辟，天日高一丈，地日厚一丈，他日长一丈，如此一万八千岁，天就极高，地就极低。所有日月、星辰、风云、山川、田地、草木、金石，都是他死后由身体各部分变成。开天辟地的来路走回去，慢慢地，一直走回去。然而，我终于没有找到来路，只是越走越远，越走越远，越走越远……

人与星空

　　整个中文系谁也闹不清我是怎么回事。别的女生在课余总去找男同学辩论问题，满口的现代派新名词；抑或黄昏时分，在校园恬静的小树林里勾着女伴的腰肢悄悄说知心话。可我一下课就往家跑，一分钟也不耽搁。

　　偶尔有人拽住我和我探讨弗洛伊德或者"文化断层"，说不上几句话，我的眼睛就会忽然跃过对方，望着他身后很远很远的地方滞住了：我要回家。他回头寻找我目光的落点，再转回来时我已经走了。

　　家里有什么吸引我呢？除了一座会唱歌的古老的钟和病弱的母亲外，什么全没有。

　　回到家我就把自己关起来。我要干的事——对我来说几乎像吃饭和睡觉一样成了生理需要——它只需要一张纸和一支能出水的任何一种颜色的笔，再有就是拥有一个能够让我完全入戏的宁静空间。我开始写诗，是那种像真正失过一百次以上的恋的情诗。不知为什么，只有这种情绪才对我的劲儿。我每星期至少写五六首，然后我活在这种情绪中。

　　然而，我却格外讨厌别人说"青春就是诗"，特别是从教文学概论的那位年轻潇洒的男教师嘴里说出来。我觉得这句话肉麻透了。也许是他正拥有青春，所以每周一次的文学概论课他总要把这句话说上那么几遍。就像有一次，我心血来潮跑经济系听了一堂课，那位女教师正怀孕，在众目睽睽下，她坦然自若又自豪地挺着凸起的肚子，然后每次都把计划经济说成计划生育。

我的想象力之发达，常常把我搞得疲惫不堪、神魂颠倒。假若偶尔看到一部好片子，我准会为人家流满三条手绢的眼泪。更傻气的是，不仅在看电影过程中我在心里充当着电影里的某位悲剧人物，待片子演完之后，我仍然继续演着这个角色。

每当夜阑人静我睁着眼睛在黑暗中发愣的时候，最让我激动不已的就是那远处隐隐约约传来的火车鸣笛声和沉闷的哐当哐当的车轮声，它把我带到很远很远的山沟沟，伴着铿锵声，我的脑子里电影般地演了一段我和我唯一的亲人分离的故事。然后我就被自己感动得泪湿枕巾。

我总怀疑自己有特异功能，我的眼睛、耳朵、嘴、手和心能同时干好几件事。这会儿我正坐在大阶梯教室中听那位常说"青春就是诗"的老师大讲青春与诗的关系。我的脑子却在游仙，有一段旋律没完没了死乞白赖地缠住我：

慢慢地走
慢慢地寻
我要去寻那山里人
……

这是我后来才发现的，我当时并没有感觉到。因为我正在马不停蹄地做着课堂笔记。我的笔记本是收录机，靠着钢笔尖和纸页的摩擦收录了五花八门的老师的同一个节奏和韵律的语言。近来我发现，我的机械运动严重到连吃饭咀嚼也有了节奏，似乎有人给我喊一二一二的口令。

为了摆脱那段旋律的纠缠，我不得不停下笔找点新鲜的刺激。

——人干吗活着？没劲！

——那就死吧。

——干吗活着没劲就死？

小小的课桌面简直就是一个世界。红的，蓝的，绿的，紫的，各色不一的笔画涂满我就座的整个桌面。女人的黑眼帘、尖下颏。鼻峰微错的温热的吻。森林对流云的诱惑。广袤沙漠中孤独的行者。星星的疲倦。还有"青草压倒的地方，遗落一枝映山红"……文学系的学生各个都是天才的画家，想象力出奇的发达。在这堆嘈杂的画面中，胡乱写着上面几行小字。不知昨天是哪位学友占有这张课桌，留下这个宇宙。

我继续看着：他妈的没劲没劲他妈的……字写得如一团乱麻，没有标点让人喘气。

"你看！"旁边的女友捅我。

我顿时大乐。怪不得今天老师的讲课没声呢，在三百人的大阶梯教室中上课，扩音器虽然放在讲台上，但话筒却冲着台下，老先生居然不知。此时，他仍然沉醉在自己的意境情绪中。叹气。忧伤。郁愤。摇头。咂嘴。最后拍案而起。底下的学生目瞪口呆地痴望着他。

这位教师真够有毅力，一个序篇他就讲了足足十课时。时间在车轱辘上转，是件挺有意思的事。到后来他刚说"艾略特说"，我就已经知道该在笔记本上写下边的话：

"我们不知道要什么，就不知道我们是什么。我们不知道是什么，就不知道我们要什么。"

这句话我记得已在笔记本上写了不下五遍，可我还是把它完全地记录下来。

慢慢地走

慢慢地寻

我要去寻那山里人

……

怎么回事？我真怀疑是我书包里的立体声耳机神经错乱了，没揿动开关键自己就缥缈地响起来。

不可否认，这位教师是才华横溢的，无论中国和西方，传统和现代，自我和现实，他都有独到的见解。包括东方的"以要为有"和西方的"以有为要"。

尽管他无数次地宣布：我们的民族向来是以自己的鼻子为中心，但鸦片战争把我们的鼻子烧焦了，以后西方传来的什么味，都无法抵抗。可是，每一个学生都听得出他鲜明的倾向——为了吃西方的特效药，先学会西方的现代流行性感冒。

他总使我想起我的一位现代派画家朋友。有一次，在一个寒风彻骨的冷天里，这位朋友非拽我去陪他看风景。好，家里反正冷清，我去了，去领略大风的尖叫和光秃秃的黄昏。我们两个流浪汉走过一堆垃圾时站住了，他立刻激动起来，指着那堆从垃圾箱里溢出来的白菜帮、鞋后跟、粪便、线头儿说："艺术，艺术！"转过头就跟我大谈民族心理和民族意识。

回到家我也想画画：光秃秃的山坡，沉沉的太阳，一个大脑壳的瘦棱棱的男孩儿，挂着两筒清鼻涕，坐在那儿晒太阳，阳光是灰色的。我没受过绘画训练，无论如何也没办法让他坐下来。我去找这位年轻的画家。"你帮我让他坐下来。"他拿起图画，沿男孩儿的臀部一折："瞧，这不坐下了。"

天！我目瞪口呆。他转过身又和我谈起民族心理和民族意识，把我唬得像真正的傻瓜蛋一样。

"Damn it！His mother's！"文学概论老师又在吐洋文。他发牢骚从来不说"他妈的"，而是用英文或俄文或法文或等等一连串说出各个国家的顶时髦顶犄角旮旯的骂人的话。

但我仍然尊敬他，因为起码他的话我懂，我的话他懂。

前些天，为了写毕业论文，我给学校一位很有声望的古典文学教授写了一封信，请教一个问题。这位教授每天都埋在故纸堆里。那天，我去找他，他硬说我的信语言不通。天！中文系读了近四年，我竟然写不通信。不过，和他谈了一会儿话，我就明白了：他说话都按着韵说，而且他从来不看"五四"以后的白话文。

我当时的第一个念头就是：他怎么和他爱人说话，那一定是说"吾妻，老夫——爱你！"

我怏怏而归。

我惶惑起来。我该在哪儿？真该退学！

回家吧，拽上三五个学友走了。

汽车站黑鸦鸦一片人海，足足四十分钟没来过一趟车。远远地，好像驶来一辆车，是空车，翘首凝望的人们长出一口气。玩命也得上。

"千呼万唤始出来"的那辆车，从车站的人海前目空一切地昂首而去，留下一股浓浓的烟。

女甲说："好傲气！"

男乙说："摆什么爷爷谱！"

有一位叫"笔挺"的男生顺嘴就说："×！装孙子！"

我在学友中间，似乎坦然一些。我早已习惯掩饰自己的愤怒和喜悦，眼睛里总是一潭宁静。

他们叫我女诗人，因为我写过近二百首诗。那是真正的诗。但我宁愿他们叫我"疯子"。在我看来，诗人和疯子的区别就在于：诗人是脑袋里产生瞬间的疯狂，创造出另一个世界；而疯子则永远处于创造另一个世界的蒙混状态中。我向来对疯子没有偏见，疯子自有疯子的矜持。

大概是我天然的黑眼圈，也许是缺觉，女友们说我孤僻，而班里的男同学只敢远远地看我。我深深地感到这种距离，但又无能为力。其实，我到底是什么，我自己也弄不清。

我的突然归家，令母亲震惊。她更加苍白和软弱了，眼睛里立刻盈满了泪。我最受不住的事就是她流眼泪。小时候，自然是傻乎乎地和她一起哭；现在大了，在别人面前哭，对我来说成了一件艰难的事，可我照样坐立不安，躁动不宁。我胡乱地掏着书包，掩饰着什么。我知道，我是她的世界，在她面前，我必须是个男子汉，尽管我像一根孱弱的豆芽。

纵然，母亲对我的衣食冷暖爱护得不够细致体贴，但她是我顶要好、顶平等的朋友。她是个高档的文化人。

但生活上的某些事，她无论如何也胜任不了。比如，选择丈夫。我常常遗憾，我要是早生二十年，就能在这方面做她的指导了。再比如，她永远分不清韭菜、青韭、韭黄、青蒜、蒜苗……她还时常管毛豆叫豌豆。这些，似乎比起她那图画似的五国外语字母更难于驾驭。

记得在她和父亲分手四周年后，我长成一个二十岁的姑娘时，有一次，在一个秋风萧瑟的夜晚，在九平方米小屋的昏黄的灯光笼罩下，她向我讲述了我的出生——

那是她和我父亲偶然的一次疏漏，于是，我悄悄睡在母腹中了，然后，我来到人间。

我的诞生是偶然，然而，我的命运乃至一切，已是必然。我常常这么想。再一联想优生学，我怀疑我不是最佳状态孕育的胚胎，所以，每每"卑"从中来。

"青春期忧郁症！"

才胡说八道呢。

"你来到这个世界，这是已然，那就自然应该活着；既然活着，就该活得……"

　　此话有理。

　　慢慢地走

　　慢慢地寻

　　我要去寻那山里人

　　……

那一首歌这样唱道。我不会慢慢地走，我寻的也不尽然是山里人。找什么？找我自己？

多血质和胆汁质为主的神经类型，使我常常过度兴奋，心里常常翻大海。忌了茶和咖啡，照样失眠、头疼；更恶劣的是神经性的胃疼和抽风式的月经失调。

我还是想起了"青春期忧郁症"。可我十岁时就这样，怎么解释？那可能是"少年期忧郁症"了。

那是我最渴求阳光的年龄，可是却被封在一个黑黑的木洞里；那是我最喜欢讲童话故事的岁数，可是却没有人相信它。当我的头发长成阳光一般金色的瀑布时，当我的眼睛和微笑的本身就是一段美丽的故事时，我心里却早已空落得如真空、也满塞得犹大海了。当我懂得了忧郁的内涵，我便不再轻易承认它，我总是对人说：我快乐，或者既不快乐也不忧伤——没情绪。我明明知道，要真正达到这个境界，要么变成天才，要么变成傻瓜。

关键不是主观与外在世界的冲突，最苦痛的是，内部自身的叫劲，即理性与本性的相悖。

我本应像一株野草或一颗夜晚的星，守着自生命一诞生就分派给我的土地和天空，自然地生，自然地灭。然而，我的思维却支使我不本分地去寻，寻找我得不到的东西。

我不愿做机器，我不愿接受一切强加给我的东西。但是，上课时，我是顶听话的好学生，好学生就是录音机。我是我自己的奴隶。也许，我还会继续奴役自己，考研究生、硕士、博士……

我愿意做个温温甜甜的姑娘，一笑俩酒窝，娇滴滴地赖在男友的怀里说：我爱，我疼。可是，我却在和母亲两人组成的家庭里，充当着男子汉的角色。

我是什么？我该在哪儿？

真该说：Damn it！His mother's！

干吗要跟自己过不去？干吗要活得那么敏感？以至于那么容易神经疲劳，那么容易失眠。

要打开新的局面，打开新的世界！

女友们总说我过于朴素。干吗不穿？于是，我启发和动员母亲为我织一件顶花的顶不规则的毛外衣。母亲在这方面是低能的，但毛衣的确织出来了。我一穿，天！能装下两个我。别说怀胎十月的孕妇，二十个月，也能穿进去。

"你不懂！现在时兴这种。"女友告诉我。

母亲织技的笨拙，倒让我赶了一个时髦。

开夜车。熬夜。一本一本地抄诗，寄给编辑部。我的眼睛更黑了，脸颊疲劳兴奋得蒙着红晕。

杳无音信。

泥牛入海。

在我将要崩溃的时候，终于接到一封诚恳热情的回信。他叫我到编辑部去。

这是一位中年男人，庄严中透出慈爱。他向我背诵着我的诗：

> 仿佛一生，你和我
>
> 都在夜的两岸交谈。
>
> 绕过了那段
>
> 属于黑暗的温柔，和
>
> 荒漠对雨水的等待。
>
> 当炊烟和黎明时分升起后，
>
> 目光便重新相遇。
>
> 在岸的这边
>
> 我呼唤：啊，旅人！
>
> 在岸的那边
>
> 你回应：啊，旅人！
>
> ……

我的泪一下子涌上来，一句话也说不出，闪开身走了。

然而，我并不是像大多数姑娘在激动时常有的举动：掩面大哭，捶胸而去。我只是用最不易察觉的动作，用食指悄悄勾掉眼睛里容不下的泪，好像眼泪是一种罪恶的东西，见不得人。

"这世界，会变得，更——美——丽。"以前我最讨厌的就是这首歌。

我常常在天色昏暗的时候，站在阳台窗口向外边凝望，远远近近的楼房玻璃窗，纷纷燃起橙黄、炽白、幽蓝的灯光。近处的窗口，可以隐约见到晃动的人影；远处的光亮，则在寒风里摇曳，如星，若梦，似灵，犹谜。那窗口里是什么样的故事呢？是热热闹闹的亮灯、旺火、欢乐孩子的日子？抑或"红袖添香对译诗"的意境？抑或像我的家一样只闪着微寒的灯光，冷清得无声？是正在热恋着的、对着娇柔而可意的妻无尽无休述说情话呢？还是木已成舟的唯有等待、耗得对方死掉的顾全大局的婚姻？我感到渺茫。

　　特别是夏夜的星空，星星们在墨蓝墨蓝的底色上，像玻璃一样那么纯净，那么透明，在那个世界里，它们自然地生灭，从不刻意追求什么，不用扭曲的方式寻找自己的位置。那种淡泊感，真是宇宙的最高境界。

　　但是，今天，从编辑部出来，我发现我的世界变了。街上的灯，全像打碎的镜子，现出激光似的闪着几何图形和抽象派画面的图案。我不知道是眼中的泪模糊了世界，还是世界模糊了我自己。

　　我心里又在翻大海，波浪居然冲击到嘴角上，因为我觉得自己的嘴角有些向上弯。

　　"这世界，会变得，更——美——丽。"这个时候，我似乎不再拒绝这首歌了。

　　几个月以后，我从杂志上见到自己的诗变成铅字。我的心脏狂跳起来。它像我的孩子，对着它，我跪下来。然而，并不是出于虔诚，而是一阵强烈的胃痉挛袭来。

　　真不得好活。

　　女播音员正在用甜美而娇柔的声音，点出下面将要播放的音乐节目《圣母颂》。

　　我跪着，把双臂平直地向前伸出去，等待那圣洁而纯净的小提琴的琴弦末梢虔诚的震颤。

天！我忽地爬起来——不知是哪位老兄把《圣母颂》加上了迪斯科的变奏。

亵渎。亵渎。舒伯特在死了一百五十多年以后，恐怕要给气"活"了。

睡觉，睡觉，什么都不想。

我躺下来，脑子里流动着卡夫卡说的一句话：不要失望，甚至对你并不感到失望这一点也不要失望。恰恰在似乎一切都完了的时候，新的力量来临，给你以支持，而这正表明你是活着的。

一定不许再想，必须睡觉。四片"安定"下去，我醉了，那真是个好境界。

在学校里，我一如往日，是架沉默的机器。三点一线，循环往复。

"学生嘛，还是要以学为主。有的人偏偏以玩为主，兼学别样；明明是中文系的学生，偏偏一个星期有三个晚上排演话剧，再有一个晚上看内部参考片，然后再谈一个晚上恋爱，还读什么书？"老师总是语重心长地教导我们。

"啊？交篇作业竟拖了一个月，我已经体恤你们了。好，正式宣布，这次作业占期末考试成绩的22.5%到25%，今天再不交，一律不收了。"老师义正词严。

学生们纷纷扯下十页稿纸，自行停课，开夜车，玩命也得交。夜里十二点以前不算过今天。

我写这种作业向来很拿手，因为我有一个录音机式的笔记本。你根本不用深思熟虑，担心什么"覆水难收，行文难再"，只要把老师的话变一个节奏写出来就万事大吉，而且能得高分。

我自己的是什么，他不知道，我也说不清。

有时候，老师提问，点了不下五六位学生，站起来的一律说没考虑好呢。

　　老师颇露喜悦之情，以为他的学生个个都像他一样深思而熟虑。

　　再过几天一提问，站起来的几位还说没考虑好呢。

　　"你们什么时候考虑好？这是我两周前布置的思考题。"

　　"等你讲完了，就考虑好了。"底下小声说。

　　"甲××，你说一说，这个思考题能否成为一个问题？"

　　"能！"

　　"为什么能？"

　　"没考虑好。"

　　然后再点名，底下就死活不再站起来。上大课，老师一律不认识学生。

　　"没来？"

　　又一连点了一串名字，全无反应。

　　"怎么回事？我点了名的没来，没点名的坐了一屋子。"老师惊讶而不明白。

　　"你把三百人的名字都叫完，也不会有人站起来，表示来了。"底下又在小声说。

　　机器。机器。全是机器。

　　我是什么？也许、现在、将来、中国、西方，我在哪儿？也许，这正是意象组合的时空交错感吧，老师讲过的：

　　　　怅望千秋一洒泪，

　　　　萧条异代不同时。

　　我这架机器保养得不错，常常独自溜到街上，看看行人，看看黄昏、病树和谎言，也看看阳光和飞翔的鸟。

外出的时候，我越来越不喜欢戴手表，因为我觉得它用途不大。假若公共汽车开二十分钟没动地方，即使我一路上看一百次手表，该误点还是得误点。手表不能弥补什么，反而平添几多急火。

我的空间方位感又极差，路走到哪儿，就问到哪儿。于是，学友们说我时空感全无，定论是无可救药。

我自己也真的惶惑起来。

慢慢地走

慢慢地寻

我要去寻那山里人

……

啊，山里人，山里人……

所有的汽车售票员都像乘客欠了他们一辈子的账。从十字路口开始堵车，长蛇阵摆了一条街。我追本溯源走到源头看个究竟。

原来是一位售票员和一位乘客怄气。到最后，争执的目的已不再是坐不坐这辆车，而是看谁坚持到最后。

于是，就拖下去；于是，车阵摆了一长街。幸好，现在不许随便揿喇叭，否则，千奇百怪的声音组合在一起，准是最宏大的复调音乐。

这种复调音乐，常常使我莫名地惆怅起来。

大自然也常常给我以启迪。

我喜欢看"动物世界"，鹿群、狼群、刺猬、大猩猩，看着它们的生存，往往想起人类自己。有时候，我忽然想象自己变成一只鸟或者任何一种野生动物。它们活得好自然，好坦然，好怡然呀！

"关键是我们吃了亚当和夏娃的智慧果。文化、思想层次越高，人越难于驾驭自己。智慧的痛苦。"一个朋友对我说。

　　"那怎么办？"

　　"不怎么办。吃了就吐不出来。"

　　对，吃了已经是吃了。那么，就去寻吧。我——宇宙？

　　山里人。山里人。山里人……

　　那位好心的编辑常常来信，告诉我又在哪儿发了我的诗。很快，我有了点"小名气"，开始有人管我叫"小诗人"。这是来自官方的称谓，与学友们平日随便称呼我的"诗人"，内涵上大相径庭。

　　我开始被邀请参加一些文学创作会议。一些知名人士开始忙中抽闲地接见我。最初，有人向我远远地扬起右手，很潇洒地一招手，像叫一只家狗，我便怀着一种怯懦和虔诚颠颠地跑过去，崇崇敬敬地说一声："您好！"

　　"你的诗蛮够味！就是有点那个。"

　　"嗯。"我根本不明白"那个"为何。

　　又有人说："你的诗读起来太费劲，不过我能摸到你心脏的跳动。"

　　"嗯。"我低头。

　　还有人说："是真正的诗，不过不够醒目。"

　　"嗯。"我温顺得像只猫。

　　然后，我微笑着礼貌地离开："再见。"

　　可什么是"醒目"？何为"那个"？模糊数学也不能这么个模糊法。

　　有一次，一位年逾花甲的老诗人叫我，我怀着往日的崇敬去"被接见"。他和我谈了半小时，始终紧紧握住我的手。他的眼睛眯成一条缝，闪着光芒。我硬是不敢把手抽回来。

最后，我的胳膊酸疼难忍，才挣开他的握手。

我心里似乎有种酸楚，好像明白了什么，于是又开始空落落。

干吗装痴卖傻地装孙子！于是，再见到这种人，我便什么也没看见似的走过去。

"嗬，好大的谱？"

"不是，不是，我——近视眼。"

"怎么不戴眼镜？"

"戴上——不就看见你了。"

要命的是，这种会议常常要合影，几十人排在一起，摄影机老半天从才左转到右，脸上要僵着一个持久的笑，配合拍照。

有人自然喜欢和小姑娘单独合影。

"深情一点，深情，深情！懂吗？"拍照者启发着我。

妈的不懂！我脸绷得如同受三座大山的压迫。

"就像和你那一位合影一样。"拍者很有毅力地继续启发我这块木头。

真他妈的胡抢，我还没有"那一位"呢！我心里骂着。我真的失望了，情绪低得不行。

无论如何，我对那位"扶我上战马"的编辑是感激不尽的，他的关怀和帮助是真诚的。世界上没有一种情感比真诚更为可贵。

可是，不久，和他的交往我慢慢地也感到艰难起来了。每次见到我，他的眼睛里总有无尽的柔情，而且握手的时间一次比一次长。我的感觉只是他的手很热，我的很凉。然而，他的感觉一定会丰富复杂得多。见到那一米八几的汉子在一个女孩面前跌软下来，我实在受不住。

英国有位作家说："恋爱是基于双方的误解。"可我糟就糟在从不"误解"，我总是很明白，包括在梦里，明白得直模糊。

终于，在一个凉爽的黄昏，他在我周末回家的路上迎住我。

在路边绿茸茸的草地上，他很艰难地说："我爱你。"

我直直地望着他，轻轻地摇摇头。

"可我爱你！"

"可我不！"我真的反抗了。难道这是要我回报的代价？

"我知道，可我还是……"

"因为你帮助我成了诗人？"

"不，爱情不需要任何理由。"

"那是你朦胧的幻觉。接触久了，我也会和你现在的妻一样，失去光彩。"

"我知道。女人只是男人的梦。"

"为什么要寻找梦？"

"我需要，你是我的后半生。"他眼睛里有种晶莹的东西在闪动，"对不起，我……冒犯了。"

本来，我想沉默。沉默具有神秘的色彩和慑人的力量。沉默能够赢得一切。

然而，我忽然连沉默的情绪都没有了。

我不要梦。不要幻觉。我还是要去寻找。

街上的情人比比皆是，在这初冬的寒风里，一对对千姿百态。

我发现，两个人在一起最多的场面还是争吵或谈判。

一个瘦小的女青年，仰着头，眼睛里含着忧愤，几乎是顶着比她高出大半个头的男子的鼻尖："你说，你昨天干什么去了？"

"昨天？"男的翻着眼睛想，"昨天什么时候？"

"少废话！昨天晚上八点你不在家。"

"八点？"男的使劲翻眼睛想。

女的一把拉住他："甭装蒜，走！过马路。"

那边的石阶上，也坐着一对。男的自始至终在真诚地痛苦地解释，在女的左耳边说一会儿，又到右耳边说一会儿，然后，双手捧住女的脸，正面对着说。

女的始终如一地嘴巴紧闭，双眸下垂，大理石般的脸上一无表情。

唉，爱情，爱情，爱情……

夜里十二点钟的时候，下雪了，它带着轻柔的圣音，俯向人间。

我锁上门，独自来到街上。自由的空气和自由的晶体浸润我的肺腑。

我根本不用担心什么流氓，像我这样孱弱瘦小的姑娘，经不住折腾，低档的流氓看不上我；而高档的，又不会出来夜游，满街寻摸。所以，我很安全。

幽蓝幽蓝的夜空有一种宁静而超脱的意境，星星们自然地排列组合，自由地游动，自由地呼唤，根本不刻意寻求什么，逍遥又自得。在这种气氛中，人心中的一切不平衡感都会消失殆尽。

回到家，我便开始做梦。

我梦见我从山涧往海里跳水，但落下时，海水突然变成墨色的土地，我摔死了。我变成一株植物，是一种野生的低级植物，而且它有腿，能够动，可以自由地选择天空，选择足下的土地。那么，当然要去绿洲。可是，不知后来又生出一个什么坎儿，我没迈过去，就醒了。

哎，该死的弗洛伊德……压抑的欲望的满足……

天空是明净的。晨光朦胧地洒在路上，灰白的甬道便涂染了一层粉红。小草、石块、云彩和没有翅膀、没有羽翼的小风都忙着自己的事。宇宙，不！应该说是自然，总给人以淡泊和无所求的和谐感。

在这清晨的街上，我的第一个懊丧就是被人重重地踩了一脚。

一位诗人说：连春天的雷都长大了，一切都在膨胀，爱情也变得拥挤不堪。

满街的人如同跳棋盘上立着的棋子，密密的一个挨着一个，却又彼此独立，没有根连。今天前心贴后背，抑或偶然走个对面，明日也许就是海角天边。满街的车交错成一团乱麻，交通警像拨浪鼓一般转着脑袋，解着车辆穿梭的线头。

我走着。

母亲为我织的毛衣就穿在身上，无论色调还是型号，都与我本身不和谐。可女友们一致认为："够份儿！"男同学总是远远地说："太他妈那个了，棒！"我渐渐明白了，不协调就是最协调；最疯狂就是最宁静。

校门口一边一个立着两位剽悍的警察，面如铁板。

"学生证？"其中一位伸出胳膊。

天！干吗？吓人！

"谁来了？"我顺从地掏出学生证。幸好我正带着。

"谁也没来。"

一连几天，每时每刻校门口都把着两位警察。

中文系学生总能想出邪的来。最活跃的要算那位叫"笔挺"的男生，他有事没事地就往校门口跑，进进出出的时候，总要把他那着牛仔裤的细长的腿一并，"啪"地来个敬礼，吓"警察"叔叔一大跳。

"没带学生证，我就不是这儿的学生啦？"一位女同学埋怨道。

"那可不！有户口，才说明你是××人；档案里写着好话，才证明你是好人；自然有学生证，你才是学生啦。""笔挺"说。

"那么，我要是穿前边开口的裤子，我一定是男的了？"

"那当然。谁敢让你脱下来看个究竟。"

终于，那位"笔挺"找上我。他是中文系顶聪明、顶不守规矩的学生。他和系里任何一位女同学都能一见如故，只消十分钟，就能情深似海。

他有着萧伯纳式的细长的身材。平日，他端着平平的肩膀，迈着笔直的长腿，挺着高耸的鼻梁，立着非洲黑人似的黑黑的硬发。特别是他那双眼睛，总像刚睡醒一般，含眠而带梦，那么蒙眬，女生们一见就醉了。

"笔挺"有个毛病，爱丢腰带。有一天竟连根结实点的绳子都找不到了，系了根纸绳就来了。这成了女生们的笑柄。

"不定在哪屋玩得高兴，就丢在那儿了呢。"

"哎，哎！这可不能随便说。不是掉茅坑里就是在我自己的床底下。"

他越认真地解释、真诚地争辩，越是可笑。"笔挺"说话虽然随便，常越轨，但他对自己的腰带的确看得很严肃。

学校拿他没办法。他有更绝的招数———进系领导办公室，望着那长沙发、单沙发，就说："哟，这儿可不是流氓待的地儿。"转身就走。

那天，他向我迎面走来。

"喂，敢不敢和流氓交个朋友？"他几乎和班里所有的女生都亲密无间，玩笑开得异想天开。然而，他的确是第一次和我说话。

"谁是流氓？我？"我盯住他的眼睛。

"你知道！"

"不知道。"

"好吧，就算认识了。"他用手指在我鼻子前环了一个圈（表示OK）就离开了。

我又想起了那首歌：

慢慢地走

慢慢地寻

我要去寻那山里人

走过那群山

也走过那丛林

……

学校里没有群山，也没有丛林。山里人？"笔挺"那小子是洋派、现代派。但一想，最原始的有时正是最现代的；最疯狂的有时正是最苦闷的；最不和谐的有时正是再和谐不过的。那么，最洋派的兴许正是最"山里出来的"，最下里巴人的。

音乐创造出适应它的耳朵，宇宙的新的和谐创造出适应它的人。

妈的，宇宙！怪事。

编辑部又给我来了通知，告诉我，我的一组诗获得本刊物的当年奖。我读着寄函人陌生的名字，无意识地联想了一段对方要求我配合而成的故事。我心一抽。

我按号码拨通电话，立刻传过来厚厚的男低音。他代表编辑部向我表示祝贺，并具体地谈了评奖情况，他没有约我去见面谈心，交流思想，语调始终平和而热忱。

"谢谢！"

我走出电话间。外边又下雪了，碎纸片一般的雪团飘洒下来。我深深吸一口甜润的空气。今年是个好兆头。

大雪连下几天，学校完全被白色覆盖了，也覆盖了歌声、噪声和小情人的温情。又该考试了。

学生最怕的就是考试，哪怕读一辈子书，只要不考试。背书可是个死去活来的功夫，尤其是我，背不上五句话，脑子里的野马不定跑哪儿去了呢。我宁愿爬十座大山去和背十页书做交换。

一到考试，每个人都想变成鹦鹉。老先生似乎就吃这一套。只不过你不能按照他的原话说，换点形容词、副词什么的，或者用英语式的倒装句，即可。

考前辅导课，是出勤率最高的时候，没有人敢再搬出感冒、头晕等病状，赖在宿舍里。连那几位说肚子疼马上就能疼起来的女同学也早已坐在教室里。

"笔挺"在我面前蹿来蹿去坐不住。可我得背，我还想要文凭。

过度的精神紧张，使我饭食无味，一吃饭就要吐。仅仅几天时间，眼睛忽然变得又黑又亮起来。在饭厅门口，"笔挺"把他那笔直的长腿横过来，挡住我：

"喂，你不觉得你会背成一只猪？"这是他关心人的方式。

我反应过来："那么，你就是猪的平方！"我回敬了他，走了。

考西方文论那天，是晚上七点钟开始的。"笔挺"噌地蹿到我旁边的空位上。

"坐在这儿，照顾你一点儿。"

我没理他。

卷子发下来，他对答如流。这小子，聪明绝顶。

"怎不停电？"忽然有人嘟囔。

学校常常停电。这可苦了上大课的老师，没有话筒，即使他扯破了嗓子，坐在大阶梯教室后边的学生仍然像是看哑剧。

"妈的，该停电时不停。"有人深深地遗憾。因为只消停电半分钟，每个学生都能在黑暗中完成一百个动作。

然而，我发现"笔挺"不是在做鹦鹉，他正处于文艺理论中讲的"高峰体验"阶段，就是创造时的最佳状态，产生极大创造的瞬间，这个瞬间，头脑处于创造另一个世界的疯狂状态，是精神最自由的境界。按照庄子的话就是：我变蝴蝶，还是蝴蝶变我。

我不禁对他敬仰起来，起码他知道自己是谁。我呢？压根儿就没找着过自己。

我想起来了，我是诗人，连那些个"名人"也认可了，我有足够的智慧和想象力。他至多是"疯子"，疯子只不过能看到魔鬼比地狱所能容纳的还多；而诗人的想象，能把那些没有的东西构成形体。

我于是又不禁自得起来。

母亲的心脏病突然发作了，我不得不在考试的间歇蹲在医院里陪着母亲。

"去看书吧。"母亲疲弱不堪地说。

我心里一阵隐痛。我知道她天性中的懦弱和善良，以及她那潜藏在心灵深处的别一种感情的缺憾。她病着的时候，像一只受伤的温驯的鹿，需要抚慰。

"没关系，考试我能应付。"在她面前，我永远是双重身份：女儿和男子汉。她需我的保护，她比我更缺少应付这个世界的能力。

待母亲疲惫地睡了，我才拿起书本。

头疼欲裂。头疼欲裂。我把手重重地压在太阳穴上。要是有一双粗大、温和的手，替代额前自己细软的手指该多好啊。哪怕它过于笨拙。

"笔挺"悄悄溜进来，坐到我身边。

"你怎么来了？"

"我也不知道怎么就跟着它来了。"他指着自己的脚。

"去睡吧。"他声音低低的，像带着低音箱。

"你……"我有些感动。

后来的几天，他替代了我。我实在顶不住了。

考试结束。母亲的病也大有起色。医院像地狱，母亲说什么也不肯耽搁一天。于是，我们出院了。月亮走向我们，大地和星空以及自然中的一切太和谐了，和谐得使人忘却它的存在。

"笔挺"提着大兜的水果来了。

"干吗？"

"谁知道！"他漫不经心。

"不知道干吗来？"我叹气。

"正是不知道干吗来呢。"

"你真是不可救药至极！你就怕暴露你自己的真实。我讨厌！"我终于说了出来。

他一时愣住，然后便重重地跌在那张已经残破了的沙发里。一句话也没有。他不再吹口哨，不再把一条腿别在另一条腿上颠，不再掩饰身体深处那难以捕捉的忧郁。

沉默。沉默。

"我走了。"最后他站起来。

我没有说什么挽留的话。

送他下楼的时候，楼道里的灯在挣扎了一星期之后，终于再也眨不动了，灭了。黑暗吞没了我和他的空间。他忽然站住，俏皮地说："我是山里人，你那首歌里的山里人。"

他那样斜着膀子立着，把一只手插在后屁股兜里，用口哨吹起这支歌。然后，他又做出一种轻松得不得了的姿态，似乎在哄着一个只有两岁大的孩子玩。

然而，他的眼睛却有一种藏也藏不住的沉重，即使是黑暗中，我仍然可以看到。

舒缓自如的小溪从他口中漫不经心地流出来：

慢慢地走

慢慢地寻

我要去寻那山里人

……

我的心颤抖起来，拥住他的目光，一种冲动使得我几乎冲上去。

但，我的思维和身体忽然滞住了：艺术本来是没有高潮的，真正的艺术应该在高潮前结束。

我冷缓下来。

"走吧。"

"那么，我走了。"

"再见！"

"再见！"

星星们那么安详自得地俯视我们，逍遥地移动。相互的碰擦，产生最美丽的瞬间。没有语言，却有呼唤。我似乎听到它们在天国哼着莫扎特的超脱一切的非人间的圣音。

我对着星空望着，望着。一股冷湿的东西顺着我的脸颊流下来。我用一种不易察觉的动作悄悄地用食指把它勾掉，即使是在无人的黑暗中。

明天，学校里的一切辩论、一切噪音、一切上了弦的机器似的忙乱都将宁息。放假了。

雪花又来了，带着轻柔，带着宁静，带着和谐，密密的晶体把天地连成白茫茫、空灵灵的一片。

孤独旅程

"不，我没有生病，只是假期过得很疲劳。"X握着我的一只手，用我早已习惯了的微笑望着我。昨天，下了一场奇大无比的雪，攒了一冬的雪团疯狂地倾压下来，所有的房屋、树木、电线架全都披上厚厚的白绒，远远看去宛若儿时玩的积木搭起来的童话世界。

我把手从他的热手掌中抽出来，眼睛望着天空。我知道他是特地在校门口等我，可是当他在看见我走过来的一瞬间，却做出一种偶然巧遇的姿态，我也懒得揭穿这一事实。X习惯做戏，我习惯沉默，所以看上去我们挺默契。那是有一次我从校报上发现了"根根"这个名字，出于一种没有任何意思的任性，莫名其妙地喜爱上了占有这个名字的人。后来才知道他是外国文学专业的研究生，满口的洋文，吓得我常常不敢说话。后来他还真的和我在诗中谈起爱来，常常出其不意在校园里什么地方迎住我——有时候在宿舍门口有时候在楼梯上，说上几句话，然后就偶然想起来什么似的从上衣兜里掏出一张纸，那上面有他用洋文写的诗，我看不懂也懒得查字典，所以总是沉默。有一次他递给我一首诗，说一定得给他一个表示，密密麻麻的洋文五大页，我无可奈何。找来一张白纸，顶天立地写上一个硕大无比的X，然后交给了他，什么意思自己猜。第二日他见到我就兴高采烈地说："这么说你没有男朋友啊。"天！从此他就自称是X。

这是刚刚过完寒假的第一次上课。我来的时候，脚下发飘，有一种"气"或"神"似的东西从我心底慢慢腾起来，向上，向上，散到高空。不知是路滑还是刚刚患过一场重感冒还是什么缘故，我驾雾腾云一般来到学校，这会儿坐在教室里。

男同学见了女同学不管是熟的生的友好的敌对的，一律拼命握手，这很有风度。平日大家天天不想见也得见，自然没有握手的条件。值此新学期第一天的机会，不妨施展一下君子风度，其意义已远远不再是单纯地表示一下友好。上课铃响了，我立刻像上满弦的机器紧张起来，往日上课时那些活受罪的记忆一下子全部唤醒了。但此刻别有一种直觉的苦痛强烈地压过记忆里逐渐明晰起来的痛苦——我的十根手指头全像被捏碎了一般酸疼难忍……

流浪人：

你好！

本来我下定决心这学期要老老实实神魂守舍地听课，起码第一天第一节要有个好开端。但我发现，我这个决心不到五分钟就失效了——我在给你写信，也许是最后一封。我觉得活着没意思透了。以前我常常生出自杀的念头，也极力鼓励那些个和我有同感的人去死，以壮自己的胆量坚定自己的决心。但无论如何也没有死成，我仍然活着。并不是为了什么，比如为了你为了我一场歇斯底里的聚会为了深夜难耐的失眠，正是没有什么可"为"，我才想到死。不过你别担心，我这个想法也许同样过不了五分钟就会失效，一如我上课前下的那个决心一样。

我相信任何一位高明的语言学家也不能完全、准确地为"孤独"下个定义，每个人都对它有自己的解释。我曾想，去他的孤独吧！可这玩意儿赖皮赖脸黏住我不放，把我弄得满身死气。有一阵我陷入麻将牌的迷狂之中，想以此摆脱那玩意儿的纠缠和折磨。可麻将牌这东西玩起来上瘾，我禁约自己不住，连做梦都在玩，弄得我精神恍惚。我当时以为自己醉了，以为自己忘记了那个词儿，忘记了一切烦恼，可是后来我才明白这是从这个坟头转向另一个——陷入了罪恶的渊薮。一玩起来我就想起欧洲小说中写的那个赌徒，一边放着钱一边放着手枪，我总想抓起那支枪朝自己的太阳穴点一下，这简直不算什么，轻而易举就解脱了。特别是总想起俄国人在转盘里有一格放着的左轮手枪，这东西应该属于我才是。这种神魂颠倒的情绪弄得我总是输，到后来一摸牌我就像在抚摸那支左轮手枪，可以随时把它举向自己的太阳穴。幸好我还理智从此不再玩那东西，放弃了这种放浪形骸，又回到原来的境况中。

给你写信并不是想跟你探讨孤独这种扯淡的事，你向来在嘴上不承认它。记得十天前你提着你的画夹最后一次来我家，那是一个天气沉闷的上午，街上的汽车发出的响声全像闷罐里发出来的。你脸色沉郁，见到我时眼睛却顿时有了神采。你仍然穿着那件我早已习惯了的长长阔阔的深灰色风雨衣，宽大的衣架衬得你格外高大而瘦削——那天，我毫不隐讳地跟你说我活得很累，因为我觉得你也同样活得累活得艰难，不然你为什么只身流浪去呢，只带着你的画夹。可你淡然一笑：都是这个过程，再超脱些你就会自在而轻松，海阔而天空。你可以用这种谎话去骗别人然而你却瞒不过我，你说话的眼神和声调都让我感到你的紧张和疲乏。其实你比我活得累，因为你沉重你还不敢承认，假装轻松，那何必呢。在这一层上我并不对你隐瞒，比你真诚。

我们总是这样较劲。记得我们最初相识的时候，我说我只想找个不做作不掩饰的真诚的地方，我的心太累了。有一个词儿叫"默契"，这对天生感觉出奇灵敏的人体验得最深。所以我不想再说什么，让我们凭直觉往前走吧，可我们始终未能如愿以偿，我们始终在较劲。也许这种不轻松感已经深深潜入我们的骨骸和神经末梢，和我们自身真实的自然形体融为一体，这种负荷弄得我们自身已经不完整了，我们不是完整的人。

今年的寒假赶上过春节，我们中国人最看重春节。其实无论过什么名目的节，对我来说都是那么一回事，无非是走亲戚联络一下血缘感情，找个碴儿大吃几顿。整个春节我的脑袋和面部表情和微笑是属于别人的，这么说是因为我对这事一向没什么兴趣。你想，隔着八百丈远的亲戚坐在拥挤无比的空间，拼命地吸烟拼命地谈天说地吹牛骂街，实在是扯淡。我尽量变得随和又柔顺，藏起我那些个不招人喜欢的棱棱角角，找一个顶不显眼的旮旯一坐，让亲戚们感觉到我又文静又羞涩又礼貌，是天底下顶出色的贤妻良母候选人。吃饭的时候，谁都不再含蓄，连我这个一向胃口不大贪婪的人也大吃起来。为的就是此事而来，岂能空腹而归，枉费了时间。

凡是母亲在家里请客的时候，我就愿意负责采购，这总比在家里向那些个半生不熟的客人分送有分寸感的笑容轻松得多。走在街上，我爱想什么就想什么爱看什么就看什么，需要采购的东西我都写在纸上，不用浪费大脑。回到家里直奔厨房，这个时候我格外留恋厨房，在这儿我的面部表情可以充分自由。母亲招呼我过去和她的同事见见面，我于是走过去，向每一位老的少的男的女的握手道声您好。我敢肯定，我一个人也没有看见，我的笑容也是千篇一律。屋里的香烟、酒味和寒暄真让我的神经受不了。我转过头又去调弄那些个碗碗筷筷饭饭菜菜了。

吃过饭，送走一屋子的客人留下满屋子的脏碗、剩菜、酒瓶、烟蒂和一种说不出的生人味。我打开所有的窗子，望着杯盘狼藉的房子发呆。这到底是为了什么？自己给自己冲一杯浓咖啡，深深地坐在沙发里。

我慢慢饮着古铜色的水，心中空荡而茫然，望着窗外墨蓝黝蓝的夜空，寻找那双属于我的眼睛，可天空沉重得睁不开一点缝，连一颗星也没有。流浪人，流浪人，我想起你，你现在在哪片夜空下？你难道就不能支起你的画架在夜空中画一颗属于你也属于我的星？我曾经这样提醒过你，你说画上去的终归不是真实的，用我们俩常用的语言说就是：那是做作的不是自然的。我们总是探讨做作和自然。我总是对你说：在你面前我不自然，其实你正在做作。何必呢？我们干吗要这么较劲。我跟你说过我的心已经很累很累……

"请你回答，为什么毕达哥拉斯说美是和谐与比例？"教西方文论的教授老太太走过来用手指敲击着我的课桌。

我的身体不由自主向上立起："夜空中没有星连一颗也没有，真残忍……"

教授老太太气得尖叫："这是白天，你居然睁着眼睛做梦！"

身后的女同学给了我后腰一拳，这一拳着实不轻，把我的神儿打明白了。从周围人的眼神中我知道我失言了："对不起，我忙于记笔记，没听清您的话。"教授向后退着，她一定以为一个假期我染上了精神病。她生平最怕的就是精神病人，只要她看见有谁目光呆滞，眼神茫然，就认定人家得了精神病，远远地躲着。去年一个男生期末西方文论考试不及格，又不想再补考，他于是每天每天都在她面前神无主属、目光涣散、眼神飘然地荡来荡去，最后他说："教授，请您假期帮我补补课，您无论如何要帮助我无论如何要帮助我……"吓得教授老太太第二日就跑到中文系把他的五十六分提到六十分。

这会儿，我望着黑板上标准美的比例公式：$ca=ab$ 即 $1.621=10.62$，我忽然一下子蒙了，闹不清现在上的是什么课。代数？中文系什么时候又加了数学课？我忽然怎么也想不起来这是什么课。

"对不起，我没听清您的问题。"我一面悄悄用手指勾开桌角上的书翻开第一页，那儿写着西方文论，一面抱歉地说。

"好，请坐，请坐，不问了，不问了。"她惊恐万状地退到讲台后面去。

我顺势坐下了。我忽然想笑。

……流浪人，你要流浪到什么时候呢？十天前的那次见面你对我说是来告别，也许是永别。我当然知道你的永别并不是指去死。在你，有比生命和死亡更重要更有价值的东西，那是你的画，是那个多数人并没有发现的而始终在折磨着你又让你丢不下的杂色的世界。我不敢死是因为我害怕，而你则是丢不开你的画，你成了它的奴隶，你奴役你自己，你完全成为你自己的机器，你主宰不了自己的生命，你比我还可怜！

昨天，是我假期里安排的最后一次聚会，早晨一睁眼已经是九点一刻，我的生物钟完全散乱了，每天夜里十二点钟是我神志清晰的最佳时刻，睡觉的时间在寒假里完全任兴之所至，以至于我每天都为这事发一次愁——开学怎么办？那时早晨六点半钟就得去挤汽车。穿好衣服我仍然处于半睡眠状态。醒醒吧，得去参加一个同学的生日家宴。我对这种事向来不怎么感兴趣，又混过一年有什么好庆贺的用我从来记不住自己是何月何日生人而且从来没办过生日这一事实，足可以证明我对生日观念之淡漠。这一点，咱俩很相像，你从来没问过我的生日。你考研究生那会儿，背世界名画家的生辰卒日背得你咬牙切齿死去活来，你说宁可丢掉所有名画家的生卒年月的分，也不背那玩意儿。我们在个性上有些很相像，也许正因为太相像，我们的交往才发展得如此艰难。

上午十一点我到那位同学家，本来我以为我会是第一个，因为我给了这件事以足够的重视——春节前夕，他曾送给我一只红布做的小老虎，它的首尾两头都是虎气十足的大脑袋，没有屁股，大概是因为那句"老虎的屁股摸不得"，制作者干脆免了它的屁股。小老虎黑眼珠极大极圆，叠着双眼皮，脑瓜顶上用黑绒布写着两个硕大的"王"字。万兽之王，天！我的生肖真让我长底气！这会儿，它正当当正正地镇在我的写字台上，满身威震四海的雄性气质，我这一年的运气全仗它了。为了这，我也得去祝贺他的生日——结果一进屋，满满实实坐了一屋子人，我是最后一个。每个男同学嘴上都叼一根香烟，饱经沧桑老成持重的样子，拼命吸烟，仿佛不吸烟就不是男的；女同学则攀肩搭背乐得前仰后合；录音机装腔作势地拼命叫喊：你到我身边，带着微笑，带来了我的烦恼……每个说话人都得提高两倍以上的嗓门才能让别人听到。

"笑什么呢？"喊完这句，我的声带都要撕裂了。那位正在大笑的女同学止住乐，仿佛从云雾笼罩的空中仙境突然返回现实踩得着的土地，望着我愣住。

"笑什么？"我又喊。

"我也——不知道。"她神思恍惚。

我再看其他人才发现，其实谁也闹不清笑的是什么、香烟到底什么味、录音机在喊什么，只不过凑在一起造成一种气氛，每个个体都是组成这整体气氛的"具体"和"细节"。

我夹起一根香烟混入男同胞的行列，在这种气氛中我宁愿混在烟草中假模假式地沉思默想，也不愿像女伴们那样莫名其妙地一阵阵大笑。我天生缺那根笑的神经，即使全世界所有的男人都不喜欢不会笑的女人，我也不去违心假笑。我不笑他们照样快活，我笑我照样不快活。

和这些人在一起胡说八道虽然说不上快活，但我并不感到沉重，有一种被香烟熏得麻醉了的放松感。不像和你在一起那样让我神经紧张，费神累心。这时我的敏感度调到最低挡，无论谁和我握手、拥抱，我决不知道对方是男是女。是男的又怎样？在我眼里他们全是小弟弟，尽管他们个个已经是剽悍魁梧的小伙子，看上去全像我的兄长，可我就是觉得他们像弟弟。他们根本就不知道我这人是怎么回事，更不知道我想的是什么。他们只知道我常常莫名其妙地发呆犯傻，上课时神儿走得连先生喊我的大名都听不见。他们多数人认为我不爱说话是头脑过于简单没话可说，个别人认为我是想要表达的太多，所以选择沉默。这些，我对你是不用怀疑的，即使我不说话，你也能从我的眼睛里读出我要说的，哪怕是我偶尔在你面前做的一次精巧的装傻卖痴，你也能看破我的意图。"大智若愚"，你会马上这样说。

是的，你太精明，也许是我们都太清醒，才使得我们如此艰难而沉重。我曾经暗示过你一个成语"水至清则无鱼"，人太精明了就会失去朋友。我想改造你，把你改造成一个傻气一点憨气一点的男人。可我失败了——我改造不了你，你也改造不了我：一个社会进入了文明时代就不可能再返回原始，即使返璞归真，返归自然，也不再是最初的自然原始，而是文明的更进一步；一个头脑清醒至极的人，是从傻里傻气盲目寻找中一步步走过来的，不可能再成为一个真正的憨子，除非装傻充愣。

前两年的时候，我像所有的单纯的女孩一样，对"老成"这个词崇拜得五体投地，明明满身稚气却偏偏喜欢摆出三十岁女人成熟的姿态，而且专门结识老成的男人做朋友。我认识你的时候，正是这个年龄。那时我总爱无尽无休地向你诉说烦恼和忧虑，其实这种诉说本身就意味着依赖性和软弱性——凭什么要把这些东西分给别人来担当呢？我现在倒是不说了，可我觉得老成真的太可怕了，真诚要么被磨得一干二净，要么被掩藏得深入骨髓。有的人连悲哀也变得圆滑了，他们偶尔的"犯傻"也是精心设计的装蒜。我并不是指责你什么，我是怀念过去的那种不顾一切的傻气劲儿，那是一百次成熟也换不来的纯真。那时我的心还没有长出外壳，也就根本用不着想"超脱"这件折磨人的事。

从生日家宴回来，我像丢了魂一般，六神无主。我琢磨自己是怎么回事，是什么情绪在作祟。后来，当我走进家门坐在我的写字台前无意识地写了一连串"他妈的"时候，我意识过来，用弗洛伊德的潜意识说仔细分析，我明白了：我压根儿就不该去凑热闹。

这个"法儿"是你教给我的，在无聊的时候，随便拿过来一张纸或者火柴盒、包书皮什么的，在上边任着性、信着缰地胡涂乱画，决不过脑子。待画满了，停下笔，像个真正的学者大师一般自己进行一番公正的毫不留情的心理精神分析和审判。这种做法虽说是残忍，但它的确真实。它使我明白了自己：为了某一个目的而做出的每个小小的掩饰；为了某一种事而花费的每个小小的心思；为了某一个人而羞涩地一次脸红；为了某一种情感而忽然乱起来的一阵心跳……我都明白。对自己进行明智的心理分析，有时候真是一种残忍，还不如糊涂的好。可惜我已经习惯用这种残忍对待自己。但这一招对你自己却不灵验，你没有完全放松让潜意识充分发挥的时候，你的无意识中也掺杂着有意识。我知道，如果我想这样测验你，你也想讨好我的话，你会在满张纸上写满我的名字，不给别人留一点小空。你对我是理智的选择。

那天我是夜里一点钟上的床，然后打开你借给我的《庄子浅注》。在夜阑人静的时候这本书已经被我一百八十次打开过了，可我照样没读上两行，眼皮就沉得抬不起来。半个月来，我一直腾云驾雾般生活，并不是我生了多重的病，只是我的神经被春节来来往往走马灯似的人流搞得疲惫不堪。我靠在床头，点燃一支香烟，把灯熄了。

黑暗中烟头忽亮忽暗，像我飘忽不定的没着没落的灵魂，也像我那永远也捕捉不到又令我魂牵梦绕的心绪……流浪人，流浪人，你知道吗，我在想你，我把一天中最后残存的一点精神留给了你，可我这一生交付给谁呢？

你这个可怜的家伙浑身长满硬茧，其实你像我一样苦于摆脱它。风自然吧？空气自然吧？它们从来不把自己做成什么形状，任其自流。我们干吗就不能这样呢？

铃……

我对这个声音向来敏感，它总让我的心跳加快那么一小阵，带给我一个命令：自由或者受罪。我跑到厕所痛快了一下。

在教室门口，又巧合似的遇到了X。

"什么课？"

"代数。"我信口说。我脑子里还是黑板上那个标准美的比例公式：$ca = ab$ 即 $1.621 = 10.62$，这是这节课留在我脑子里的唯一记忆。

"开什么玩笑，中文系从来不上数学。"

"可是教授明明写了满黑板的数字。"我无精打采。

"可能故意制造玄乎。"他断定。

"就跟你总对我说洋文一样？"

他的手正要去掏上衣兜——即使隔着衣服我也能知道他又给我布置了作业，又有一首新的洋文诗诞生——我的话使他的手顿了一下，但他还是把它拿出来。

"一定要给我一个回复好吗？"

"我已经回答过了。"

"那不算。"

我接过来。他一转身跑下楼梯。

回到教室已经有不少男女同学在等我，管我要信封邮票瓜子巧克力。那是有一次一位男同学忽然来情绪，想消化一下吃多的饭菜和过剩的精力，主动为教室做了一次清理。他在我的课桌抽屉前惊得高叫："柴达木聚宝盆在这儿！"其实连我自己都不知道我竟这般富有。从此，我的抽屉成了班里的百货公司。

我把东西掏出来，任他们各取所需。我攥着那首洋文诗坐在那儿发呆。

流浪人，我们的交往的确沉重又艰难，但不能否认，我们个性上不完美的地方却那么相像。

在幻想未来你结婚或者我结婚最好的方式时，你和我都认为要远远地离开繁华喧闹的大城市，去一个地图上找不到的古朴淡泊的小村庄或是杳无人迹的原始丛林。在那儿支起一个帆布帐篷，夜里躺在干草搭成的铺上静静听那树林里传来的忧郁的调子，用整个身心去触摸柔软的夜色清晨，当疲惫的月亮和初升的太阳共同占有天空的时候，光秃秃的田埂上就会看到两个被晓风推抚着信步游玩的身影，也许是因为兴奋也许是空旷的晨风，他们眼里淌着泪水，像两个傻里傻气的大孩子，却领略光秃秃的风景。

我曾向你谈起童年我父母离异的事——我从来不和别人谈论这些，顶怕别人看透我骨子里那种小女孩的酸味，因为只要我想起那个夏天，那个懒洋洋的疲乏的夏天，我就两腿发软。整个那个夏天，我在银白色的铁着脸的阳光底下像梦游患者一般神思恍惚，如痴如醉地傻笑，我的足迹印满整个城市的每一条大街小巷，脸颊上挂着两串肮脏的小溪。最初，我以为我是忧伤，后来我发现我是害怕阳光的缘故。离开父亲的时候，我心口那儿一阵阵针扎似的疼，并不是我怀恋父亲，我有些害怕父亲。我舍不得领我长大的阿姨那胸襟上的温暖。我离不开的是我习惯了的生活环境——门前那棵歪歪的小杨树，它像我一样从一出生就没得到充足的阳光和水分，我曾给过它许许多多童稚的爱，仿佛它是我生命的延续。有一次邻居要砍掉它，我把手指都咬破了，他吓坏了才把它留下来；还有家里的阿姨，不知为什么我就习惯在她那昏昏欲睡的芭蕉扇下听她讲那些个讲了不知道多少遍的故事，还有夏日的夜晚，她静静坐着的时候身上散发出来的凉丝丝的气息，我就把手放在她的大胳膊上，它简直比我的腿还要粗壮，我感到忠实和安全。可是最后走出我家大门的时候，我连一次头也没回，就像一个愣头愣脑不懂忧伤的小男孩儿。我记得我跟你说这些事情的时候，你用那么一种独特的表情笑着，后来我发现我自己也是笑着给你讲的。我知道我们为什么做出笑容。

我向你讲的后来陪伴我生活的除去墙壁上那个越来越沉重的钟声和渐渐病弱下去的母亲外，什么也没有，连身边的笑声都像白开水一样乏味而麻木。我渴望生活发生点什么变异。上大学后，我总幻想有一天战争爆发；我去前线打仗，甭管它前面是大炮还是机关枪；我首当其冲，义无反顾，用正义的枪弹结束生命总要比被透不过气来的郁闷慢慢窒息而死强得多。可我跟你说这些的时候，你那么嘲笑地捏了一下我的手腕，"你端得动机关枪吗？"你说，"我才应该去打仗呢。"

我们对光线的选择都有一种怪癖。天色暗下来的时候，特别是在寒风吼叫的凛冽的冬日的傍晚，暖气烧得正旺，我总要熄灭刺眼的日光灯，燃起写字台上那只橙黄色的台灯。满屋子昏暗中只有一小片暖暖的橙黄色，那么惬意那么舒松。你为什么也要喜欢这种格调呢？我一个人这样已经够了。你该是和太阳一般晴朗的小伙子和抗得住风狂雪寒的挺棒的汉子。

还记得我们秋天到野外的那次郊游吗？远处是无尽无休的山峦，满眼诗意的绿色。你脸上淌着汗水，我戴着一顶大得不能再大的太阳帽，像一只伞篷把我整个身体全遮在阴影里。我们来到荒凉的山坳，旺旺的野草有的竟高过我的肩头。忽然有一棵彤彤的枫树耀眼地闯进我们的视野，在阳光下那红色勃勃地燃烧，我们望而却步。"这是真正的生命！"你说。然而我们却没有走向它，一种鬼使神差的力量把我们引向荒芜的峡谷，那儿有野草和灌木丛浓郁的气息。我们那样默默地走，慢慢地走，走向阴冷潮湿的深谷，仿佛去探寻人类最初的渊源。那里的一切都是年轻又古老，混浊的水流任意四散，没有河床；无论高级的还是低级的植物都散发着自己独特的气味，哪怕是恶臭也毫无顾忌地怒放；连最肮脏的苍蝇都让人羡慕，它们奇丑无比，却像公主一般大摇大摆地炫耀，它看不见自己，也就用不着打扮。我们城市人总爱化装，弄得谁也不认识谁……那天，我们就是那样默默地走，慢慢地走，走向人类最低的也是最高的境界……

　　"德谟克利特认为动物只要求它所必要的东西，人则远远超过这种必需……"我感到眼睛一阵酸胀，抬起头来。要不是我突然再一次看到讲台上的教授老太太，我真的以为现在上的是生物课，尽管中文系从不安排这个科目。

　　她不愧是教授，她的话总能让我遐想联翩，哪怕只是听了一耳朵。——人学燕子做窝，就能建筑，那很讲究，这不只是为了遮蔽风雨日晒，还为了美观，还为了许多许多其他因素；人模仿黄鸟唱歌，那不只是叫唤，唱歌有许多流派和技巧……这些的确远远超过动物那必需的东西……人类啊……

　　流浪人，你说有一天我们俩都喝醉的时候一定是自然的人。果真在一个黄昏你喝醉了，那天夕阳迟迟不肯离去，西方天际红得使人想起残阳如血，你和我就那么望着望着，不知不觉你已经醉了，我相信你是完全醉了，因为哪怕你是半醉，也会用你的理智把醉意赶跑。我把你安置在床上为你沏了一杯浓茶，然后坐在床边为你削水果。你是那么疲惫、苍白，发青的眼帘紧紧闭着，陡然消失你平日那由于过度敏捷而放光的神采。你太累了，也许是受我的牵连和感染。这个时候你是多么放松。要是平时你也这样，我恐怕也不会那么疲劳。正当我欣赏你的自然你的放松，天呀，你忽然疯了，一下子把我拉倒在你身上拼命地在我身上摸索，我使出全身的劲儿还是扛你不住，你使劲儿把我压倒一动不能动，我感到你全身的痉挛和心脏的狂跳，你真的疯了。我以为你醉了会自然放松下来温存起来，可你是那么粗暴。我要起来，我讨厌你这么粗暴，你只顾你自己，我讨厌。你自然的时候竟是这么粗暴，我对你最后的一点幻想也破灭了。也许是你自然而我正清醒，我们个性上那些不完美的地方终归是巧合而成的默契，而我们自身为什么老是错拍呢？为什么我不和你一块醉一块疯呢？

那天，隔壁的房间是母亲和我未来的爸爸在交谈。我并不想要爸爸，这你知道，我永远愿意自己做自己的主人。但他这人挺不错，是搞雕塑的，满身的泥巴色彩和艺术气质，言谈和我一样随便，这很对我的劲儿，够朋友，于是我接纳了他。

他最初来到我家时，我管他叫"嘿"或者什么都不叫，他并不在乎这些小节，我倒也不在乎以后是不是管他叫爸爸，只要他爱我母亲，我管他叫爷爷或者叫什么都行。我受不了的是怕他干涉我的私生活，我愿意独行其是，我行我素。那次他对母亲说："这孩子性格孤僻全是因为没有父亲，我以后要为她弥补。"当母亲告诉我的时候，我却说："我不要，怪麻烦的，我还得想办法还给他。而且，我不知道父爱都包括什么内容。那一定是件挺麻烦的事。"可我跟你说实话，我当时心里感动得直要流泪，你从来也没对我说过这种话。他管我叫蓝色调的姑娘，这么大岁数跟我母亲谈恋爱还总惦记着我。一次他给我写信："你给我的印象是蓝色的星光、受惊的小鸟、忧郁的小步舞曲、凄清的自语……一如你说的那些和你的年龄不相仿的话语。你敏感、早熟、冷清、寂寞，是位蓝色调的姑娘。但尽管你在事业上有所成绩，我却不希望你一生都是蓝色的，我希望你心中有一个金色的梦，做个全色域的强人。"

全色域是你们搞美术的行话术语，但我能理解它的内涵。并不是我不要全色域，而是，而是什么呢？一位童话诗人曾说：黑夜给了我黑色的眼睛，我却用它寻找光明。我没有他这种透明，你也知道。

那天，他们俩在那边屋里说说唱唱，快活得不得了，声音从门缝隐隐地传过来。五十岁的人竟孩童一般高声合唱《友谊地久天长》，听得咱们俩又羡慕又叹气又坐立不安。你慢慢清醒过来，"听听人家。"你说，倒好像咱俩是老头老太太，死气沉沉。

我们所以死气沉沉有我的原因：我虽然比母亲小三十岁，但这三十年的历程我仿佛三天就走完了。我已经不会像母亲那样说："往昔，破碎的梦……"什么他妈的破碎的梦，我的梦压根儿就是连着的，白天接着黑夜黑夜接着白天，从没断过；我更不会像其他女孩那样有事没事地撒娇耍赖，或者干脆咕咚一屁股坐到地上搓腿，但我常想那一定是很幸福的。

当然也有你的原因：你永远是满身的尊严，连温和都显得庄严无比，在我面前你从来不曾屈过一点尊或者做过一件可笑的事，仿佛那样你就会失点什么少点什么，你总是把你最清醒最深刻最熟思的一面露给我。你难道就不能有一点可笑一点糊涂一点狂热吗，在你是理智的人的时候？你永远做得没有一点错儿，这正是你的错儿。

那天，你粗暴地待我之后，临走时我对你说："你做我的哥哥吧，无话不说的哥哥。"

"好吧，"你叹气，爱抚地摸着我的臂膀，"不！"你突然说，"做你的哥哥太亏了……"

我不能说你对我的爱很自私，我压根儿就弄不清爱情是不是自私的，可我当时说了一句顶混账的话："那你做我的爸爸。"

你的眼睛立刻湿了，放着光芒。你的拳头已经握起来，但你没有打我，也许是你想到你没有这个权利。这种沉默比打我一拳还让我难受。

从你的眼神里我知道了我们只能是什么关系，别无选择。然而你没有说。我也没有说。我竟突然莫名其妙地哭起来……这是我几年来第一次在你面前哭，你以前怎么就不给我哭的机会呢……

满黑板都是阿拉伯数字，教授老太太正沉醉在她的数字王国之中。人类真是太聪明了，文字已不足以表达纯粹的文艺理论课，她却引来了满黑板的公式。身边的同学已经有不少和我一样地写信，有的看杂书或睡觉，我前边的那位胖女孩在吃从我的"百货公司"偷去的巧克力，我的热量全让她偷走了……我忽然同情起教授来，同情无比，用一种最柔和最虔诚最听话的眼神望了她足足十分钟，她再也不敢朝我这边看。我刚才的神魂颠倒、目光茫然若失和那句要命的白日梦话，已经被她打入她的那个"精神病"的禁区了，她不会再理睬我。遗憾之余，我忽然想起X要求我回复的那首洋文诗。天呀，真挤对我！我匆忙掏出来却没有心思看。又拿出一张白纸，顶天立地又写上一个硕大无比的X，我想起上次的情形，连忙在X前加上一个大大的not，这下解决了。

流浪人，你走了，最后分别的时候你说你要从此流浪。我望着你而你却不再看我。我知道你这一走意味着什么，活到这个份上只能往夜空上画画星星了，尽管你觉得这样做作，但你只有这种选择。

"为什么非去流浪不可呢？"

"我喜欢荒山里的原始生活……"

这是你最后的话，然后你就走了，画你的星星去了。可我相信荒山里没人看得懂你那些色彩，即使你把全身都画满星星，光亮照人，人家也只拿你当疯子。你以为你走了进入荒山野岭就解脱了吗？那无非是和我前边告诉你的我曾经陷入麻将牌的迷狂之中一样，只是从一个坟头转向另一个，你什么也解脱不了。你以往所走上的那条路已经决定了你的一生，它魔力无穷，任你走到天涯走到野人的家乡，你也摆脱不了。你无路可退，无路可退，因为它就是你自己！

你走了，我连假设的星也没了。无聊的时候我常常找来几位朋友在一起胡说八道。你知道我胡说八道时是什么心境，那纯粹是吃了顶聪明也顶傻气的美国人制造的"无愁丸"后的那种神态，你是理解我一切的唯一的人。有一位活宝说她算命比吉卜赛人看的手相还准，百分之一百一的准确。我从来不信那玩意儿，两年前一位朋友曾告诉我，我的名字是灾难的象征，劝我改一个。没门！我倒要看看怎么个灾难法，是它逼我改名，还是我逼它滚蛋。这会儿你走了，我忽然想起问问你的名字，并且告诉她这是一个不相干的人。她认认真真计算了半天，最后一拍大腿脸沉下来，我的心也跟着一下子沉了："怎么样？""这人跟你什么关系？""和我绝无关系。""那我告诉你吧，这人是最大的灾难。"她有根有据有理有力地给我讲了半天，我什么全没听见只是泪流满面，我心里虽不信那玩意儿，可是干吗要那么不吉利地说你是最大的灾难啊！

我干脆破釜沉舟决一死战："还有什么招数请拿出来！"

"你喜欢喝咖啡吗？"她问。

"什么？噢，有没有无所谓，想提神时来一杯当然不错。"

"看来你不是离不开爱人的那种人。"

"是吗？"

"你要是看到眼前有一堵高大的黑墙是什么感觉？"

"咬紧牙关想办法过去，宁可摔死。"

"你他妈的没一点女性的懦弱。"

"当然要是有一双眼睛呼唤我需要我，我就不跳下去了。"

"你喜欢什么动物？"她在纸上划着。

"狗，它忠诚。"我毫不犹豫。

"女孩子都喜欢猫，你倒特别。还喜欢什么？鸟？燕子？你不是喜欢自由吗？"

"大雁！不过不是雄赳赳列队而行的群雁，而是黄昏时分独自而行的孤雁，它太让我同情了。"

"你命好不了。"

"我知道。"

"看到大海什么感觉？"

"忧郁，沉重！"

"扯淡，那感觉应该是陶醉。"

"是吗？"

"看到幼儿园想进去吗？"

"心情好就进去坐一会儿，不过别超过二十分钟；没情绪转身就走。"

"看来你永远也不可能有个红红火火的大家庭，你……"

"别说了！"我忽然大喊。

她吓跑了。

流浪人，我自己都看不起我干的这等无聊的事。可是人有时的确需要一会儿无聊。正是我们把人生看得太有聊太严肃太认真，我们才走上如此艰难而痛苦的路。

流浪人，再说什么已是枉然，我只有为你祝福。每天夜里十二点，当你一个人独自在野外沉浸在夜黑茫茫的星空下呼唤的时候，当你头枕潮湿的松土披着满身带着木香的树叶安然入睡的时候，当你在梦里寻到宇宙的精灵和秘方的时候，流浪人，世界上总有那么一个你爱过也许还爱着的忧郁的女孩为你默默祈祷：愿在你的荒山你的野岭有一颗属于你而且能够属于你的星，愿你能寻到人类最高智慧和境界，寻到超越了高度文明的那种"原始"，寻到无我寻到淡泊寻到庄子……你去寻吧，寻吧，流浪人……那个忧郁的女孩儿只能编故事自己给自己讲，她没有对手，永无对手……

我居然没听到最让我敏感的铃声，大家纷纷走出教室，上午的课已经结束。我脚下发飘，神思恍惚，黑板上的字迹在我眼里模糊起来，我感到自己的堕落并深深懊悔。

X已在门口等我。厚厚的雪把大地映得像天空一样光洁而无华。假若有一天，大地变成苍天，天空变成墨色的土地，那么星星肯陨落人间吗？我们自己能成为星星吗？

阳光弥漫四溢，在雪地上贪婪地抚着喝着，整个银白的世界也对阳光充满了欲望，它们没有衣服，没有房间。太阳和我格格不入，我仍然浑身发凉，即使我穿得已如铁甲一般。假如，所有的人都脱掉冬日沉重的铁甲，赤身站在雪地上的阳光里，让身上最见不得人的地方也承受太阳的注目；假如，满街的人不再一个劲儿地走进镜框中，做出一个持久的笑容；假如，人类在学燕子做窝、黄鸟叫唤——即建筑和歌唱的时候，先丢开人之所以为人的需要，而按照宇宙的规律首先想到最初的那个已经被淡忘了的动机，那么，所有的人都会摸到阳光和空气并且相互反射。

……

"不，我没有生病，只是假期过得很疲劳。"我和X开始了最初的那句对话。

我急忙从书包里拿出他的洋文诗和我的那张写着notX的纸，递给他。

他看了欣喜若狂地大喊一声："你没有其他的X，这么说我是你唯一的答案。"

天呀……

定向力障碍

我觉得，我周围的生活充满造作。这令我苦不堪言。我并不喜欢这种虚伪的行当，可我慢慢发现不少人喜欢把生活当作化装舞会，习惯把自己的眼睛和嘴巴挡在一张面具后面。我曾经费劲巴拉学习透视别人的脸孔，可是我看到的还是各式各样的面具。假如我不知趣地裸露出自己的眼睛和心，那么不是被视为异物就是被说成"缺心眼"。

老被说成"缺心眼"心里实在不舒服。其实，我自己觉得我的心眼已经被逼得多得快把我累死了。

那天，我终于干了一手漂亮事，头一次被我的男友老奈夸奖说"聪明点儿了"。老奈可是个心智健全的人，四面周到八方玲珑，常常是我在外边干完傻事，他去为我和稀泥。

事情是这样：我的上级指令我搞一次经验介绍，原因是我的一张油画在高等院校的比赛中受到专家的赏识，得了一项大奖。这下我的"价值"就大不一样啦！更主要的是我那位上司几乎把全世界的神气劲儿都挤在自己脸上了，仿佛他得到了安排整个宇宙的权力，星星太阳呀，蚂蚁草芥呀，统统由他调遣了。

本来我拒绝搞什么经验介绍这种无聊扯淡的事，可是经不住我的上级不厌其烦的开导，加上老奈的连蒙带哄，我答应了。

人家都说个性强的人耳朵硬，可我偏偏耳朵软。要是我和一位口吃的人说上三句话我准会结巴三天；要是有谁告诉我他这两天大便干燥，我回去准会也拉不出屎。这个毛病简直要了我的命。所以我一听谁谁谁正在呕吐，谁谁谁准备跳楼，马上躲得远远的。

说实话，我答应这桩事不仅仅是因为耳朵软，还因为我实在不忍心和这位上司对视过久。他那双小眼睛仿佛是一面平展展雪白的墙壁上不小心碰出了的两个眼儿，看上去总是鬼鬼祟祟。我实在受不了这种鬼鬼祟祟的真诚。

接下来我第一次领会到法国那位叫作菲利普·索莱尔的作家说的一句话："写作是需要百般矫揉造作而后才能掌握的一种才能。"——写发言稿使出我全身解数。开会那天，我颇进入角色。最后我竟然面带羞怯低声低气说：成绩归功大家。发完言我累得大汗淋漓，差点虚脱过去。

我的上级满面春风迎上来跟我握手，我的发言令他心花怒放。要不是到现在为止我还没来得及写申请书什么的，我相信那一刻他非批准我入党不可。

唉，老福克纳先生呀，我真是难受极了，要知道我是顶顶欣赏你那句"我拒绝听从每一个手里有两分钱的混账王八蛋的使唤"的。可那是你太有"两分钱"了呀，我要是也这样任着小性胡说八道，就等于拿自己的学位开心，就可能拿不到"两分钱"，而没有那"两分钱"我就没法活。

我想起一位教我油画的教师，他这一辈子就有一件伟大的心事——"组织问题"就是解决不了，急得连钻被窝都想这事。

开完会我心中怅怅然若有所失，但那份神情俨然是个"过来人"。唉，其实，我过来什么了我过来？

一定要把这个窍门告诉那位和我一样缺心眼的老师。他由于此症严重，痼疾成习，已经被调到草原上一座边远的大学去了。他走前只说了一句话：傻人有福气，多次梦游草原，这次成行了。

我在家里炮制一篇论文已经有一个月了，足不出户使我那缺少阳光的脸煞白煞白，像个小鬼巫婆似的。在正式交稿之前，我打算先让老奈过目审查，看看有什么疏漏或者不周全不规范或者激动过火偏激气盛的言辞。老奈在我念过的大学里做艺术系教师。我刚入学那会儿他曾经让我迷里迷瞪崇拜过。记得二十岁出头的我，情多得怎么也抒不完，给他的信没有一封少于两千字。他总是高高在上地随便回答我几个字，让我云里雾里折腾一阵子。我也说不清崇拜他什么可就是执着顽强地崇拜着。现在想来，大概就是因为他为我画的所有素描都比我本人漂亮。这种状态一直到我长大了一点儿，懂得了他那令我着迷的"沉默"不完全是出自力量，有时也是自我保护的外衣；懂得了人在年轻时都有一阵儿喜欢在自己心里塑造一个实际上并不存在的完美的形象。但这时我已经有赖于他那言辞周全的保护了，而且配合相当默契。假如他说，"你今天出去，回答问题不要反应太快"，我便省略掉答应"是"，替他接着说"但也不要反应太慢"。

"你的指导教师的观点哪去了你太不会打扮自己的文字你简直可以说是没章没法没教养。"他丢开我的论文像躲避艾滋病似的。我想反驳可却点了一下头说"是"。

老奈要求我的教养具有丰富的意味，那是女儿兼老婆、保姆兼淑女的综合教养。有一次我们在河边散步，他津津有味给我念他写的一份什么报告，那种假模假式说了上句就知下句说了开头就知结尾的套话，我反感极了，顺手就把"报告"丢进河里让河水把它带走了。他立刻脸色苍白冲到河边，像是谁抢走了他心爱的情人一样。从此两人一闹气他就说我没教养。

"……你回去看看论文写作的格局框架……"

我的神儿回来接过他不前不后的一句又点了一下头说："是。"

"异想天开！异想天开！"

我忽然忍不住了："就像你每天上班都走那条熟悉得不能再熟悉的路一样：换一条道儿走你就老担心着路边的房屋不那么顺眼会不会倒塌，地上的井盖没盖严会不会掉下去！"

"你太不理解我的甘苦太不懂处世的艰难。"

我把手按在脑门上点着头向后退着："我得去练练太极自然功或瑜伽休息术什么的了。我活得简直快没一点儿感觉了……"

然后我就走了。我想我是永远地走了。为了我的神经能够放松。在亲朋密友面前，我干吗也套上"化装舞会"的衣服呢？

我陷入孤独麻木的日子里，失意和烦恼不断侵袭着我。和别人正相反，我一到心灰意懒的时候体重就有增加的危险。可是老奈对体重却看得至关重要，差不多到了生命攸关的程度。我打开冰箱取出巧克力一连气吃了十块。老奈越怕什么我就越来什么。大概女人都有这个特长。我的一位女友一跟丈夫干架就满世界去花钱，心疼得那位丈夫马上求饶赔笑。去他的苗条吧，苗条管个屁。忽然渴得要命，我拿出好几种饮料混在一起冲上冰镇水就喝了。一抹嘴又来了一大杯。可到了晚上我就再也爬不起来了，孙悟空在胃里大闹天宫，翻得我整整一夜没合眼。我想起老奈，他任何时候任何地点都主张节制有余克己就范，绝不允许随心所欲顺应自然。他这时若在我身边一定说："看看看，不合常规那么连你自身也会起来反抗你。"老奈真是天造地设的政治家。

离开老奈，我每天都给自己找事干，免得习惯性沉湎于自己的孤独中去。离家不远的地方有一个寺庙，庙里有各种各样的和尚，最有意思的是那种把佛经与"五讲四美"联系起来的务实和尚。我当时看中一位真正"也无风雨也无晴"的法师。那天我走进寺庙，幽静的庙里香火缭绕木鱼声声，阳光和空气也仿佛沉沉欲睡，世间一切杂俗之事和无名的烦恼都被隔绝在那扇残破的嘎嘎作响的木门外。那位法师身披灰色袈裟正俯身看一本经书，全是人生、宇宙、圆寂什么的。我们聊了一会儿，就开始像往常那样静静地对着练打坐。

过了一个时辰，他忽然出声："你喜欢音乐吗？"我吃惊地发现他呆呆地看着我。"你为什么看上去又消瘦又疲惫？"他用那种仿佛是从遥远地方传来的声音说。老天！他居然观察起我来。

我低下头打量自己的衣着，薄薄的淡黄色柔姿纱汗衫随和地勾勒出身体的曲线，在黑色的长裙上还系了一条淡紫色腰带。真该死！其实我常常是穿着皱巴巴的土黄色粗布汗衫和同样皱巴巴的帆布裤子，也不系腰带什么的。

这时候，一只枯瘦、苍白、冰冷的手抚在我肩上，我噌地站起来，吓出一身冷汗……

黄昏来临。夕阳把寺庙染得格外冷静。老和尚面色青白重又闭上混浊的眼睛，一副愧疚交加的神情。我站起身告辞了。

一路上我茫茫然，老和尚把我心中残存的那点模糊的感觉彻底揭开了：在他那长长厚厚的袈裟里面有一个和我一样尘心极重的世界。

我走呀走呀回到人群里。这里照样忙着"化装舞会"，只是舞场太大太大了。人们真诚地扮演着一个角色。真实与虚伪到底谁是谁呀？真实成了最为高级的虚伪，虚伪成了至高无上的真实。真实与虚伪到底谁是谁呀？！

我打算把这一发现赶快写信告诉那位远在草原的油画老师。

那是一个不冷也不热让人没感觉的天气，太阳明明在头顶上悬着却打起响雷。我走进邮局时女职员正跷着二郎腿吃午饭。她老大不情愿地接过我的挂号信。

"你上过学没有？你有没有文化？"

我不知道犯了什么错误。

"你要是没上过学趁早去上学！你要不想上学趁早回家做饭而不要写什么信！"她高着嗓门叫。

天，她一定是把午饭吃的那种猪食一样的肥肉煮柿子椒的恼火和平白无故加班加点开那种扯淡的会而耽误她与男友幽会的气儿，一股脑发泄到我身上啦。我忽然抑制不住笑起来，笑得我手臂不住抖动。女职员吃惊地望着我，她可能想：再没有我这样缺心少肺地挨了骂还冲人家笑个不停的傻瓜蛋！再没有比我更不懂好坏脸的了！我充满蠢气笑着。

我的确有这个毛病，一笑起来就控制不住，双肩不住地打抖。其实，我的笑跟哭一样是出于真诚。可还是有人说我晴雨无常说来就来。这让我难过极了。我才不会为了假笑而费老大的劲儿去抖动肩膀呢！太不划算啦！有一次老奈居然说我是皮笑肉不笑。我回家对着镜子笑了半天，皮和肉是连着的，皮笑怎么可以肉不笑？

出了邮局，我对自己恨得不得了：不该笑时你却不识趣地傻笑；遇到不该看见或听见的事而需要假装看不见没听着的时候，你却不能掌握假装视而不见听而不闻的技巧；见到掌管你的封爵免官擢升贬抑的，你应该主动迎上去厚着脸皮赔上笑脸装出一副感戴莫名的卑屈样儿的人，你的眼睛却不争气地忽略过去……我对自己彻底失望了。

像个永远也做不出好梦的梦游患者那样，我在街上荡来荡去漫无目的地走，甚至一个男孩故意撞我肩膀一下我却习惯地说声：谢谢。我一到弄不清自己的时候就爱这么像游魂似的到处晃悠。想走出一个经络来可又永远也走不出；想走它个昏天暗地可要是碰到墙壁、狗屎什么的我又会自动地拐弯……

天擦黑我才回到学校，第一个发现就是老奈已经坐在原来那位上级的椅子上。他的眼睛闪闪发亮。那间屋子在白天又小又闷，仿佛是山腰上随便抠出来的一个小黑洞，可到了晚上天地间被黑暗吞没时，它却因为空间小容不下过剩的人造光明而显得光彩照人，老奈坐在那儿简直是光芒四射，他平步青云啦！

老奈，老奈，你真行！

纸片儿

　　当热暑终于过去，凉意悄悄降临到乱流镇的时候，单腿人乌克再也没能蹦出他那间坐落在镇西古庙里的小茅屋。

　　这个三十岁的男人长了一张忧郁的脸，巧克力色的脸上一双惊惧、胆怯、温情的眼睛，看上去像是长年住在精神病医院里被绳索、电棒、铁器吓破胆的病人。他有一个陡削而严峻的下巴，上面满是黑黑的胡须。平日，太阳一落进阴湿的长满苔藓野草和藤萝的山边，单腿人就像一只跳棋子儿，轻轻巧巧地蹦出古庙那扇吱吱嘎嘎的破木门，然后沿一条昏黄的污水河，一条腿点地，从镇西边蹦到镇东边，一路上他稳当、准确地越过沟沟坎坎碎石杂草，当夕阳的最后一抹残艳在镇东边一堵半截的泥墙上消失的时候，他便像钟摆一样准时无误地"当"地一响，立在泥墙下边一堆银光闪闪的金属片片上。然后，他三跳两跳，用轻重不同的力量和快慢不均的节奏，在那堆金属片片上跳出一句美妙的音乐，像木琴独奏演员那样富有弹性地敲出一节上行琶音，只不过他是用脚蹦而不是用手弹，最后一响落在一个不稳定的悬在半空的半音上。直到土泥墙后面的木房子里探出一个奇瘦的小脑袋，单腿人乌克就在刚才的那几只金属片片上再倒着跳出一句对称的下行琶音，最后一响落在稳定坚实的纯音上。这时，那只小脑袋已经跑到单腿人的腋下，变成一根细溜溜的"拐杖"，站到他的右臂弯处，乌克则像水面上立着的一只鱼鳔，在绿茵茵的湿土地上一跃一跃，两个人欢欢乐乐回到镇西边的古庙里去。

从土墙后边的木门里探出瘦脑壳的女孩有个极形象的名字，叫纸片儿。这是她婶娘在多年前的一天日暮时分脱口而出的。于是镇上的人全都这样叫起来。

可以说，纸片儿从一出生就成了镇上的名人，因为她家族的富有以及她出生的莫名其妙。那时候，她的家庭显得人丁兴旺，有外祖父、母亲和几十只大大小小男男女女的猫以及远近不少亲戚。纸片儿家之所以豢养几十只猫，是因为乱流镇水耗子成灾，每年春季和夏季，污水河里的几百只灰的黄的白的水耗子呼啦啦拥上河岸，在镇子里赶大集似的逛上一阵，有时还窜到河岸两旁的住家里去。它们成群结伙，弄得人心慌乱，人们把好吃的食物东挪西藏，其实它们根本不吃食物，只是故意与人类为敌。水耗子王是只小狗那么大的黄褐色的家伙，它雄气赳赳横着膀子走路，不可一世的架势。这个时候，纸片儿的外祖父就率领几十只猫，浩浩荡荡奔向污水河两岸。据镇上的人说，猫们昂首挺胸个个都是贵族气派，它们根本不吃水耗子，只是用庞大的阵容吓得水耗子抱头窜回污水河。尽管如此，纸片儿的外祖父养的这几十只猫，对于乱流镇仍然是件功德无量的事。

那些都是纸片儿出生之前的事了。这一年，纸片儿已经是个满十五岁的单薄、苍白而灵秀的女孩儿了。

十五年以前，纸片儿家除了那些猫生气勃勃，人员方面却是极为清淡衰微。纸片儿的母亲婚后不久丈夫就死了，没来得及留下一个种儿。她守着老父亲过起孤寡乏味的日子，尽管纸片儿家是乱流镇头号富有的人家，但沉寂得像一潭死水，外祖父一天一天就守着空房和那些猫长叹。

家里的猫闹得很厉害。有一次，那只黄毛猫奶奶和白猫孙子的恋爱以及生育深深打动了纸片儿的外祖父，他细细地观察，追着这一对"情人"上草垛钻地窖爬屋檐，他激动不已。后来那只黄毛猫奶奶与白毛猫孙子生了一只平均走两步就要摔一个大马趴的大傻猫，而纸片儿的母亲就生下一个满身都是主意但不出声的极瘦的女孩。她母亲本来以为纸片儿是个哑巴，两天以后纸片儿的婶娘攥住纸片儿小筷子似的细腿，从床上倒提起来，往小屁股上一拍，于是，她发出了来到人间的第一声猫叫一般微弱的哭声。

这个满肚子都是主意的孩子长到十四岁还没讲过一句话。外祖父对纸片儿百般恩爱宠惯，可是她好像天生就不吃这一套似的对家里的人及几十只猫置之不理，每天每天不厌其烦地就干一件事：坐在屋门前的台阶上摔红泥巴，她把那些黯红色黏黏的泥巴摔成各种造型奇异、神秘莫测的小房子，她还捏出千奇百怪的小泥人，让他们全部都住进小房子里去。纸片儿长这么大从没见过赤裸的男人，而且，除她自己的童体以外，她没见过任何一个成熟的裸体的女人，她甚至没见过亲生母亲的肌体，因为她从生下来就拒绝吃妈妈的奶。可是，她捏出的一堆堆男男女女的泥人都有着完整无缺的丰满的器官。镇上的人们过来过去见纸片儿忙着，苍白的小脸上淌着汗水，都过来望一眼她的制作。当人们看到这个不讲话的童孩儿制造出来的拥有无比夸张的性器官的泥人时，都不住惊叫：天啊！

外祖父急得一筹莫展，好在家里有祖上遗留的财产，他变卖了一些古老值钱但不中用的家什，换了钱，领着纸片儿走遍城镇无数家医院。医生们一致认为纸片儿的发声系统完全正常。对于她不讲话的原因，医生们无从确诊。最后还是一位德高望重的老大夫说：那是由于纸片儿的懒惰和患有明显的忧郁症。

直到有一天，从镇西边远远地蹦过来一个单腿人。那天，瓦蓝瓦蓝的天空上有一条横亘云霄的红彩带，它把蓝天劈成两瓣。那条红色的带子映照在地上，仿佛是无数个红皮球在远方滚动。纸片儿正向那里张望，她手里的红泥巴顺着指缝滑落到地上，两只手臂张开，露出嶙嶙的骨架。这时，从那些滚动着红皮球的地方一跃一跃蹦出一个黑拐棍似的东西，那只黑拐棍从镇西向镇东渐渐近来。到了近处，纸片儿终于看清了，他是一个单腿的高个子男人，他的宽展的臂膀和裸着的巧克力色脊背，纸片儿觉得似曾相识。她低下头在那堆泥人里摸索，她的手径直摸起一个泥人，拿起来一看，她知道了单腿人长得像谁。单腿人这时已蹦到土泥墙下边的那堆瓦砾上，他弯下身从石缝里拣出十几个金属片片，摊开，然后他用脚尖在那些叮叮咚咚的金属片片上踏出一句美妙的歌：凉爽的秋天要来临，太阳说村子里的屋檐不再有孤独。纸片儿知道这首歌，每当外祖父的八音盒一打开，就要唱这个歌儿。她飞快地跑进屋拿出那只美丽雕花的木盒，打开，于是它也唱了一遍凉爽的秋天要来临，太阳说村子里的屋檐不再有孤独。纸片儿生平第一次咧嘴笑了，露出乌黑然而整齐的牙齿。她那刚刚开始发育的小胸脯一起一伏，苍白得像奶液似的脸颊慢慢渗出红色，两只常年待在阴霾里的大而干枯的眼睛，仿若被强烈的光芒照射，闪烁出莹莹光彩。

"这是给你的。"纸片儿出了声，把背在身后的手举到单腿人胸前。那只泥人捏得仿佛是乌克缩小后的样子，它孤零零躺在纸片儿手里。

乌克接过泥人，在它的脑门上亲了一下，又用它的脑门轻轻碰一下纸片儿的脑门。他的眼睛里流出惊惧、古怪然而又天真、温存的笑意。

纸片儿颤抖起来，不是因为刮风，这时一点没有刮风的迹象。乌克伸出一只手在空气中划了一下，然后带着一股温热和柔力轻轻按在纸片儿的心口上，如同关闭了纸片儿身体里的风源，她不再打抖，安宁下来。她的脸颊浮现出长久等待后的兴奋而衰弱的红晕。那神情，谁看了都会认为长久等待是对人的一种残忍的扼杀。

那一天，纸片儿与乌克大约在土泥墙下边的瓦砾上站立了二十分钟，然后他就一蹦一蹦沿着来路消失了。

这是一年前一天日落时分的事了。那一天，有薄薄的一层淡黄色的阳光，又有一种阴雨天气所特有的黯淡，是个普普通通没有任何特点的一天。乱流镇的夏季多是这种不阴不晴的中不溜儿的天气，然而，正是这一天，乱流镇上的这两个人开始了新的生命。

纸片儿第一次到单腿人乌克的镇西古庙里去，是在一个午日。她是一清早离开家的。最初，她先是在空旷的、白色的、麻木的阳光底下孤孤单单地走，她那薄薄的身躯被阳光和影子搅得一阵阵恶心，心里边一大堆乱糟糟的情绪在骚动。于是，她便钻进一片野林，这是一片古老的原始森林，树叶遮天蔽日，幽深宁静，里边潮湿阴冷，而且越走树叶越茂密，即使是三伏盛夏，太阳光也很难从密集的树叶缝隙透射进来。乱流镇很少有人在这里砍柴、采梅果，胆大的也只是在野林的边缘地带望一望。纸片儿踏着覆盖在地面上的深厚的腐烂叶子，一步步向里边走。幽静的绿色包围了她的孤单，各种各样的古藤像条条巨蟒，把树枝、竹子和枯死的腐木纠缠在一起。她忽然感到野林里边有一种秘密在召唤，因为她感到自己一阵阵冲动和眩晕，发白的嘴唇由于激动而不住地打起战来。她找到一块大石头，倚在石缝处，细细地观望。这里的树都带一种荒凉古怪的意味，在第四纪大冰川中，许多古老的树种都灭绝了，但乱流镇以其独特的地理环境，存活下来不少举世稀有的第三纪残遗树种，那些水青树、连香树、领春木、珙桐、鹅掌楸等等都带着古老洪荒时代的奥秘、幽深、荒僻和许许多多先人的传说完好地伫立着。纸片儿心荡神移，胸口像小锣一样当当响。她的目光被一棵树冠覆盖面达一亩多的刺楸抓住，于是她用眼睛在浓荫里搜寻起来。这时，她发现了在刺楸庞大的身影里平地立着像一棵小树似的单腿人乌克。他的裸露的光滑的脊背同树皮一般颜色。纸片儿被这突如其来然而似乎又是已经预感到了的相逢，惊喜得一动也动不了，她那身白色的亚麻布长裙和苍白的小脸仿佛是凝固在浓荫芬芳的绿色中的一只白蜡烛。单腿人乌克一下一下蹦过去，在纸片儿胸前站定。然后，两个人在大石头上相倚而坐。纸片儿薄薄的肩头一耸一耸颤动，泪水涌上眼眶，发出低低的抽噎。乌克揽过她柔嫩、雪白的童体，纸片儿顺从地躺倒在他的臂弯里。

她的忧伤很快就融化了。那天上午，在幽静荒凉的林子里，两个人一直沉浸在超感觉的快乐中，沉浸在没有经验的慌乱与兴奋中。纸片儿的身体不时地抖上一阵，像在刺骨的冷风里的一只四处无依的鸟雀那样，连微弱的吟泣声也被搅得支离破碎。整整一上午，两个人在阴郁的绿雾般的神思恍惚心醉神迷中，在追溯往昔和幻想未来的激动中度过。

当他们从无比轻柔恬静的拥抱里抬起头来，已是金黄色的中午。从茂密的高高的树顶望上去，阳光仿若打碎的黄玻璃，闪闪烁烁，忧郁的林子笼罩在一种刺激性的温情和崇高里。

纸片儿躲到乌克的右臂弯里，站起身，两人成为有机的一体，一同往镇西古庙走去。

这座古庙背倚污水河，迎面是一片空旷，天蓝、地红，特别是下雨时节，铅灰色的雨柱用轻柔的沙沙声编织成层层叠叠的帷幕，地上的红泥巴被赤裸的脚丫呱唧呱唧踏出一朵朵玫瑰花瓣。古庙的东边和西边是连绵不绝的乌龟山，一只乌龟状的石头山上披满绿茸茸的苔藓，它静静安卧着，像一条长长的屏障隔断了外边的村镇，也隔断了时间的伸延。乱流镇祖祖辈辈就在这里孤独地诞生着一个个古老又年轻的冥想和梦幻。

回到古庙里乌克的那间小茅屋时，已是正午时分。一路上，他们淹没在青蛙鼓噪的声浪里。纸片儿被刺目的白阳光照射得眼前发黑，她把手遮在眼睛上以抵挡令人晕眩的光线辐射。她出了许多冷汗，亚麻布的长裙湿湿地贴在身体上，那柔弱的小胸脯剧烈地起伏。刚一迈进乌克的茅屋，纸片儿就跌到墙角的那张单人床上去，她把腿抱到胸前，全身蜷缩成一个小球，躲在靠墙那边的四分之一大的床角。她又莫名地打了一阵抖，然后就安静地睡了。单腿人乌克轻轻地蹦过去，把她龟缩的腿伸平，又把自己的一件大夹克衫包裹在她身体上，然后就躲到一边远远地静静地观看，她的忧郁而古怪的眼睛充满柔和温暖的晴空的颜色，他把人类所能拥有的怜爱和柔情全部投射到床上那个神经质的柔弱无力又孤独无声的小东西上。

　　乌克烧了一锅稀饭，用一只土黄色的瓷碗盛了半碗端到床边。然后他像喂一只病鸟那样一点点全都送进纸片儿的嘴里。纸片儿边睡边吃。吃完了，她苍白的脸上有了血色，也有了气力。于是，她开始说话，边睡边说，闭着的眼睛也睁开了，但是她依然在睡。

　　"你睡醒了吗？"乌克说。

　　"没，我还在睡，我要睡到天亮呢。"纸片儿醒着的时候也没有说过这么长这么清晰的句子。

　　"你很累吗？你刚才哼哼来着。"

　　"这是习惯，我每天睡觉都哼哼。"

　　"你现在好一些吗？你出了很多汗。"

　　"这也是习惯，不出汗的时候我就要发抖，除非在现在这样安稳的睡眠里。"

　　"你现在在睡吗？你睁着眼睛呢。"

　　"我睡着的时候还能捏泥人。"

　　乌克坐在灶膛边的那堆柴草上，隔着屋里昏黄的空气轻声和纸片儿说着。

"你能看到我吗？"乌克又问。

"我能听到你，你在很遥远的地方。现在正是黑夜，满天都是晶亮的星斗和悠长的歌声，还有一种芬芳，是白丁香的气味，我把它们全都吃到肚子里去了。

"你刚才吃了半碗糯米粥。"

"不，是白丁香。"

乌克不再说话了。

这时，天已渐渐昏暗下来，已是日暮时分了，晚风送走了夕阳。乌克靠在柴灶上瞑瞑欲睡，心里充满骚动不安的情绪，很快他就沉浸到甜蜜的幻觉里，他望着墙角的那个躯体，再加上幻想，他掉进了柔情蜜意的天堂。

不知过了多久，乌克被床上发出的窸窸窣窣声搅醒。他知道纸片儿又打起抖来，他甚至听到了纸片儿胸口处小锣一样当当急响的心跳。

"你睡醒了吗？"

床上无声。

于是，他知道纸片儿醒了。

他站起来，穿过黑暗蹦到床边。他伸出一只手，在黑暗中划了一下，然后又带着那股纸片儿已经熟悉的魔术师的温热和柔力，轻轻按在纸片儿的心口上，她立刻安静下来。他把她抱起来，如同托起一缕白色的光线，那躯体轻柔又微微发凉。他激动了，在她那男孩一般瘦骨嶙峋的身体上抚摸起来，在她裸开的瘦颈窝和不成熟的胸脯上吸吮。她的亚麻布白长裙脱落下来，那种纯白色鲜嫩的鱼儿的质感在他的无比温情的怀里蠕动。他抑制不住发出呜呜咽咽声，用一双干燥滚烫的大手在她的身体上揉摸。渐渐地，她那发凉的肌体暖热起来，不一会儿，她单薄的骨架就在他的动作下融化了，柔软得像空气。

这天夜晚，窗外呈现出一种奶白色的昏暗。他们的拥抱一直持续到夜风来临，光秃秃的天空被刮出一个个神秘莫测光怪陆离的晕环，纸片儿才在黑暗中荡荡悠悠地像条影子似的离去。

纸片儿的外祖父从单腿人乌克在土泥墙下边的那片瓦砾上第一次出现，就从纸片儿异样的神情里看出了问题。他那双像鹰一样深藏在白睫毛里边的眼睛，富有最敏感的直觉。每天，太阳一落山，他就躲到最里边的一间木屋里，蹲在床上，透过糊着玻璃纸的窗子，向土墙那边观望。他有一双经验丰富的眼睛，家里的几十只猫，谁在热恋谁，谁在吃谁的醋，他都能凭那双已经昏花的老眼无一遗漏地捕捉到。

每天，当夕阳最后一抹红晕在墙头消失的时候，单腿人就当地一响立在瓦砾堆里那些金属片片上。这位外祖父立刻全神贯注，不错眼珠地进行监视。当单腿人在那堆金属片片上跳完一句悦耳的歌儿时，这位外祖父就看到自己心爱的掌上明珠从另一间木房子里嗖地箭头一般射出去。老头儿把牙咬得嘣嘣响。他看到纸片儿一天天长高，单薄的小胸脯一天天鼓起来，那双干枯的大眼也渐渐透出女人的光亮和妩媚，老头儿开始焦虑不安。他一方面悔恨自己的罪孽，生出纸片儿这个古怪的孩子，他认定纸片儿不仅出奇的懒惰和患有明显的忧郁症，而且认定她是个性变态者；另一方面，他把对纸片儿的一往深情的爱化作一种仇恨转移到单腿人乌克身上。

每天，当小镇四处的山上、土凹里以及大家的木屋顶上被黑暗的阴影湮没时，小镇西边的古庙里便充满热乎乎甜蜜蜜的气氛。两个孤单单的恋人冒着汗在寂静中说说停停。纸片儿的嘴唇不再那样死死紧闭了，但依然苍白，牙齿依然乌黑。她那种可怜巴巴的颤抖和出冷汗的毛病一天天在消失。两个人在咝咝啦啦的电扇前各坐各的，她的脑袋歪向乌克一边，眼睛里盈满闪烁的泪水，倘若没有乌克的目光迎住，那泪水就会滚落下来。她的表情仍然显得神经质，双手抱住小腿，下颏抵在膝盖上，静静地倾听乌克讲那些神奇事。他的声音湿漉漉的，带着一股阴郁莫测又诱引人的味道。他裸露着古铜色的上半身，两只干爽的大手不住打着手势。他给她讲蚂蚁和蜥蜴的事，讲深山里红发野人的传说，讲猫与水耗子的两栖大战。有时候纸片儿被惊惧吓得叽叽哇哇尖叫。他们总是这样，一直讲到小镇漆黑得没一点点光亮，讲到天上的星星都晕晕乎乎睡去，讲到潮湿的黑夜带着安详的梦幻般的神情包裹了一切。这时候，两位相互倾慕的恋人眼睛里便流出恍恍惚惚的渴念劲儿。

夜晚的小镇梦一般阒静，白天里在刺目的阳光下显得肮脏、丑陋、没精打采的镇子，此刻被一种凄凉、神秘又温情的氛围所笼罩。月光把那些黑黝黝的杉树、红桦、山毛榉树贴上一层银纸，在没有灯光的空荡荡的土路上，它们宛若一群磷火鬼魂，在连尘埃都变得沉静的空中游游荡荡。

白天的时光，纸片儿依然是孤独的，小锣一样当当急响的心跳常常把她弄得筋疲力尽。她坐在屋门前的石头台阶上，边睡边捏泥人。乌克为纸片儿想出一个麻醉神经的好主意，就是在每天睡觉之前喝上几大口苞谷烧。这是一种酒精味很冲的劣质白酒。喝了这种酒，纸片儿就可以专心睡觉，从而得到真正的安歇。每天夜晚，纸片儿上床之前都要喝上一杯烈酒，她的脸颊带着醉态的妩媚和疲乏睡去，那种神经质的眼神、动作以及过敏的表情反应都变成麻木的宁静。

整整一个夏天，纸片儿与乌克都是在这种醉意蒙眬中度过的，在流动着蓝颜色的深情与纯净中过去。他们的故事，一直延续到炎热悄悄消失的时候。可是，接踵而至的带着凉意和雾气的秋天便夺走了这一切，把他们从温情里拉出来。

从十月里那个光秃秃的荒凉的夜晚以后，纸片儿重又掉进忧郁和虚空中，白茫茫的一团团雾气从此包围了她。

　　就在那天晚上，纸片儿也许是预感到了什么信号，浑身颤抖得很厉害，她蜷缩成一小团，发白的嘴唇冰凉冰凉，心口上的小锣吵得她无法入睡。单腿人乌克给了她许许多多的抚慰，她还是不能安静下来。最后，她猛喝了两杯烈酒，就昏睡过去了……

　　当她醒来的时候，已是三天以后。那天，太阳已升得老高，她醒来发现自己躺在外祖父的宽敞的房间里，躺在自己原来的小床上。她神思恍惚，仿佛听到轻轻飘飘的一个老女人和一个老男人的声音在她耳边响着，说了些什么她全然没有听到。但是她知道那是外祖父和母亲。

　　后来，她得知了那天夜里的一切。

　　那天夜里的事，她只记得夜阑人静的时候，她刚刚从焦虑和一阵阵针扎似的心口疼痛里宁静下来，她感到自己在一潭清凉柔软的湖水上漂浮，那水质清香缠绵，拍打着她的身体，连最细微的部位仿佛也得到一种轻柔的压力……正在这时，她听到一阵轰鸣的猫叫，声浪此起彼伏。然后，她就觉得自己被一条船似的东西托走了。半途中，她好像记得自己睁开过眼睛，身边是一片闪烁的繁星和空旷气息，可是，她还没来得及想明白，就又昏睡过去。

　　就在那天深夜，纸片儿的外祖父在蓄谋了整整一个夏天之后，终于开始行动了。他像一个风度翩翩的大将军，拄着拐杖，率领那群肥头大耳的猫，从镇东边悄悄摸到镇西边。猫们走路无声无息，像一群黑影在移动，轻巧得人不知鬼不觉。猫们与纸片儿的外祖父感情至深，非常体察他的心意。它们队伍整齐，昂起脑袋，仿佛一群小老虎，在进军途中没出一点乱子，甚至连正在患伤风感冒的猫也没咳嗽一声。很快，它们穿过了空荡荡的镇子，来到古庙外边的空场上。这时，天上的星星白得耀眼，像一只只晶亮的玻璃球，把黑黢黢的土地照得白光灿灿，只见猫们踏起的尘埃在空中游移翻滚。纸片儿的外祖父站在队列前边，俯身环视一下阵容，然后把三个手指头插到嘴里，发出一声刺耳的口哨。于是，猫们冲进乌克的茅屋，团团围住他，然后从头到脚无一处漏掉地撕咬起来，从床上咬到地上，从屋里咬到屋外，战役只进行了十分钟，单腿人乌克就血肉模糊地动不了了，他身上所有的血管全部被咬断。

这些事，是纸片儿经过三天昏睡以后从外祖父与那些猫的对话中得知的。这种超越了死亡本身的精神幻灭把她彻底击垮了，她整天处于昏睡状态，那张惨白的脸使人感到她身体里没有一滴流动的热血。她躲在没有阳光的地方边睡边捏泥人，没有话，也没有流泪。

天气凉爽下来，污水河两岸苍蝇的嗡嗡声消散了。镇子里的各种古怪的树木渐渐失去活力，躯干开始扭曲，叶子黯淡发灰。整个镇子被一种阴郁所笼罩。

纸片儿再也没有去镇西古庙里那间茅屋。她被一种恐惧紧紧慑住。在那种像裹尸布一样冷酷的白天里，她僵硬地伫立在木屋前的石阶上，两只交叉着的骨架清晰的手，压在心口上，向镇西长久地张望，细细地察看天空掠过的每一只飞禽，特别是看看有没有兀鹰在古庙上空盘旋。她那因整天昏睡然而又没有得到真正安眠的眼睛蒙着一层呆滞的忧伤。

一直到镇子里弥漫起一股腐烂的臭味，人们才嗅着鼻子找到这股味儿的发源地。镇上的几个男人用腿踢开乌克那间破茅屋。在一天夜里，借着蓝绿色的月光，把他的尸体倒栽葱似的丢进了污水河。

事情就这样简单地平息了，像是什么事也没有发生过。

乱流镇继续着麻木无争的日子，依然是什么事情也不能引起人们的注意和好奇。在这个小镇，没有人感到过新鲜和乏味。

纸片儿被这一经历糟蹋得很厉害。最初，她还能边睡边干事情，到后来有一阵她完全陷入幻觉的虚空中，四肢僵硬，眼神和脖颈不能转弯，甚至不能站立和走动。外祖父先是请来了巫师，这位巫师看也不看纸片儿，闭着眼冥想了半天，然后在距离纸片儿八丈远的地方盘腿而坐，哼哼唧唧又打嗝又放屁，还打了差不多五十个喷嚏，折腾一晚上，纸片儿没一点动静。最后，外祖父还是请来了那位几年前曾判断纸片儿是由于懒惰和明显的忧郁症才不肯讲话的老大夫。他给纸片儿灌了很多红红绿绿的药片，又在她的肢体上像敲小鼓似的按摩了三天三夜。最后，她终于长长地干叫了一声，然后像打摆子似的抖了好几天，慢慢恢复了肌体的活动能力。

　　后来，纸片儿常常像一具抽干了血肉的魂灵的躯壳，脚底下打着晃儿，钻进那片幽深宁静的原始野林，那些深厚的腐烂叶子、荒凉的藤萝以及林子里那种古怪的清香，全都提示着一种温情的回忆。她躲在那棵树冠很大的刺楸树阴影里，神情木讷地坐上大半天，沉浸在由孤独而产生的冲动里，一直到墨蓝的天空悄悄点亮了星星。

　　到后来，这件事简直成了她的生理需要。她每次从林子里出来都仿佛死过一次，面色苍白，还透着一种灰绿，看上去和眼白一个颜色。然而，她的呆滞的忧伤仿佛消淡了一些。她在林子里边经历了一场死亡的幸福，她需要这种死亡。然后，她可以宁静地度过好几天的踏实日子，一直到下一次的孤独袭来，她便全身哆嗦着钻进这片原始野林。

　　冬天来到镇上。这年冬天发生一件事，头一次让镇上的人们感到震惊。那是在一个普普通通的刮了一场没有方向的夜风之后。

　　十二月份的一个黎明，镇上起早的人忽然发现天与地换了个儿，以往清澈的天空变成冷重的铅灰色；大地覆盖了一层梨树花似的松软洁白的东西，像一片片连接的白云。一些棉絮状的团团从空中洒落下来。在这个南方的水乡小镇，下这么大的雪是几辈子罕见的奇事。人们隔着玻璃窗，跪在床头向外边张望。一些人真的以为天地换了个儿，于是拼命倒立以适应新的世界。这一天，镇子里一片阒静，没有一家动烟火。人们小心翼翼打开半扇门，试着伸出一只脚在雪地上踩一下，然后又退回到屋里去。

这一天之所以让镇子上的人能够产生震惊，以至于几年之后人们一想起这一天还会脸呈土色，不单单是因为下雪，就在这一天夜里发生了一件让镇上所有的人感到生命遭到威胁的事。

那一天深夜，大雪悄悄降临之后，污水河里一阵翻腾，几百只水耗子反常地爬上河岸，它们像一片片在水上漂浮的树皮，呼啦啦向镇子东部进军。那只黄褐色长着小狗一般肩宽体大的水耗子王走在最前边。它们是来报几代冤仇的。

纸片儿家木屋前用竹子围拢成的圆环形篱笆，被东倒西歪的风刮得伸手摊脚散在地上。水耗子们轻巧地越过去，在木门前站住。正像几个月前，纸片儿的外祖父率领猫们袭击单腿人乌克一样，它们贼头贼脑，咬破玻璃窗纸，一个个跳进屋里，按照既定的作战部署，两只水耗子对付一只猫。它们在一分钟之内全部咬断了猫们的喉管。与此同时，水耗子王对准纸片儿的外祖父那满是皱纹的干瘦的脖颈咬下去。整个战斗一声没响地结束。然后，它们踏着雪毯在夜幕的掩护下逃回污水河。

镇上的人是在大雪停了之后临近中午时分才发现的。一个年轻人沿污水河岸那串古怪奇特的印迹——那像小花瓣似的痕迹已被大雪覆盖了一半——来到纸片儿家，发现了这幕血淋淋的惨状。

那年冬天，下了好几场这样的大雪，人们在恐怖中盼望着阳光。当白茫茫的雪片覆盖镇子的时候，镇子里好像空荡荡的什么都不存在，显得荒凉而孤独。当那些白雪在阳光下流成泥汤时，整个镇子看上去龌龊、肮脏又丑陋。对于乱流镇，那年冬天是黑暗、忧伤的日子。

人们开始关注大自然的魔力。雪和血在人们的心目中缠连在一起，以至于几年之后，当有人提到那年的雪时，多数人在幻觉里看到的是血。

纸片儿已经完全是个成熟的女人了，她依然很瘦，没有什么分量。她一天一天习惯性地坐在门前的石阶下边睡边做着什么。曾经一度明亮妩媚的眼睛变成一潭干涩的黑暗，它睁得大大的，沉溺在幻觉里。她的嘴唇发白地向外翻着。过路的人都能听到她那当当急响的心跳声和她在睡眠里偶尔发出的古怪的低吟。

"醒一醒，"每天，一个老女人都走过来摇晃纸片儿的脑袋，"该吃饭了。"

于是纸片儿站起来去吃饭。她那亚麻布的白色长裙裹着她衰微苍白的身体，像一缕白色的光线在移动。她的嘴唇轻轻地软弱无力地翕动着：荒漠，荒漠……荒漠……

小镇的一段传说

　　罗古河南岸的城镇里，没有一个女人敢渡过这条浅河到北岸那边的荒地野林中去已经有几十年了。为了什么，谁也说不清。

　　罗古镇寂寞地安卧在罗古河的南岸，小镇上男女老幼，无论是白髯鹤发的老头儿，抑或健壮如牛的小伙子，抑或青春豆蔻的女孩，都回避谈及罗古河北岸那片荒芜之地。全镇人有一种心照不宣的神秘。为了什么，谁也说不清。

　　年轻人都是在穿开裆裤含着拇指吮的时候，就从他们的爷爷或祖母的讲古中恍恍惚惚半懂半明地知道了那片荒地的莫测，随着岁月的流逝，都从心灵底处对罗古河北岸的那片没有人迹的枯草野藤、嶙石怪树以及光秃秃的土坡子山和土坡子上边同样光秃秃的天，产生一种遥远的模糊的敬畏和恐惧。到底那里发生过什么，谁也说不清。

　　罗莉就是在祖母的灶台旁，伴着树枝燃烧时的嘶叫声和混浊呛人的青烟，从祖母那被烟火染得乌里乌涂的眼睛中，模模糊糊得知了那边的事。那时，她还是个不懂害羞不懂自卑不懂男人和女人的、喜欢学男孩站着撒尿的小丫头。现在，她已是个三十岁出头的脸色蜡白、脾气乖戾的女人了。镇上早已不用柴灶，引来了太阳灶和煤气；人们买来收录机，姑娘们学会了半憋着嗓子眼儿咿咿呀呀地唱；安装上电视以后，小伙子懂得了有成就的不凡之人都应该有两段或三段风流韵事；姑娘们私下里琢磨出吸香烟和赶时髦才配得上当女中豪杰。罗莉学着女强人的口气，经常声调向上边一滑"嗯哼"地说："这下你明白了吧？"即使她压根儿什么也没向别人讲，只不过讨论了几句蔬菜价格和天气。她还把自己的名字罗莉莉去掉一个字，有时干脆写成罗力，避免酸气。

她生得矮小，瘦巴巴干瘪瘪的身架，嘴巴大得可怕，早年她哈哈大乐时还用手捂住咧开的大嘴，后来她听说林黛玉才这样掩口而笑以后，索性洞开嘴巴毫无顾忌地笑笑哈哈了。她那双眼睛小时候还蛮大，可是年龄一天天长，嘴巴扯东拉西撑天戳地毫不识趣地长，唯独眼睛悭吝得一丝一毫也不肯长，同小时候一般大小，并且神经质地眨巴。她越是苦恼，脸上那些干奶油块似的疙瘩堆得越多。可是，她永远做出满不在乎、无比优越的姿态。

罗莉的容貌使她在接触异性时要比其他姑娘付出更多的脑筋和气力。她是全镇第一个吸香烟的女人，她是全镇唯一能连续跳舞二十四小时的女人，她是全镇拥有异性相识最多的女人，她是全镇唯一叫喊独身的女人。

罗古河北边的传说本来已经淡漠，可是镇上发生了一件偶然的事，使得人们重新关注起那件年代已久的事来——那是由罗莉异想天开干出的一件顶荒唐的事引起的。

那一阵，忽然来了些镇外边的人，收集各式各样透明的玻璃糖纸，有的是收集早年的画着小人头的烟纸盒，还有的收集粗俗的笑话，记在小本子上以便转到另一个镇上出售，人们想钱想得发疯。一天，罗莉站在罗古河边，正是黄昏，天气闷闷恹恹，河水死寂沉沉又有一种不安的骚动，一股股腥咸的气味随着晚风送进她的鼻孔。她似乎想着什么，又似乎什么都没有，悠悠闲闲在河边走过来走回去，小眼睛神经兮兮地眨个不停，她的短头发被风立起来，显得个头高了一点。当夕阳掉进西边光秃秃的山底下的一瞬间，那蓝幽幽的光芒回光返照似的刷地一闪，她蹲下来，下颏贴在膝盖上凝神观望。她透过乌黑浊混的河水一下子看到河底绵绵连连的水石以及水石搭成的奇形怪状的小房子，仿佛一间间商店的橱窗，闪烁着蓝宝石般耀眼夺目的彩霓。她听到河底的死水在小房子之间来来回回的咕噜咕噜的穿梭声。太阳完全隐身山后的时候，她已经打定主意，在她脚下踏着的那块地方开设一个小店，收集各式各样古老的崭新的活着的死去的记忆。

她辞退了邮局职员的差事，当起了记忆收藏家。靠着几年来微薄的一点积蓄，记忆收藏店开张了。罗莉是个能干精明的小女人，心想事成。几天的工夫，她的橱窗里就摆出大小不一、颜色各异、气味迥然不同、新旧相去甚远的各种记忆。

小店屋身呈土黄色，是由木板和泥土混合造成的长方形套间。罗莉在外屋接待各种各样前来提供记忆的人；里间很小，是她的卧室。整个房屋背倚浊混的罗古河，河水偶尔翻起的黄圈圈发出沉闷的咚咚声，很快又在小店后面消失；屋门面向南朝着罗古镇，等待着同样沉闷憋气的故事，偶尔有一束尘土冉冉上升，尘埃像一滴滴灿黄的蜜汁在浅绿色的晨光或渐渐凉却的夕阳里旋转闪耀。

记忆收藏店出现之前，小镇始终是沉闷孤寂的，就像那条失去记忆的讲不出往昔也不会幻想未来的罗古河那样死气沉沉又心事重重。冬天，河水结一层耀眼的白冰，镇上的土地阴冷得硬邦邦，黑得忧郁，冷得空荡；夏日，炎热的太阳炙烤着罗古河那潭死水，全镇弥漫着一股腥咸的热气味，一个个白天长得无聊，每家每户都躲在自己憋闷的屋里想着各自的心事，街上阒寂沉静又呆滞；只有在春天或秋天，天空中音乐般流淌着蔚蓝色，偶尔来一阵悠闲的风，罗古河水微微掀出一两声古怪的歌声，镇上的人才慢腾腾迈着松松散散的步子在街上走走，交换一些新鲜事。

这时正是春天，正是全镇人最有生气的季节。人们刚刚被外边来的几个疯疯癫癫的玻璃糖纸和烟纸盒收藏家吸引住，罗古河旁边就出现了罗莉的记忆收藏店。最初，很多人不知记忆是何物，于是便成帮成伙来到小店的橱窗前观望，小店前热闹非凡，纷纷沓沓人流不断。当人们看到橱窗里那些个红红绿绿、长长短短、甜甜苦苦的记忆时，便感到记忆要比那些在阳光底下光怪陆离剔透晶莹的玻璃糖纸和那些弥散着烟草味的画着各种小人儿的香烟纸盒有趣得多。人们呼啦一下子又全都沉醉到搜寻记忆的兴趣中，各自闷头找寻自己的记忆。在这个每一天都和前一天差不多的小镇，记忆收藏店的出现成了头条新闻，罗莉自然成了全镇人注目的大名鼎鼎的人物。不过，人们除了闷头搜寻自己的记忆以外，日子仍然过得如往昔一般恬淡安详，人们依旧关心蔬菜价格或倚在门框上预测天气。尽管有了电视，但有兴趣享受它的只有少数年轻人。镇上的灯光最迟不过晚上十点钟就纷纷落落熄灭。连野猫都躲到某一家的草堆上本本分分睡觉。

最早来到小店提供记忆的差不多全是小伙子，他们讲述第一次遗精的惶惧；讲在雨天里看姑娘包裹得紧紧的身体的美好感觉；讲他十二岁的时候和寡妇睡在一个被窝里的事，寡嫂摸遍他的童身，然后像潮水越坎一般压向他，后来他再也离不开寡嫂的苦恼；讲他最早的记忆是在姐姐的单弱的脊背上望星星，姐姐笑一声，轻轻一摇，天上就亮一颗星。他仰头望望星星，低头看一眼姐姐那玻璃纸做成的透明得能流出水声的眼睛，听一句姐姐魔术般呼星叫月的低低的笑声，后来姐姐那单弱的脊背被埋进又湿又冷的黑土，他的天空从此再也没有了星星……罗莉睁大小眼睛，不动声色，大嘴巴一支接一支吸香烟，青烟使小店变得朦胧，正像她的祖母边烧柴锅边讲述罗古河北岸那边的神奇事时的气氛，那些讲述记忆的声音、形体、色味在烟雾里影影绰绰飘来荡去，她的鼻子、耳朵和小眼睛都没闲着，分辨着每一件记忆的颜色、气味、尺寸、音调、软硬、轻重以及年代，然后把它们分别存放到像中药店似的一个个小抽屉里去，再然后她收一点贮藏费。无论提供记忆的人多么忧伤绝望或者多么沉醉幸福，罗莉永远是局外人的姿态，不紧不慢吸着香烟，没有任何感应。

为了倾诉苦痛，也为了缅怀欢乐；为了忘却，也为了永久保存，人们源源不绝光顾小店。当人们倾吐宣泄完了轻轻松松离开的时候，小店却一天天沉重起来。

小店每天天一擦黑就上板关门，罗莉再也没有了闲情到罗古河边散步，让风立起她的短头发，倾听夕阳沉落的一瞬间罗古河河底的死水在蓝宝石般耀眼夺目的怪异的小房子之间来来回回穿梭的咕噜咕噜声。每天每天，她就倒腾那些有声有色的记忆，它们不再像最初那样全都能摆到橱窗里去，正像镇东头的百货店有一些商品只藏在库室里一样，她有了"私货"。

她变得越来越怪癖，从前那些用来掩饰她深藏在骨头里的本性的跳呀叫呀，全都宁息了，见到镇上的人也不打招呼就忽略过去，但并没有什么恶意。她多了一个爱好，就是布置她的房间。她从罗古河边的泥水下挖出一只带长角的老山羊头骨，把它冲洗干净，爱惜地挂在墙壁上；她抱来一堆堆干草，编织无数座小房子——有海滨浴场式的尖顶三角形，有奶油蛋糕状的方块块——摆在柜橱里；还用电光纸叠成五颜六色的船只……她随心所欲，制造着童话世界。她那丑陋的外貌埋藏着无比奇异的用不完的想象力。后来她干脆制造起小鬼，个个丑态百生，神态迥异。镇上人谁也没见过小鬼，于是，她做成什么样就是什么样。

罗莉几乎是整个城镇唯一在空闲时舞弄点文墨的女人。夜晚闲得没事干，她喜欢写写毛笔字消磨时间，她握笔的姿态很独特，像捏着汽水吸管那样随时准备往嘴里送，留在纸上的字迹除她自己以外没有别人认识，她全神贯注地陶醉在发明只属于自己的文字的乐趣中。有时候，她还翻出一两本落满尘灰的诗册，她总是从最后一行往前读，按照她自己的重新编排去理解。罗莉虽是孤身生活，可日子过得看上去满满实实。

一天，临近黄昏，罗莉正要上板关门的时候，小店里走进一位外镇的男人，这男人身材颀长，五官的位置也极为端正，只是脑袋奇小，罗莉把五指张开便可以挡住他的整个的脸。他叫二头，是邻镇的。二头的家族史罗莉早年略有所闻。据说，二头的爹是个怪胎，生下来七歪八拧，二头的奶奶在生下二头爹不久，就听了一个江湖医生的指点，跑到罗古河北岸那边的荒野，去寻找一件象征物，据说能发现那件象征物的女人是正常的女人。二头的奶奶为证明自己器官的完整，结果再也没有回来。可是，"各人有缘法"，二十岁那年，二头的爹娶上了全镇最漂亮的媳妇，不到两年就生下一个大儿子。这孩子头大无比，却是个白痴，六岁时还不能走路，他的头极重，总往前栽，大头直冲着地面俯冲磕去。直到现在他仍不能独立行走，一走路就先要倒立，以头当足。除此，健康状况好得惊人，一顿饭吃下五大碗干饭，他的寿命恐怕要创整个家族的纪录。当时，他娘号天嚎地哭着叫着不再生，可二头还是不合人心天意地闯了来，但生下来却是个英俊匀称的男孩儿，全家人喜出望外，顺着排行就叫他二头。可是，好景不长，二头五岁那年，睡过一夜觉，忽然起来时不会出声了，他的头从此就没有再长。据说，他娘在当天就失踪了。一个月以后，二头的爹忽然想起了什么，一拍大腿只身跑到罗古河北边的荒地，捡回了他媳妇脱得精光的尸体。她的五脏已经被秃鹰噬空了，胸部和下身全部血肉模糊腐烂不堪。没过一年，二头的爹也病死了。具体是怎么回事，谁也说不清。

这天，二头走进罗莉的小店，羞怯温和地打着手语。小镇的黄昏沉闷又荒凉，金色的斜阳打在小店朝西的那面墙壁上，粼粼泛光，那只带长角老山羊头骨正好镀上一层光晕，仿佛咧开一丝微笑。罗莉先是有条不紊像往常一样接待了他。后来，他以独特的方式"表达"了他的记忆。罗莉凭着出色的女性感觉和神经质的灵气感应了它。那是一段美好的记忆"表达"……房间里那些色彩斑斓的纸船仿佛变成一条条游动的蛇，在一种永恒天间的托抚下漂浮……

那天罗莉破天荒第一次留客人在她那紧紧封闭的生活里用了晚餐，他们还喝了红葡萄酒，一直喝到午夜，天空中白光茫茫的月亮清澈地投下童话似的辉晕。他腼腆地坐在罗莉的对面，上边穿一件宽宽大大的夹克衫，下身着一条淡青色的瘦裤子，小腹坦平，下边那个挑战性的东西还未从激动中宁静下来。她半敞着浅黄色羊毛外衣，里边的棉毛内衣包裹着她干瘪的小胸脯。她的一只脚高高跷起来，自在地搁在前边的桌子上。也许是酒意，也许是别的原因，她的脸上居然有一层淡淡的霞晕，那种夕阳沉落时的残艳。她的小眼睛晶莹闪亮，在他的身上搜寻……这的确是件稀罕事。那天，夜空是墨蓝色的，静谧的小风暖洋洋地安排着故事。

二头离开的时候，街上早已阒寂无人，他的小脑袋一跳一跳消失在黑黝黝空荡荡的小路上，像一只半环着手指的拳头在两根孤单单的琴弦上慢悠悠拨动……

小店负重了太多太多的生与死、爱与恨、欢乐与苦痛，像一只超载的船在水面上浮浮沉沉，它把人们积年闷在肚子里的东西统统装进来。罗莉做出一副底气十足的舵手的姿态，驾驶着负荷的船。

镇上早有了电灯，但罗莉近来却开始点蜡烛，她的怪癖愈发长进了，怪得不可理喻。红红的长长的蜡烛，上边燃着一小簇白光，像天空抛下的一钩金月喷吐着无尽无休的缠缠绵绵的岩浆。她看着它就产生一种莫名的兴奋亢进的骚动不安。夜晚的小店，烛光幽幽，鬼影幢幢，笼罩着阴惨惨的氛围，像一只放大的墓穴。罗莉在房间里身轻如叶，飘飘摇摇。有人在夜里从木板缝隙里望见她在幽暗的烛光下，举着一只放大镜，颠来倒去地观看那些小抽屉里的记忆，时而哧哧笑一两声，时而低低啜泣一阵儿；有人活灵活现听见她和那堆记忆对话；甚至有人发现她卧室的枕头底下压着一只漆黑的木制手枪。

镇上开始传说罗莉精神失常，有的说她邪魔缠绕，魂魄失守；有的说她心殚神危，阴极阳生；有的说她仙草归真，暮与神会……纷纷不一。最多的说法还是：她想男人想疯了。

小镇开始下雨，迷迷蒙蒙的细雨连绵不断。白天太阳不再露脸，阴冷黯淡，一阵阵传来罗古河北岸荒野的叫声；夜晚，天上没有星星，镇子上寥寥落落闪烁着从窗子里映出的摇曳不定的灯光。人们闷在屋子里，想着罗莉夜晚凄清神秘的小店，心头掠过一阵恐惧。最后，一些人打算帮助罗莉解决婚姻大事。

这年夏天，是个神清气爽的好时节，往年的枯热干燥，不知是迟迟不来还是根本就不打算降临。经过一个不错的春天，人们似乎都弄来一些钱，镇上人卖出了不少烟草和鸡蛋，还有人变卖了祖上留下来的刻板然而考究的长背椅和栗色雕花的硬木柜，换成实用舒适的软沙发和浅颜色的酒柜。矮树桩上晒满了浆洗得发乌发白的衣服。午后，大大的太阳滚圆灿白，然而它垂着投下的光芒却柔和温润。到了万籁沉寂的夜晚，头顶上闪着几颗凉飕飕的星星，黄铜色的一弯月亮在小风里嘶嘶穿梭，人们不像往年那样挥着芭蕉扇坐在屋外眼巴巴地打发闷热得透不过气的长夜。最美的时辰还是暮色将要来临之际，黄昏的夕阳有时血红，有时橘黄，清澈高爽的天空一片湛蓝，空气中弥漫着一种暖融融的欲望，一种心事重重又懒洋洋的骚动不安。

罗莉向来不是个安命守本随遇而安的女人，她的小眼睛一转，又想出一个花样——她打算安装电话机。全镇只有镇政府有一架电话，而且那也不过只是个摆设，制造一种办公事的气氛。镇上的人没有谁用过那玩意儿。她学着别人变卖了祖母留下的一点破烂货和早亡父母留给她的几件值钱的遗产，她省吃俭用，深居简出，越发骨瘦如柴，蜡白的小脸越发凹陷，加上那张四敞八开的大嘴，远远地看过去分明是一只骷髅；只是那双小眼睛一刻不停地神经质地眨动，放射出焦灼不安的光辉。罗莉的确是个能干的小女人，很快就弄出一笔钱，安上了全镇第一家私人电话。那只黑色的电话机像个哑巴默默地卧在桌上，从来没有响过，她也从来不往外边打。看着这架无声的机器，她就像看着屋里那只红红的长长的喷吐着一簇白色光苗的蜡烛一样，产生一种莫名的兴奋和不安的骚动。她看到了一种结构的完整，一种搭配的完善，麻酥酥酸溜溜的气流就溢周身。

记忆收藏店一如往日，太阳的第一束光柱洒在罗古河昏黄的污水上时开门，她精力充沛坐在椅子上等候来人，小眼睛里滚出那种亢奋的火焰，总使人联想到一堆旺旺的火团将要燃完殆尽化为灰土时的最后跳跃起来的一束光。提供记忆的人越来越少，但小店并没冷落。一些年高望重的老者常到这里来望望，看看她脸上的天气决定是否开口。他们是来提亲的。最初的时候，罗莉像收集记忆时的神情一样，不动声色，小眼睛不肯安闲地眨着，听候人家把话说完，到后来有一天她终于拉下脸，神情抑郁焦灼，蜡白的小脸变得发灰，嘴角边一小块肉神经质地一阵阵抽搐。她愤怒地嘶叫："我早就有了丈夫，你们这些多管闲事的讨厌家伙！"镇上的人吓跑了，再也不敢提及此事。她的小店一天早比一天地关门上板，来者寥寥落落，清清寡寡。有时候，她甚至连续三天不开门。镇上的人悄悄走过来走过去，不知道里边发生着什么。

夜晚降临的时候，罗古河由一片绛红色变得暗灰，家家户户都点亮电灯，空气中不时飘来炸酱面和炖肉的浓香味。罗莉照旧点燃那只红红的长长的蜡烛，望着那簇白岩浆似的火团不声不响地发呆。小店是全镇最后一家熄灭光亮的房屋。有时候，里边传出一阵窸窸窣窣的声音。几个胆大的年轻人从木板缝隙向里边张望，见她光着脚在屋子里蹑手蹑足像一条游魂似的无声无息地穿梭、飘荡，那张小脸煞白煞白，她举着放大镜细细观看那些记忆。人们发现她对最底层的那只格子里的记忆最为尽心，她蹲在地上，俯下头，良久地看，有时她跪下来，两腿分得很开，蜷缩着，不知是在看，在闻，在听，还是干着什么诡秘的事。她偶尔发出一两声呻吟，好像是哧哧地笑又好像是低低地啜泣，每天她都要在那只格子前消磨到半夜。

一天，镇子里卖蔬菜水果的老头儿推着货车来到罗莉的小店。他把她精心挑选出来的西红柿、萝卜、山药、干鹿角菜和半筐水果一一抬进屋里。这时，那只黑色的从未出过声的电话机生平第一次叫响了。老头儿正站在机器旁边，吓了一跳，一时没弄清是哪儿在响。只见罗莉生了翅膀一般刷地飘过去，抓起话筒，话筒里没有一点声音。罗莉那张失血的小脸红涨起来，嘴唇抽搐着微微启开，那双神经质眨动的小眼睛里滚出一滴干涩发黄的水珠。她也一点声没出，举着话筒全身打抖。这样大约持续了两分钟，直到耳机里传出嘟嘟嘟的叫声，她才放下话筒。那天，她给了老头儿两倍的钱，这简直是史无前例，她一向是分文计较的悭吝人。

后来的那些日子，她一直沉浸在无比欣喜的情绪中。十月的天气，业已充满早秋的凉意，她却穿起早先和小伙子们跳舞时穿的白色纱裙，还系上一条淡紫色的腰带。黄昏时候，夕阳散发着雾霭般蓝色的微光，她吃过晚饭，又开始慢慢沿着罗古河悠悠闲闲地走走，有时候一直走到午夜，星星们都困倦了，她才回去，脸上带着孩童般甜蜜的梦幻。

罗莉的好心情一直持续到初冬的一天上午。那天，她没有营业。

有人看见邻镇的哑巴二头迈着洒脱的步子一大早就走进小店。然后，整整那一天，小店的门一直锁着门板，里面无声无息，一直到天黑，小店仍是暗淡无光，只是隐隐约约从她卧室最隐秘最暖和的角落断断连连传出微微弱弱的呻吟。

深夜，全镇的人都安息在连梦都没有的被窝里，阒寂的小镇被夜风刮得没精打采，一片冷落荒凉的气氛。这时，罗莉的小店忽然灯火大亮，镇子里传来她发疯的尖叫和叮叮咚咚摔东西的声音。好热闹的人起来远远围着，小店里那些装满记忆的小抽屉七歪八斜散了一地，红红绿绿的小鬼和她用干草编织的小房子、船只摔得走了形。她的短头发向四周蓬开，衬得那张小脸更加惨白、扭曲和丑陋。屋里空落落只有她一个人，她不住地叫，呼哧呼哧粗重地喘息，光着脚板在屋子里边叫边四处乱窜。她身上宽大的暗红色睡袍被撞得撕裂开，露出她身体一部分干瘪瘪的没有血色的骨架，她尖声怪叫了多久谁也说不准，围看的人在冷风里打着抖听了大约一小时，最有毅力的也不过两小时，就都逃回自己温暖的被窝睡觉去了。

破晓时分，小镇被银白色的大雪覆盖了，也覆盖了夜里发生的一切，一切都宁静安息了。徐徐款款飘落的雪片在空中孤独地旋转，然后凄凉悄然地落到地面。这是一个寒气砭骨的早晨。

起早的人发现，罗莉的小店四敞大开，里面空无一人。有一串小女人的脚印从屋门口伸向罗古河岸，又从罗古河白花花的冰雪上延伸过去，一直伸向北岸那边荒凉的野地。足印渐渐消失在白皑皑的雪片的覆盖中。小店里冷若冰窖，有几个人探着头向里间的卧室张望：一件鲜红鲜红的新娘礼服和一朵玫瑰胸花散在地上，像一堆破碎的梦。床上乱七八糟摊着被褥，还有一只男人的袜子和一条内裤……人们凭着最简单的想象力推测着黑夜被子里边美妙的事和后来为着某种障碍而无法达成的重大协议……

记忆收藏店的女主人带着罗古河北岸那边神秘的记忆，无声无息失踪了，再也没有回来。镇上的人对那片荒地到底发生过什么谁也说不清。

　　罗古河南岸的茫茫雪地里，只有一个不会讲话的哑巴长久地向北边默默伫立等待，那只小脑袋可怜巴巴地搁在颀长的身躯上。北风不时嗷嗷怪叫一两声，仿佛是野兽或者黑森林或者什么人发出的悲鸣。那边，闪耀着一片明寒神秘的刺目银辉。

　　记忆收藏店封闭了，它的女主人成为单调沉闷的小镇的一段传说，为小镇的历史又添了一张神秘莫测的插图。她继续着那个传说，继续着古老的生命之火与重复死亡的无能。

　　太阳又升起，冲淡白色的风和雪，它无法回避地俯视。

图书在版编目（CIP）数据

沉默的左乳 / 陈染著. –– 南昌：百花洲文艺出版社,2014.7
ISBN 978-7-5500-0990-5

Ⅰ.①沉… Ⅱ.①陈… Ⅲ.①短篇小说 – 小说集 – 中国 – 当代 Ⅳ.①I247.7

中国版本图书馆CIP数据核字(2014)第118814号

沉默的左乳

陈染　著

出 版 人	姚雪雪	
责任编辑	胡青松	
书籍装帧	方　方	
制　　作	周璐敏	
出版发行	百花洲文艺出版社	
社　　址	南昌市红谷滩新区世贸路898号博能中心9楼	
邮　　编	330038	
经　　销	全国新华书店	
印　　刷	江西千叶彩印有限公司	
开　　本	850mm×1168mm　1/16	印张　21.5
版　　次	2015年1月第1版第1次印刷	
字　　数	270千字	
书　　号	ISBN 978-7-5500-0990-5	
定　　价	36.00元	

赣版权登字　　05-2014-153

邮购联系　　0791-86895108
网　　址　　http://www.bhzwy.com
图书若有印装错误，影响阅读，可向承印厂联系调换。